Friedrich Koch
Sexuelle Denunziation

Friedrich Koch hat all die »Fälle« zusammengetragen, bei denen Menschen mit Argumenten aus dem Sexualleben – wie es in den Sozialwissenschaften heißt – »stigmatisiert« wurden. Überblickt man nur die letzten 50 Jahre, dann reicht die lange Kette von Ernst Röhm bis General von Fritsch, von den Juden bis zu den Sozialdemokraten, von Willy Brandt, Hans-Ulrich Klose und Paul Nevermann bis zu Franz-Josef Strauß, Helmut Kohl und General Kießling; von der sozialliberalen Koalition bis zu den Grünen...

Erst durch diesen Beweisgang wird klar, daß hier geradezu eine Technik entwickelt wurde, die beliebig von rechts gegen links und von links gegen rechts, gegen Einzelne wie gegen Gruppen benutzt werden kann. Friedrich Koch nennt diese Technik »die sexuelle Denunziation«.

Friedrich Koch, Dr. phil., geb. 1936, ist Professor für Allgemeine Erziehungswissenschaft und Sexualpädagogik an der Universität Hamburg. Veröffentlichungen u. a.: »Negative und positive Sexualerziehung«, (1971), »Sexualpädagogik und politische Erziehung« (1975), »Bilanz der Sexualpädagogik« (1977, mit Ko-Autoren), »Gegenaufklärung. Zur Kritik restaurativer Tendenzen in der Gegenwartspädagogik« (1979), »Stichwörter zur Sexualerziehung« (1985, mit Ko-Autoren), zahlreiche Zeitschriftenaufsätze, Buchbeiträge und Lexikonartikel.

Friedrich Koch

Sexuelle Denunziation

Die Sexualität in der politischen Auseinandersetzung

Syndikat

CIP-Kurztitelaufnahme der Deutschen Bibliothek

Koch, Friedrich:
Sexuelle Denunziation : d. Sexualität in d. polit.
Auseinandersetzung / Friedrich Koch. – Frankfurt/Main :
Syndikat, 1986.
ISBN 3-8108-0237-9

Motiv: A. Paul Weber: Der Denunziant
Gesamtherstellung: Wagner GmbH, Nördlingen
Printed in Germany
ISBN 3-8108-0237-9

Inhalt

Denunziation und Sexualität

»Sonderbar! Und immer ist es die Religion, und immer die Moral, und immer der Patriotismus, womit alle schlechten Subjekte ihre Angriffe beschönigen! Sie greifen uns an, nicht aus schäbigen Privatinteressen, nicht aus Schriftstellerneid, nicht aus angeborenem Knechtsinn, sondern um den lieben Gott, um die guten Sitten und das Vaterland zu retten.«

Heinrich Heine: Über den Denunzianten (1837)

Heine beschrieb die Methode des Denunzianten, nachdem es seinen Verleumdern in Deutschland gelungen war, ein Verbot seiner Schriften zu bewirken.

Die Inhalte der Denunziation, d. h. die Vorwände für die Verfolgung – Religion, Sitte und das rechte Verhältnis zum Vaterland – bildeten auch hundert Jahre später noch die wichtigsten Bestandteile der politischen Verleumdung.

Bis in die Gegenwart sind Fragen, die die Interessen der Kirchen oder das Verständnis Deutschlands als Vaterland, Staat oder Nation betreffen, ausgesprochen heikel, was sich immer wieder – namentlich in Wahlkämpfen – niederschlägt. Eine falsche Geste, ein falsches Wort, ein kleiner Schritt von den ausgetrampelten Pfaden des Sprachgebrauchs – und schon stehen politische Biedermänner in der Ecke finsterer Atheisten und skrupelloser Vaterlandsverräter.

Das vorliegende Buch befaßt sich mit dem dritten Bereich, den Heine zu dem Wesen der Denunziation rechnete. Es geht um Sittlichkeit und Moral. Genauer: um den Teilaspekt der Sexualität in der politischen Auseinandersetzung.

Sexualität: Kaum ein Begriff der Umgangssprache suggeriert soviel Eindeutigkeit und ist dabei doch mit soviel unterschiedlichen Inhalten besetzt.

In der Schule haben wir gelernt, Sexualität als Fortpflanzung zu begreifen. Da uns die Ehe als der einzig legitime Ort zur Wahrnehmung dieser Funktion vermittelt wurde, liefen Definitionen parallel, die Sexualität als Gefahr und als Quelle des Unheils propagierten. Als heimlicher Lehrplan vermittelte sich nebenbei die Vorstellung von der Sexualität als Laster, als Obszönität und Frivolität.

Eine menschenfreundlichere Erziehung bemüht sich, Sexualität als Quelle der Lebensfreude zu vermitteln. Sexualität als Zärtlichkeit, als Liebe und Lust ist ein Leitprinzip solcher Bemühungen.

Sexualität kann aber auch ganz anders verstanden werden. Die kritische Sozialwissenschaft hat auf das Prinzip der Sexualität als Konsum gewiesen. Damit ist der Konsumzwang angesprochen, der sich von dem allgemeinen Warenkonsum herleitet und der sich auf das Sexualverhalten der Menschen niederschlagen kann. Die Verquickung von Sexualität und Werbung ist ein deutliches Indiz für dieses Verständnis. Oder: Sexualität als Leistung ist eine gängige Zwangsvorstellung, mit der Frauen und Männer im Alltag ebenso konfrontiert sind wie ihre Therapeuten.

Sexualität als Denunziation, d. h. der Einsatz der Sexualität bei der Abwertung und Verleumdung von Individuen und Gruppen, wurde bisher noch nicht systematisch beschrieben.

Das ist erstaunlich, denn seine gesellschaftliche Bedeutung ist eminent.

Über den Sexualbereich werden Menschen verächtlich gemacht, disqualifiziert, psychisch und physisch liquidiert. Der »Sinn« der Sexualität als Denunziation liegt in der gesellschaftlichen Ausgliederung der Denunzierten in die Randständigkeit.

Mit einiger Überspitzung läßt sich sagen, daß die Denunziationsfunktion der Sexualität ihren anderen Bedeutungen gegenüber zumindest gleichrangig ist.

Mitmenschen über den Bereich der Sexualität zu diffamieren hat in unserem Kulturkreis eine lange Tradition. Sie kam Jahrtausende früher, bevor die Sexualität als Vehikel für Konsum und Leistung entdeckt wurde und bevor die katholische Kirche ihren gläubigen Eheleuten den Anspruch auf sexuelle Lust offiziell zugestand.

Der individuelle Lernprozeß für die Denunziation beginnt früh und ist nachhaltig.

Kleine Kinder lernen – oft schon, bevor sie die Sprache erwerben –, daß Sexualität dem Bereich des Anstößigen zuzuordnen sei. Damit ist eine notwendige Vorraussetzung gegeben, die den Boden für die sexuelle Denunziation bereitet.

Der Lernprozeß setzt sich kontinuierlich fort. Wer als Lehrerin oder als Lehrer in der Schule arbeitet, weiß, daß Begriffe wie »Schwuli« oder »Schwuler« zum gängigen Sprachumgang der Kinder und Jugendlichen gehören können.

Gerade dadurch, daß diese Lernprozesse unauffällig und nebenbei durch den Umgang vermittelt werden, gerade dadurch wirken sie so nachhaltig und selbstverständlich.

Die Abqualifizierung eines Menschen mit dem Stigma Homosexualität ist zweifellos die »klassische« Form der sexuellen Denunziation in unserem Kulturkreis. Sie ist aber beileibe nicht die einzige Stigmatisierung, sondern nur ein kleiner Teilbereich im Rahmen der allgemeinen sexuellen Denunziation.

Stigmatisierung ist ein Begriff aus der neueren Sozialwissenschaft. Er bedeutet die Zuordnung von Einzelpersonen oder Gruppen in das soziale Abseits. Die Ausgliederung wird durch die Etikettierung mit negativ besetzten, diskreditierenden Attributen vorgenommen. Diese Attribute heißen Stigma. Im religiösen Bereich werden unter Stigmen die Wundmale der Märtyrer verstanden, insbesondere auch die Wundmale, die Christus am Kreuz von seinen Peinigern empfing.

Das sexuelle Stigma ist plastisch und universell einsetzbar wie die Denunziation selbst. Es gibt kaum einen Bereich der Sexualität, der nicht Möglichkeiten zur denunziatorischen Aufbereitung böte.

Neben der Homosexualität stellt der weite Bereich der Heterosexualität die mannigfaltigsten Formen dar, die zur Denunziation eingesetzt werden können. Oder aber Bereiche, die beiden Feldern, der »normalen« und der »abweichenden« Sexualität übergeordnet sind.

Sexuelles Stigma kann die Impotenz ebenso sein wie die übersteigerte sexuelle Potenz. Masochismus ist Stigma oder die Unterstellung von »unmännlichem« bzw. »weiblichem« Verhalten bei Vertretern des männlichen Geschlechts. Stigmatisierend kann bereits ein Verhalten sein, das sexuologisch als universell verbreitet nachgewiesen ist und dem wichtige Funktionen im Rahmen des »normalen« Sexualverhaltens zugeschrieben werden: Onanie (Masturbation) ist Stigma. Anlaß zur Diskreditierung gibt erst recht die Unterstellung sexueller Verhaltensweisen wie Sodomie, Vergewaltigung, Kindesverführung oder der Umgang mit Pornographie.

Geburtenplanung oder Empfängnisverhütung, Frauenemanzipation, Sexualerziehung, Psychoanalyse, politische Überlegungen zur gesetzlichen Regelung des Schwangerschaftsabbruchs oder auch das Odium, eine zerrüttete Ehe zu führen, bieten ein weites Feld für Denunziation.

Möglichkeiten der Stigmatisierung werden häufig in frühen Lebensjahren gelernt.

Als Quartaner unterstellten wir unserer von uns ungeliebten, ledigen Englischlehrerin, daß sie es wohl mit ihrem Schäferhunde triebe; dem grausam autoritären Mathemathiklehrer hängten wir Homosexualität an; den langweilig daherschwafelnden Geschichtslehrer nannten wir »den Wichser«, und als ruchbar wurde, daß der Geographielehrer in Scheidung lebte, diagnostizierten wir messerscharf, daß seine Impotenz die Ursache dieser Entwicklung sein müsse.

Die Denunziation half uns, die Ungerechtigkeiten und die Mißachtung, die wir von den Lehrerinnen und Lehrern erfuhren, zu ertragen. Die Spannungen des Unterrichts lösten sich im homerischen Gelächter, in den Pausen und außerhalb der Schule. Sexuelle Denunziation war die Form der Konfliktbewältigung, die wir gelernt hatten.

Sexuelle Stigmatisierung jedoch ist mehr als die Ausgeburt der überhitzten Phantasie autoritär unterdrückter Quartaner; sie spielt in allen Bereichen des Alltags ihre Rolle – bis hinauf in die Ebenen der »hohen« Politik.

Ihre Funktion in diesem Bereich ist freilich eine andere als die der psychischen Entlastung von autoritären Zwängen.

In der politischen Auseinandersetzung ist sexuelle Denunziation die gezielt eingesetzte Technik zur Ausschaltung des politischen Gegners.

Mit Hilfe dieser Technik werden politische Entscheidungen und Entwicklungen in Gang gesetzt oder nachträglich gerechtfertigt. Diese politische Dimension möchte ich an zwei Zeitabschnitten verdeutlichen. Am Beispiel des deutschen Faschismus und an Beispielen aus der BRD.

Daß die Auswirkungen und der Erfolg der sexuellen Denunziation in den beiden von mir untersuchten Epochen – im Nationalsozialismus und in der Bundesrepublik Deutschland – für die Betroffenen unterschiedliche Folgen zeitigten, braucht nicht besonders betont zu werden. Was damals Verlust der Existenz im wahrsten Sinne des Wortes bedeutete oder zumindest bedeuten konnte, hat heute selbstredend eine andere Qualität.

Bei der Aufarbeitung und Auswertung der »Fälle« in beiden Epochen geht es mir daher nicht darum, vergleichend zu werten. Mein Anliegen ist, den Mechanismus deutlich zu machen, der bei der Diffamierung und Verunglimpfung bis hin zur Ausschaltung eines politischen Gegners eine Rolle spielt.

Sexuelle Denunziation im Nationalsozialismus

Mindestens zweimal in der Zeit des Nationalsozialismus hat die sexuelle Denunziation Dimensionen erreicht, die weltgeschichtlich von Bedeutung wurden.

Hitlers Weg zur Alleinherrschaft lief über die rücksichtslose Ausschaltung der Gegner, die ihm nach 1933 noch hinderlich waren. In zwei entscheidenden Fällen wurde diese Ausschaltung mit der sexuellen Denunziation erreicht, bzw. zusätzlich begründet.

Das war bei der Liquidierung des SA-Führers *Ernst Röhm* der Fall und bei der Abschiebung des Generals *Werner von Fritsch*, der als Oberbefehlshaber des Heeres den Kriegsplänen Hitlers im Wege stand.

In beiden Fällen war das Stigma Homosexualität die Rechtfertigung für die Ausschaltung. Die Stigmatisierungen Röhms und von Fritschs sollen in diesem Abschnitt dargestellt und in ihren politischen Zusammenhängen erörtert werden.

Die sexuelle Denunziation der Nationalsozialisten richtete sich nicht nur gegen Einzelpersonen. Sie fand systematischen Einsatz gegen die Weimarer Republik, deren Politiker sie als Sexualtäter hinstellte, und sie war das zentrale ideologische Instrument, um die deutschen Juden verächtlich zu machen. Hier zeigen sich die schlimmsten Auswüchse der sexuellen Diffamierung, die – nicht nur – die neuere Geschichte kennt. Keine Minderheit wurde je so systematisch sexuell denunziert wie die Juden. Kaum ein Sexualbereich fehlte hier, der nicht für die sexuelle Denunziation nutzbar gemacht worden wäre.

In dem abschließenden Teil zeige ich, wie versucht wurde, auch Hitlers Sexualverhalten politisch zu instrumentalisieren. Dieser Abschnitt fällt aus dem Bereich der Denunziation heraus. Die Bearbeitung dieses Problems schien mir dennoch wichtig, wie ich an gegebener Stelle begründen werde.

Hitler beseitigt seine Gegner mit dem Stigma Homosexualität

Der ›Fall‹ Ernst Röhm – der 30. Juni 1934

In der Nacht zum 30. Juni 1934 flog Hitler vom Flugplatz Hangelar (bei Bonn) nach München. Unter seinen Begleitern waren sein Stellvertreter in der Parteileitung, Rudolf Heß, Joseph Goebbels (sein Minister für Volksaufklärung und Propaganda) sowie Viktor Lutze, der Stellvertreter Ernst Röhms in der Leitung der Sturm-Abteilung (SA).

Das Team war ein Mordkommando, das unter der Leitung von Hitler stand.

Mit Methoden, »die die neidische Bewunderung eines besonders skrupellosen Gangsters von Chicago erwecken«[1] könnten, wurden Stunden später unerwünscht gewordene Kameraden aus der »Kampfzeit« um die Ecke gebracht. Eine blutige Bartholomäusnacht brach an.

Von München aus raste die Gruppe in einer Wagenkolonne nach Wiessee, wo sie um 7 Uhr früh vor dem Hotel Hanselbauer haltmachte. In dem Hotel war wenige Stunden zuvor ein Trinkgelage zu Ende gegangen, das der Stabschef der SA, Ernst Röhm, mit seinen Unterführern veranstaltet hatte. Jetzt lagen die SA-Führer in ihren Betten und schliefen ihren Rausch aus.

Die Truppe drang mit gezogenen Revolvern in das Hotel ein und ließ sich zu den Zimmern von Röhm und seinem Breslauer Obergruppenführer Edmund Heines führen. Die verstörten Zecher fuhren aus dem Schlaf. Heines hatte einen Jungen bei sich im Bett, begriff die Situation nicht, weigerte sich, seine Kleidung anzulegen. In Gegenwart von Goebbels drohte Hitler, ihn sofort zu erschießen, falls er nicht innerhalb von fünf Minuten angezogen sei.

Auch Röhm öffnete ohne Arg im Schlafanzug die Tür, vor der Hitler

1 News Chronicle vom 3. 6. 1934, zitiert nach dem ›Weißbuch über die Erschießungen des 30. Juni‹. Paris 1934, Seite 149.

und zwei bewaffnete Kriminalbeamte standen. Auf die Worte Hitlers »Röhm, du bist verhaftet!« reagierte er schlaftrunken: »Heil, mein Führer«. Später in der Halle, als Hitler es zuließ, daß ihm die Wirtin einen Kaffee brachte, hatte er sich noch nicht gefaßt.

Inzwischen wurden alle anderen SA-Führer verhaftet und in die Waschküche des Hotels gesperrt. Wenig später wurden sie in dem Gefängnis Stadelheim eingekerkert.

Hier warteten bereits an die 800 Mann aus dem SS-Bataillon, der späteren ›Leibstandarte Adolf Hitler‹, die die Reichswehr aus Berlin herbeigeschafft hatte. An sie ging der Befehl, ein Erschießungskommando zu bilden, dem die abgesetzten SA-Führer zur Exekution vorgeführt wurden. Noch immer waren die meisten so verwirrt, daß sie bis zum Schluß nicht die Situation begriffen. Einige starben mit den Worten »Heil Hitler« auf den Lippen.

Das Gefängnis Stadelheim war nicht der einzige Schauplatz der »deutschen Bartholomäusnacht«.[2]

Noch bevor die Füsilierungen in München begannen, gab Goebbels dem Innenminister Hermann Göring ein Code-Wort in die Reichshauptstadt durch: KOLIBRI. Das bedeutete: Freie Bahn für die Mordaktion in Berlin. Schauplatz war hier die Kadettenanstalt Lichterfelde.

In München wie in Berlin waren nicht nur SA-Leute Opfer des mörderischen Kommandos. Unter ihnen befanden sich Gregor Strasser, ehemals Führer des sozialrevolutionären Flügels der NSDAP, der sich nach Auseinandersetzungen mit Hitler bereits 1932 zurückgezogen hatte. Zusammen mit seinem Anwalt, der sich geweigert hatte, den SS-Schergen Strassers Papiere auszuhändigen, wurde er erschossen. General von Schleicher, 1932 bis 1933 Reichskanzler, wurde mit seiner jungen Frau in seinem Arbeitszimmer niedergemetzelt. Sein Freund, General von Bredow, Chef des Ministeramts im Reichswehrministerium, wurde wortlos beim Türöffnen niedergestreckt. Die Mitarbeiter des Vizekanzlers von Papen, Bose und Edgar Jung, fanden in ihren Dienstzimmern den Tod. Unter den vielen weiteren Opfern: Erich Klausener, Führer der Deutschen Katholischen Aktion, Pater Bernhard Stempfle, der einst in Hitlers frühen Münchener Jahren die Druckfahnen von ‹Mein Kampf› redigiert hatte, und viele andere, die nichts oder nichts mehr mit der SA zu tun hatten.

Die Angaben über die Gesamtzahl der Opfer schwanken und lassen

---

2 Strasser, Otto: Die deutsche Bartholomäusnacht. 7. Aufl., Prag, Zürich, Brüssel 1938.

sich nicht exakt angeben. Die »Amtliche Totenliste« vom 30. 6. 1934 nennt 83 Opfer[3], das »Weißbuch über die Erschießungen des 30. Juni«, das 1934 in Paris erschien, spricht von 401 Erschossenen[4]; nach Bloch belaufen sich die neueren Schätzungen auf 150–200 Opfer.[5] Hitler selbst gab 58 »Hinrichtungen« und den Tod von 19 weiteren Personen zu[6].

Am späten Abend kehrte Hitler aus München zurück. Auf dem Flughafen Tempelhof warteten Göring, Himmler und Frick. Eine Ehrenwache präsentierte das Gewehr, als die Maschine landete.

Hans Bernd Gisevius hat die Ankunftsszene beschrieben:

»Kommandorufe ertönen. Eine Ehrenkompanie präsentiert. Göring, Himmler, Körner, Frick, Daluege und etwa zwanzig Polizeioffiziere gehen auf das Flugzeug zu. Da öffnet sich schon die Tür, und als erster steigt Adolf Hitler aus.

Der Anblick, den er bietet, ist ›einmalig‹. Braunes Hemd, schwarzer Schlips, dunkelbrauner Ledermantel, hohe schwarze Kommißstiefel, alles dunkel in dunkel. Darüber, barhäuptig, ein kreidebleiches, durchnächtigtes, unrasiertes Gesicht, das eingefallen und aufgedunsen zugleich erscheint und aus dem, durch die verklebt herabhängenden Haarsträhnen schlecht verdeckt, ein paar erloschene Augen stieren. Trotzdem habe ich weder das naheliegende Gefühl des Jammers noch das vielleicht näherliegende Gefühl des Mitleids – der Mann läßt mich kalt. Denn, so etwa empfinde ich, er hat nicht gelitten, er hat nur getobt. ...

In gebührendem Abstand folgt die restliche Kolonne in tiefstem Schweigen. Dabei gebärden sich alle derart gemessen und ehrfurchtsvoll, Zeugen weltgeschichtlichen Geschehens, als trügen sie miteinander dem gewaltig-gewaltsamen Triumvirat seine kostbare, blutdurchwirkte Schleppe nach.«[7]

Die »moralische« Begründung

Die »Arbeit« war getan. Die Opfer verscharrt oder verbrannt, um die Mißhandlungen vor den Angehörigen zu vertuschen. Goebbels erließ

---

3 Vergl. Bennecke, Heinrich: Die Reichswehr und der »Röhm-Putsch«. München und Wien 1964, Seite 87/88.

4 Vergl. Weißbuch ..., a. a. O., Seite 90.

5 Bloch, Charles: Die SA und die Krise des NS-Regimes 1934. Frankfurt 1970, Seite 104.

6 Vergl. zu den unterschiedlichen Angaben Höhne, Heinz: Mordsache Röhm. Hitlers Durchbruch zur Alleinherrschaft 1933–1934. Reinbek 1984, Seite 319 ff.

7 Gisevius, Hans Bernd. Adolf Hitler. Versuch einer Deutung. München 1963, Seite 291 ff.

einen Befehl, nach dem in den Zeitungen keine Nachrufe für die Ermordeten gedruckt werden durften. Im Reichskanzleramt trafen derweil die ersten Glückwünsche ein. Von Hindenburg kam ein warmempfundener Dank an Hitler.[8] Tiefe Zufriedenheit und Genugtuung herrschte bei der Reichswehr. Reichswehrminister von Blomberg in einem Tagesbefehl: »Der Führer bittet uns, zu der neuen SA in herzliche Beziehung zu treten. Dies zu tun, werden wir in dem Glauben an ein gemeinsames Ideal freudig bestrebt sein.«[9]

Gespannt warteten die deutsche Öffentlichkeit und die Vertreter der internationalen Presse auf die Erklärungen des »Führers«.

In der Bevölkerung herrschte Ratlosigkeit und Verwirrung. Die Deutschlandberichte der Sozialdemokratischen Partei (Sopade) dokumentieren, daß die breite Masse »den politischen Sinn der Ereignisse nicht begriffen hatte.«[10] Das lag zum einen daran, daß der Kreis der Ermordeten keineswegs nur aus den Reihen der SA kam, sondern daß vielerorts die Gelegenheit genutzt wurde, alte Rechnungen zu begleichen. Das Pariser »Weißbuch über die Erschießungen des 30. Juni« unterscheidet nicht weniger als neun Gruppen, in denen Mitglieder ihr Leben lassen mußten:

»a) die Führer und Unterführer der SA;
b) die Konkurrenten für den Fall einer Regierungsumbildung;
c) die Reichstagsbrandstifter;
d) die Mitwisser von Vorgängen aus der Vergangenheit und diejenigen, die aus Rache ermordet wurden;
e) die katholische Opposition;
f) politische Gefangene;
g) Juden;
h) aus »Versehen« Ermordete;
j) erschossen ›infolge falscher Angeberei‹.
Mehrere Ermordete sind sowohl der einen wie auch der anderen Gruppe zuzuzählen.«[11]

Die Zusammensetzung der Opfer aus so unterschiedlichen Gruppen erschwerte auch für den politisch Interessierten den Blick über die Fronten. Zudem aber war die Informationspolitik der nächsten Tage so

8 Bullock, Alan: Hitler. Eine Studie über Tyrannei. 71.–75. Tsd. Düsseldorf 1964, Seite 286.

9 ebd.

10 Deutschland-Berichte der Sozialdemokratischen Partei Deutschlands (Sopade). 1. Jg. 1934. Reprint 2. Aufl., Frankfurt 1980, Seite 197.

11 Weißbuch, a. a. O., Seite 91.

ausgerichtet, daß eine Erkenntnis der Vorgänge systematisch verhindert wurde.

Die ersten Verlautbarungen Hitlers nach dem Massaker waren ohne Darlegung der Motive geblieben. Sie enthielten lediglich die Mitteilung von der Amtsenthebung Röhms sowie die Nachricht, daß Obergruppenführer Viktor Lutze zum Nachfolger bestellt worden sei. In dem Brief an Lutze wurde moralisch argumentiert: »Schwerste Verfehlungen meines bisherigen Stabschefs zwangen mich, ihn seiner Stellung zu entheben.« Dem moralischen Argument folgte das pathetische Zukunftsbild des »neuen Menschen«: »Es ist mein Wunsch, daß die SA zu einem neuen und starken Gliede der nationalsozialistischen Bewegung ausgestaltet wird. Erfüllt von Gehorsam und blinder Disziplin muß sie mithelfen, den neuen Menschen zu bilden und zu formen.«[12]

Die nächste (von Hitler möglicherweise eigenhändig verfaßte) »Erklärung der Reichspressestelle der NSDAP« gab sich konkreter, verließ jedoch nicht die moralisierende Position. Zersetzungserscheinungen und Spaltungsversuche in der SA und NSDAP wurden in Beziehung zu Röhms »unglücklicher Veranlagung« gesetzt. Hitler gab an, durch Röhms Neigungen in unerträgliche Gewissensqualen geraten zu sein.

»Seine bekannte unglückliche Veranlagung führte allmählich zu so unerträglichen Belastungen, daß der Führer der Bewegung und Oberste Führer der SA selbst in schwerste Gewissenskonflikte getrieben wurde.«[13]

Röhm wurden bis heute nicht erwiesene Kontakte zu einer ausländischen Macht nachgesagt und eine Verschwörung mit dem ehemaligen Reichskanzler General a. D. Schleicher. Die Erklärung schilderte sodann die Verhaftung Röhms durch den »Führer«, wobei sie abermals die »moralische Verkommenheit« in Szene setzte. Es bleibt der Phantasie des Lesers überlassen, was er sich unter der »ekelhaftesten Situation« vorstellen will:

»Die Durchführung der Verhaftung zeigte moralisch so traurige Bilder, daß jede Spur von Mitleid schwinden mußte. Einige SA-Führer hatten sich Lustknaben mitgenommen. Einer wurde in der ekelhaftesten Situation aufgeschreckt und verhaftet.«[14]

Das sofortige Einschreiten des »Führers« gewährleistete – dem Bericht zufolge – nicht nur die Unterbrechung des »sittenwidrigen Aktes«,

12 Domarus, Max: Hitler. Reden und Proklamationen. 1932–1945. Band 1, Seite 397 ff.
13 ebd., Seite 398.
14 Domarus, Bd. 1, a. a. O., Seite 399.

sondern stellte für die Zukunft »Anständigkeit«, »Sauberkeit« und »Gesundheit« für das deutsche Volk in Aussicht:

»Der Führer gab den Befehl zur rücksichtslosen Aufräumung dieser Pestbeule. Er will in Zukunft nicht mehr dulden, daß Millionen anständiger Menschen durch einzelne krankhaft veranlagte Personen belastet und kompromittiert werden.«[15]

Hitlers Ansprache vor den SA-Führern in München wurde als Appell an Ehre, Opfersinn und Vorbildhaftigkeit gewürdigt. Die sexuellen Neigungen der SA-Führer wurden mit Asozialität und Krankheit assoziiert, die es in Zukunft auszumerzen gelte. Hitler verkündete seine Entschlossenheit,

»disziplinlose und ungehorsame Subjekte sowie asoziale oder krankhafte Elemente von jetzt ab unbarmherzig auszurotten und zu vernichten.«[16]

Hitlers nächste Pressemitteilung vom 30. Juni war ein »Augenzeugenbericht«, in dem die Tugenden des »Führers« und seiner »Getreuen« mit den »lasterhaften Vergehen« von Röhm und seinen Kameraden wirkungsvoll kontrastierten.

Tapferer, furchtloser Adolf Hitler!!

Der Führer zauderte nicht, er handelte, griff mit aller Schärfe durch. Mutig leitete er die Aktion selbst, trat den »Meuterern« persönlich gegenüber, »mit unerhörter Entschlossenheit«, obwohl er »einige Tage lang fast ohne Nachtruhe gewesen war«. Den SA-Führern Schneidhuber und Schmidt trat er »allein« (!) entgegen und riß ihnen »selbst« die Achselstücke von den Schultern. Tugenden, die nicht ohne Wirkung auf das deutsche Volk bleiben können. Der »Augenzeuge« in Hitlers Pressemitteilung:

»Was der Führer in diesen Tagen für die SA und für die Bewegung leistete, können nur diejenigen ermessen, die in dieser kurzen Zeit unerhörter Nervenanspannung und unglaublicher körperlicher Anstrengungen an seiner Seite standen. Wieder ist der Führer durch sein persönliches Beispiel der Bewegung ein leuchtendes Vorbild von Tatkraft und Treue gewesen. Die Früchte dieser Säuberungsaktion wird das geeinte deutsche Volk ernten.«[17]

Vor dem Horizont solcher »Charakter- und Willensstärke«, hebt sich der »Sumpf« der SA-Männer in bemerkenswerter Weise ab:

---

15 ebd.
16 ebd.
17 Domarus, Bd. 1, a. a. O., Seite 400.

»Der Führer betrat mit seinen Begleitern das Haus. Röhm wurde in seinem Schlafzimmer vom Führer persönlich verhaftet. Röhm fügte sich wortlos und ohne Widerstand der Haft.
In dem unmittelbar gegenüberliegenden Zimmer von Heines bot sich den Eintretenden ein schamloses Bild. Heines befand sich bei einem Jüngling.
Die widerliche Szene, die sich daran bei der Verhaftung von Heines und seinen Genossen abspielte, ist nicht zu beschreiben. Sie wirft schlagartig ein Licht auf die Zustände in der Umgebung des bisherigen Stabschefs, deren Beseitigung dem entschlossenen, tapferen und unerschrockenen Handeln des Führers zu verdanken ist.«[18]

Die moralische Propaganda Hitlers steigerte sich im Laufe des 30. Juni. Stabschef Lutze, dessen Karriere-Kalkül aufgegangen war, der erste Nutznießer der Mord-Aktion, die ihn in die Position Röhms stolpern ließ, erhielt von Hitler einen Tagesbefehl, der 12 Forderungen an die SA enthielt. Die Inhalte dieses Befehls gaben nicht den geringsten Anhaltspunkt für die tatsächlich abgelaufenen politischen Auseinandersetzungen. Sie könnten ohne Ausnahme dem Tugendkatalog einer der vielen sexualpädagogischen Schriften entnommen sein, die die großen Kirchen zu Beginn der dreißiger Jahre noch massenhaft auf den Markt warfen. Hitler sprach von Gehorsam und Disziplin, von gutem Benehmen und gesitteter Aufführung, von Vorbildhaftigkeit und sparsamer Lebensführung, Mäßigkeit im Essen wie im Trinken, Verantwortung und Pflichtgefühl, Ehrlichkeit und Offenheit, Treue, Opfersinn und Kameradschaft, von geistiger und körperlicher Schulung und von der Dankbarkeit gegenüber den alten Kämpfern der SA (für die er gerade im Begriff stand ein lebhaftes Beispiel zu geben. Die Erschießungen waren im vollen Gange).

Mit der Forderung Nr. 7 wurde er sexualpädagogisch konkret, indem er sich für die Zukunft die unbesorgte deutsche Mutter sicherte, die ihren Jungen ohne Bedenken in die nationalsozialistischen Organisationen geben könne:

»Ich erwarte von allen SA-Führern, daß sie helfen, die SA als reinliche und saubere Institution zu erhalten und zu festigen. Ich möchte insbesondere, daß jede Mutter ihren Sohn in SA, Partei und HJ geben kann, ohne Furcht, er könnte dort sittlich oder moralisch verdorben werden.
Ich wünsche daher, daß alle SA-Führer peinlichst darüber wachen, daß Verfehlungen nach § 175 mit dem sofortigen Ausschluß des Schuldigen aus SA und Partei beantwortet werden. Ich will Männer als SA-Führer sehen und keine lächerlichen Affen.«[19]

---

18 ebd.
19 Domarus, Bd. 1, a. a. O., Seite 401.

Die Widersprüche waren nicht zu übersehen. Die moralische Entrüstung war künstlich und diente der Aufladung von Ressentiments, die die politischen Begründungen nebensächlich machen sollten.

Der wüste, verschwenderische Lebensstil in den eigenen Reihen hatte dem Führer in der Vergangenheit kein Interesse abgenötigt, sofern die Prasser seine politischen Ziele unterstützten. Der aufwendige Lebensstil eines Hermann Göring fand keine Kritik. Göring bewohnte in Berlin eine 40-Zimmer-Villa, deren Einrichtung allein auf mehrere 100 000 Reichsmark geschätzt wurde. Auf dem Anwesen befanden sich ein Tennisplatz und eine Reitbahn. In der Schorfheide besaß er ein Jagdschloß. Ein fürstliches Wisentgehege war nur ein Teil der luxuriösen Anlage. Auch Goebbels' Lebensstil galt als prunkvoll. Seine Villa in Cladow war so reich ausgestattet, »daß man drei Dutzend Ausstattungen für heiratslustige ehemalige SA-Leute daraus machen könnte.«[20] Von der Einfachheit der Lebensführung war hier – wie bei anderen Führern der Partei und der SA – wenig zu merken; ganz abgesehen davon, daß auch die offiziellen Empfänge und Feiern der NSDAP und der SA von bombastischem Prunk und Überfluß geprägt waren. Stattliche Limousinen gehörten nicht nur zu der Ausstattung der Repräsentanten des Regimes, sondern auch zu den Unterführern, bei denen ein »dienstliches Interesse« an der Präsentation nicht gegeben war. Die Verschwendungssucht des Gauleiters von Franken, Julius Streicher, war sprichwörtlich. Er galt als übler Pornograph, was sich unübersehbar in dem von ihm herausgegebenen »Stürmer« niederschlug. Die Furchtlosigkeit des Gauleiters Robert Ley vor dem Alkohol war so bekannt, daß er im Flüsterwitz des Dritten Reiches als »Reichstrunkenbold« fungierte. Nur mit Mühe gelang ihm vor seinen öffentlichen Reden der Aufstieg auf die Rednertribüne. Bei der Vermittlung der dürftigen Inhalte seiner Rede hatte er mit nicht geringen Artikulationsschwierigkeiten zu kämpfen. Auf einer Arbeitssitzung in Genf erschien der »Präsident der Deutschen Arbeitsfront« so vom Alkohol benebelt, daß er unter gutem Zureden der Kameraden aus der Sitzung entfernt werden mußte.[21]

Das alles – und viel mehr noch – war für Hitler ohne Belang, solange die »Genossen« treu zur Stange hielten. In der Frage der Homosexualität verhielt es sich nicht anders.

Zwar hatte die Partei seit ihrer Gründung eine feindliche Haltung

20 Neuer Vorwärts vom 8. 7. 1934, Seite 7.

21 Vergl. Neuer Vorwärts vom 8. 7. 1934, Seite 7.

gezeigt. Homosexuelle waren »bevölkerungspolitische Blindgänger«. Eine Humanisierung des geltenden § 175 kam nicht in Betracht. Bemühungen der Homosexuellen-Bewegung in der Weimarer Republik, namentlich des »Wissenschaftlich-humanitären Komitees« mit Magnus Hirschfeld an der Spitze, wurden bekämpft und verächtlich gemacht. Der »Völkische Beobachter« bezeichnete im Zusammenhang mit einer geplanten Reform des Homosexuellenstrafrechts im Jahre 1930 Homosexualität als jüdische Entartung, die der nationalsozialistische Staat unerbittlich bekämpfen werde.

»Alle boshaften Triebe der Judenseele, den göttlichen Schöpfungsgedanken durch körperliche Beziehungen zu Tieren, Geschwistern und Gleichgeschlechtlichen zu durchkreuzen, werden wir in Kürze als das gesetzlich kennzeichnen, was sie sind, als ganz gemeine Abirrungen von Syriern, als allerschwerste, mit Strang oder Ausweisung zu ahndende Verbrechen«.[22]

Die »Sachzwänge« der Hitlerschen Machtpolitik setzten jedoch andere Prioritäten. Das galt nicht nur in bezug auf Röhm, sondern auch für andere führende Nationalsozialisten.

Homosexuelle Neigungen wurden dem Reichsjugendführer Baldur von Schirach nachgesagt, dem Gauleiter von Hamburg, Karl Kaufmann, dem Oberpräsidenten von Breslau, Helmut Brückner, dem Gauleiter Koslo in Liegnitz und nicht zuletzt dem Stellvertreter des Führers, Rudolf Heß[23], der in der Berliner Homosexuellen-Szene als »Tante Anna« firmiert haben soll.

Was Röhm anging, so waren Hitler dessen Neigungen sattsam bekannt. Sie kannten sich aus frühen Münchener Tagen, hatten gemeinsam den Putsch von 1923 vorbereitet. Die SA, eine systematisch aufgebaute Privatarmee von skrupellosen Raufbolden, hatte der nationalsozialistischen Bewegung von früh an ihre politische Durchschlagskraft gesichert. Schlagringe, Eisenstangen, Gummiknüppel, Messer und Revolver gehörten seit den frühen Tagen zum Waffenarsenal bei den Saalschlachten und Straßenkämpfen, bei denen es Schwerverletzte und Tote gab. Die Siegesfeiern, die den unrühmlichen Händeln folgten, waren auch in den frühen Jahren durch alkoholische Exzesse geprägt. Homosexuell getönte, freundschaftliche Rangeleien und Zärtlichkeiten waren bei diesen Anlässen keine Seltenheit. Röhm selbst tat

---

22 Völkischer Beobachter vom 2. 8. 1930, zit. nach Stümke, Hans Georg und Rudi Finkler: Rosa Winkel, Rosa Listen. Homosexuelle und »Gesundes Volksempfinden« von Auschwitz bis heute. Reinbek 1981, Seite 96.

23 Vergl. Neuer Vorwärts vom 8. 7. 1934, Seite 7.

nichts zu der Verschleierung seiner Neigungen, gab sich zumindest in seinen Kreisen eher als »offen Homosexueller«, wie wir es heute nennen würden. Es ist nicht denkbar, daß Hitler diese Aktivitäten verborgen geblieben wären. Spätestens aber im Jahre 1925 mußte er davon Kenntnis bekommen haben. Damals wurde Röhms Homosexualität gerichtsnotorisch: durch einen Diebstahlsprozeß, der unter dem Aktenzeichen 197 D 18/25 beim Amtsgericht Berlin-Mitte lag. Röhm hatte einen siebzehnjährigen Berliner wegen Diebstahls angezeigt, nachdem ihm dieser den Beischlaf verweigert hatte. Der junge Mann hatte aus Röhms Hotelzimmer einen Gepäckschein mitgehen lassen, für den er sich am Bahnhof Röhms Koffer aushändigen ließ. In dem Gepäckstück befanden sich Briefe, die die Behauptung des Jungen, Röhm sei an ihn »herangetreten«, zusätzlich stützten.

Hitlers Trennung von Röhm im Jahre 1925 erfolgte nicht wegen erwiesener Homosexualität, sondern aus einem Dissens über die Funktion der SA. Hitler verlangte die Unterordnung der Truppe unter die Direktiven von Partei und Politik, während Röhm eine gleichrangige Position für die SA geltend machte. Röhm ging als Militärberater nach Bolivien. Der grundlegende Konflikt zwischen Hitler und der SA war damit jedoch nicht aufgehoben. Nach einer offenen Revolte im Jahre 1929 wurde Röhm zurückgerufen und 1931 mit eingeschränkter Funktion zum Stabschef der SA ernannt, während Hitler sich als Oberbefehlshaber verstand. Die Folgezeit brachte nicht nur eine Erstarkung der Partei und seines Führers (18,5% bei der Reichstagswahl vom 14. 9. 1930), sondern auch einen schwunghaften Anstieg der Mitglieder in der SA, die bis Ende 1932 auf eine halbe Million anwuchs.

Die Popularität Röhms stieg, und mit der wachsenden politischen Bedeutung geriet auch sein Sexualleben in die öffentliche Diskussion.

Bereits wenige Tage nach Röhms Wiedereintritt in die SA-Führung gab Hitler einen Erlaß heraus, der das Privatleben der SA-Mitglieder tabuierte. Ein bemerkenswerter Kontrast zu den 12 Forderungen, die Hitler am 30. Juni 1934 an seinen neuen Stabschef Lutze richtete:

»Der Obersten SA-Führung liegen eine Reihe von Meldungen und Anzeigen vor, die sich gegen SA-Führer und -Männer richten und vor allem Angriffe wegen des Privatlebens dieser Persönlichkeiten enthalten. ... Den obersten und oberen SA-Führern wird zugemutet, über diese Dinge, die rein auf privatem Gebiet liegen, Entscheidungen zu treffen.

Ich weise diese Zumutung grundsätzlich und in aller Schärfe zurück. Abgesehen davon, daß wertvolle Zeit, die im Freiheitskampf notwendiger ist, nutzlos vertan wird, muß ich feststellen, daß die SA eine Zusammenfassung von Männern zu einem bestimmten politischen Zweck ist. Sie ist keine moralische

1933, als »Homosexualität« den »Führer« noch nicht störte (von links: Sauckel, Frick (sitzend), Kerrl, Goebbels, Hitler, Röhm, Göring, Darré, Himmler, Heß).

Anstalt zur Erziehung von höheren Töchtern, sondern ein Verband rauher Kämpfer.«[24]

War diese Stellungnahme Hitlers noch unspezifisch formuliert, aber doch auf Röhm bezogen gemeint, so zeigten andere Äußerungen deutlich, daß ihm die Sachverhalte bekannt waren, aber in seiner politischen Entscheidung nicht beeinflußten.

Im April 1931 startete die sozialdemokratische »Münchner Post« einen Angriff auf die NSDAP, in der exponierte SA-Mitglieder wegen ihrer Homosexualität angegriffen wurden. In einigen Folgen wurde auch Röhms Sexualleben herausgestellt.

Eine weitere »Enthüllung« erfolgte am 30. 6., als dieselbe Zeitung die Gerichtsprotokolle aus dem Jahre 1925 veröffentlichte, die den

24 Zit. nach Bennecke, Heinrich: Hitler und die SA. München und Wien 1962, Seite 253.

bereits erwähnten Vorfall mit dem Diebstahl durch den Strichjungen betrafen.

Sechs Tage vor der Reichstagswahl, am 7. 3. 1932, verbreitete der Sozialdemokratische Pressedienst drei Briefe Röhms aus dem Jahre 1928/1929 an einen Dr. Heimsoth, in denen er sich zu seiner homosexuellen Selbstfindung, über die unnahbaren jungen Männer in Bolivien, über seinen sexuellen Notstand und die Sehnsucht nach der Berliner Homosexuellen-Szene geäußert hatte.[25]

Die Öffentlichkeit war informiert. Die Spatzen pfiffen es von den Dächern. Im »Flüsterwitz« des Dritten Reiches wurde Röhm als »Hinterlader« bezeichnet. Oder: »Röhm fährt auf Urlaub nach Italien und will ein paar warme Tage am Po verbringen« oder: »Wandspruch bei Röhm! Nach vier Uhr laß die Arbeit ruhn und freu dich auf den Afternoon!«[26]

Geschmacklosigkeiten, die nicht gerade für die Witzeerzähler sprachen, die aber darüber Aufschluß geben, daß die Bevölkerung nicht mehr uninformiert war.

Auch Hitler mußte nun Stellung nehmen. Den Anschuldigungen seiner Gegner und insbesondere ihren Forderungen, Stabschef Röhm zu entlassen, trat er energisch entgegen:

»Aus sehr durchsichtigen Gründen wird jetzt in der Wahlzeit immer wieder das Gerücht verbreitet, daß ich beabsichtigen würde, mich von meinem Stabschef zu trennen. Demgegenüber erkläre ich ausdrücklich ein- für allemal: Oberstleutnant Röhm bleibt mein Stabschef jetzt und nach den Wahlen. An dieser Tatsache wird auch die schmutzigste und widerlichste Hetze, die vor Verfälschungen, Gesetzesverletzungen und Amtsmißbrauch nicht zurückschreckt und ihre gesetzmäßige Sühne finden wird, nichts ändern.
Berlin, 6. April 1932. Adolf Hitler.«[27]

Auch in seinem privaten Kreis äußert sich Hitler verteidigend. Sein Leibphotograph Heinrich Hoffmann gibt folgende Äußerung Hitlers über Röhm wieder:

»Bei einem Mann wie Röhm, der jahrelang in den Tropen gelebt hat, ist Homosexualität anders zu werten als bei anderen. Für die Partei ist Röhm mit seinen Verbindungen zur Reichswehr ein wertvoller Faktor. Sein Privatleben interessiert mich nicht, wenn die nötige Diskretion gewahrt bleibt. Jedenfalls

25 Vergl. Stabschef Röhm: Memoiren. Saarbrücken 1934, Seite 196 ff.
26 Zit. nach Gamm, Hans-Jochen: Der Flüsterwitz im Dritten Reich. 2. Aufl., München 1966, Seite 60.
27 Domarus, Bd. 1, a. a. O., Seite 102.

werde ich Röhm deswegen niemals einen Vorwurf machen oder Konsequenzen ziehen.«[28]

Mag dieser Bemerkung auch eine sondersame Theorie über Homosexualität zugrunde liegen, so zeigt sich doch auch hier, daß das Sexualleben Röhms für Hitler nicht Gegenstand moralisierender Betrachtungen war.

Anfang Januar 1934 war diese »liberale« Einstellung Hitlers erloschen. Die Angst vor der SA mobilisierte die »sittlichen Kräfte« des Führers. Zu den ersten Amtshandlungen des Jahres gehörte ein Auftrag des »Führers« an den Chef der preußischen Geheimen Staatspolizei, Diels, zusammen mit Göring Material gegen die SA zu sammeln, unter besonderer Berücksichtigung von Verstößen gegen die »Sittlichkeit«. Im Völkischen Beobachter erschien zur gleichen Zeit eine besondere Note Hitlers an seinen lieben Stabschef Röhm, in der es den Führer »drängt« zu versichern,

»wie sehr ich dem Schicksal dankbar bin, solche Männer wie Du als meine Freunde und Kampfgenossen bezeichnen zu dürfen.
In herzlicher Freundschaft und dankbarer Würdigung,
Dein Adolf Hitler.«[29]

Fast zwei Wochen mußte das deutsche Volk warten, ehe es aus dem Munde des »Führers« die »konkreten« politischen Beweggründe für die Erschießungen erfuhr. Erst am 13. Juli tischte Hitler dem Reichstag das Märchen auf, daß eine Verschwörung niedergeschlagen werden mußte, daß ein »blitzschnelles« Handeln nötig war, um noch größeres Blutvergießen zu verhindern.[30]

Die politische Wirklichkeit sah anders aus. Die SA-Führer in Bad Wiessee lagen in ihren Betten. Ihre Gedanken waren nicht bei einem Putsch gegen den »Führer«. Sofern sie nicht schliefen, hatten sie mit ihren alkoholbenebelten Köpfen zu tun oder mit ihrem Bauch. Oder aber sie kümmerten sich um ihre sexuellen Bedürfnisse. Zwar hatten sie die Hoffnung auf eine »zweite Revolution« nicht begraben. Doch nach allem, was Historiker erforscht haben, sprach nichts für einen Umstand, der auf eine Rebellion hindeutete. Vielmehr hofften die SA-Führer, daß die weitere Entwicklung der Ereignisse für sie arbeiten würde und Hitler schließlich selbst die Notwendigkeit grundlegender Umwälzungen einsehen würde. Dafür machten sie Propaganda.

---

28 Vergl. ebd., Seite 102.
29 Zit. nach Bloch, a. a. O., Seite 65/66.
30 Vergl. Domarus, Bd. 1, a. a. O., Seite 410 ff.

Als Legitimation für die Verbrechen vom 30. Juni diente Hitler die Sexualmoral. Fast zwei Wochen ließ er das »gesunde Volksempfinden« für sich arbeiten. Erst auf dem wohlbereiteten Feld einer gründlichen sittlichen Entrüstung ließ er die fadenscheinige politische Begründung folgen. Bis dahin hatte das Volk Gelegenheit, sich über die »amoralischen Verhältnisse« in den Kreisen um Röhm die Köpfe zu erhitzen und über die sexuellen Praktiken der »krankhaften« Komplizen die Phantasie üppig ins Kraut schießen zu lassen. Die politischen Machenschaften der Hitlerregierung kamen dabei aus dem Blickfeld. Die unbefriedigende wirtschaftliche Situation, die Defizite in den Portemonnaies der Arbeiter und die Unterversorgung der Bevölkerung wurden auf den zweiten Platz verwiesen. Hitler hatte durchgegriffen! Welch ein Mann! Die Berichte der Nazipresse taten ein übriges, um den Blick zu verstellen. Der Frust des kleinen Mannes wurde wirkungsvoll in Aggressionen umgepolt, die sich auf die Minderheit der »sexuell Entarteten« richteten.

Nach den Deutschland-Berichten der Sozialdemokratischen Partei (Sopade), die ab 1934 im Auftrag des Exilvorstands der SPD im Ausland herausgegeben wurden, blieb diese Taktik der sexualmoralischen Einnebelung nicht ohne die beabsichtigte Wirkung. Zum Teil wurde ausdrücklich von der Genugtuung berichtet, die in der Bevölkerung über die »Wiederherstellung der Sauberkeit« herrschte:

»Aus verschiedenen Teilen Bayerns wird übereinstimmend berichtet, daß die Leute ihre Befriedigung äußern, weil Hitler so durchgegriffen habe. Damit habe er erneut den Beweis erbracht, daß er nur das Beste will, daß er eine saubere Umgebung haben wolle. Die große Masse des deutschen Volkes, die hermetisch von allen Auslandsnachrichten abgeschlossen nur der Goebbelspropaganda ausgesetzt ist, wußte und weiß heute (Mitte Juli) noch nicht, was eigentlich am 30. Juni vorgegangen ist.«[31]

Auch die Frauen, denen Hitler für ihre Söhne »reinliche Organisationen« in Aussicht gestellt hatte, äußerten ihre Befriedigung:

»Man findet sein Vorgehen schneidig und großartig. Er habe mit starker Hand die drohende Gefahr erfolgreich abgewendet und gleichzeitig auch eine sittliche Erneuerung angebahnt. Das ist auch die Ansicht der meisten Frauen.«[32]

Die Berichte über die Wirkungen der Propaganda ergaben freilich kein einheitliches Bild. Es wurde auch berichtet, daß die Menschen darüber verwundert seien, daß die seit langem bekannten Zustände erst jetzt

31 Deutschlandbericht der Sopade 1. Jg. 1934, Seite 199.
32 Deutschlandbericht der Sopade 1. Jg. 1934, Seite 201.

Gegenstand der Kritik geworden waren. Der »Flüsterwitz des Dritten Reiches« verhöhnte die »tiefe Betroffenheit« des »Führers«.

»Wie wird der Führer erst betroffen sein, wenn er von dem Klumpfuß des Joseph Goebbels erfährt!«[33]

Sexualmoral als Instrument der Politik und gezielter Einsatz der sittlichen Entrüstung, wenn es politisch opportun erscheint. Tolerierung und Akzeptierung von abweichendem Verhalten, solange es dem Machtkalkül nützt. Um dieses Prinzip zu verdeutlichen, sollte man auch einen Blick auf die Haltung der beiden Linksparteien SPD und KPD werfen.

Schon in der wilhelminischen Ära hatte es in den Reihen der Sozialdemokratie Kritik an dem Sexualstrafrecht für Homosexuelle (§ 175) gegeben. Entschieden wurde die »sittenbildende Funktion« des Rechtes abgelehnt. In der Weimarer Republik unterstützte die KPD diese Politik. Homosexualität sollte nicht Gegenstand strafrechtlicher Erörterungen sein, sondern der Freiheit des einzelnen Bürgers unterstehen. Zwar wurde diese Forderung unterschiedlich begründet, auf Seiten der Sozialdemokratie nicht zuletzt mit der Wirkungslosigkeit der geltenden Paragraphen. Gleichwohl hatten beide Arbeiterparteien eine wohlwollende Einstellung zu den Homosexuellenorganisationen, die in der Weimarer Zeit einen lebhaften Zulauf hatten. Führende Wissenschaftler wie Magnus Hirschfeld, Albert Moll, Wilhelm Stekel, Alfred Adler standen ihnen zur Seite und unterstützten ihre Aktionen. Namentlich Magnus Hirschfeld wurde zum Protagonisten einer modifizierten Einschätzung der Homosexuellenfrage.

Innerhalb der Sozialdemokratie hatte Bernstein bereits 1895 als erster die liberale Grundposition markiert, »daß der Staat und das Strafrecht nicht die Hüter der Moral sind und sein sollen.«[34]

Oder: Auf dem Parteitag 1927 in Kiel wurde formuliert, daß die SPD von der Reichstagsfraktion erwarte, daß sie ihre Zustimmung zu dem neuen Gesetzentwurf zum Sexualstrafrecht davon abhängig mache, daß die Bestrafung des Ehebruchs und des »widernatürlichen Verkehrs« aufgehoben würde.[35]

Die KPD verhielt sich in der Homosexuellenfrage noch offener und liberaler als die Sozialdemokraten. Beide Parteien setzten sich im

33 Zit. nach Gamm, Flüsterwitz, a. a. O., Seite 60.

34 Zit. nach Eissler, W.: Arbeiterparteien und Homosexuellenfrage: Zur Sexualpolitik von SPD und KPD in der Weimarer Republik. Berlin 1980, Seite 57.

35 Vergl. Eissler, a. a. O., Seite 57/58.

Parlament für die Abschaffung der Strafbestimmungen ein. Konsequent vor allen Dingen die KPD, die in der Bekämpfung des reaktionären Strafrechts einen Teil ihres Kampfes gegen die bürgerliche Gesellschaftsordnung sah. Zwar fielen die Einschätzungen über Ursachen, Ausmaß von Sozialschädlichkeit oder Möglichkeiten der wirksamen Eindämmung homosexuellen Verhaltens unterschiedlich aus. Fragwürdig waren manche Argumente nicht nur unter sexuologischen Gesichtspunkten. Auf jeden Fall ließen sie jedoch erkennen, daß sie die Verfolgung von sexuellen Minderheiten für inhuman hielten und daß sie es als ihre Aufgabe ansahen, den Schutz des Individuums vor Unterdrückung, Kriminalisierung und Verfolgung sicherzustellen.

Die »humane Phase« sollte nicht allzu lange anhalten. Mit der Rückkehr Röhms aus Bolivien, dem schwunghaften Anwachsen der SA und dem wachsenden Einfluß der NSDAP waren bei den Sozialdemokraten alle früheren Bemühungen um die Homosexuellenfrage vergessen.

Die »schmutzigste und widerlichste Hetze«, gegen die sich Hitler am 6. April 1932 wandte, ging von den Sozialdemokraten aus. Sie erfolgte zunächst in der sozialdemokratischen »Münchner Post« und wurde in anderen Blättern, die der Partei nahestanden, teilweise nachgedruckt. Die Stationen dieser Kampagne waren u. a.:

14. 4. 1931: Verunglimpfung der homosexuellen Neigungen führender NSDAP-Mitglieder.

23. 4. 1931: Abdruck eines Artikels »Rassehochzüchter«, in dem Anspielungen auf Röhms Homosexualität enthalten waren.

22. 6. 1931: Erneute Herausstellung der Homosexualität von einzelnen Führern der NSDAP – Schlagzeile »Warme Brüderschaft im braunen Haus. Das Sexualleben im Dritten Reich.« Mit ihrem Rückgriff auf eine reaktionäre Sexualideologie biederten sich die Sozialdemokraten bei den Naziwählern an.

»Hier steht, unbeschadet jeder Parteirichtung, die moralische und körperliche Gesundheit der deutschen Jugend auf dem Spiel. Was sich in den Reihen der den Lüsten Röhms ausgelieferten nationalsozialistischen Jugend tut, das geht das ganze deutsche Volk an. Wir wissen, daß das Treiben Röhms und seiner Jünger in weiten Kreisen der Nationalsozialisten Entrüstung und Empörung ausgelöst hat . . .«[36]

Weitere Belege, die in den Untersuchungen von Eissler und Stümke/Finkler ausführlich nachgelesen werden können, zeigen auch hier die

36 Zit. nach Stümke/Finkler, a. a. O., Seite 124 ff.

Amor im Braunen Hause.

„Als Euer Führer trete ich entschlossen hinter Euch!“[37]

Instrumentalisierung der Sexualmoral für politische Zwecke, insbesondere im Blick auf die bevorstehenden Reichstagswahlen. Die KPD verhielt sich zwar zurückhaltender, dennoch war auch sie nicht uninteressiert an den »Enthüllungen« der sozialdemokratischen Presse. Da sie in den früheren Jahren engagierter und konsequenter als die SPD für eine Humanisierung der Homosexuellenfrage eingetreten war, zeigt die Abweichung zu Beginn der dreißiger Jahre von ihren früheren Positionen kein geringeres Ausmaß opportunistischen Verhaltens.

Insbesondere aber die sozialdemokratische Presse konnte nach dem 30. 6. 1934 mit Recht für sich in Anspruch nehmen, die Propaganda gegen Röhms Homosexualität früh und nachhaltig aufgenommen zu haben. In dem »Neuen Vorwärts« heißt es in der Ausgabe vom 8. 7. 34:

37 Vorwärts Nr. 293 vom 2. 6. 1931, Seite 3.

»Alles, was Hitler jetzt an Beschuldigungen gegen die Röhm und Genossen schleudert, das haben wir viele Jahre lang wohlbegründet und wohlbewiesen immer wieder vorgehalten...
Seit Jahren haben wir das Treiben dieses Mannes angeprangert, so ekelhaft es uns war, haben wir auf die Verderbnis der Jugend in der SA hingewiesen. Heute benutzen die Hitler, Göring und Göbbels diese Anklagen zu einer frechen Verhüllungslegende für ihre wahren Motive, zu einer ekelerregenden Ausschmückung ihrer erlogenen dramatischen Morderzählung!«[38]

Zwei Jahre zuvor waren die Aktionen gegen Röhm durchaus noch Gegenstand kritischer Auseinandersetzungen gewesen. Kurt Tucholsky kritisierte die Angriffe gegen Röhm als »nicht ... sauber«. Man könne die Homosexualität der NS-Führer nur dort einbringen, wo sie von den Nazis z. B. als Import der Russen bezeichnet werde. »Sagt ein Nazi so etwas, dann, aber nur dann, darf man sagen: Ihr habt in eurer Bewegung Homosexuelle, die sich zu ihrer Veranlagung bekennen, sie sind sogar stolz darauf – also haltet den Mund. Doch wollen mir die Witze über Röhm nicht gut schmecken. Seine Veranlagung widerlegt den Mann gar nicht. Er kann durchaus anständig sein, solange er nicht seine Stellung dazu mißbraucht, von ihm abhängige Menschen aufs Sofa zu ziehen, und dafür liegt auch nicht der kleinste Beweis vor. Wir bekämpfen den schändlichen Paragraphen Hundertfünfundsiebzig, wo wir nur können; also dürfen wir auch nicht in den Chor jener miteinstimmen, die einen Mann deshalb ächten wollen, weil er homosexuell ist ... Im übrigen aber ist das Empfindungsleben Röhms uns genauso gleichgültig wie der Patriotismus Hitlers.«[39]

Der politische Hintergrund

Nach der »Machtübernahme« am 30. Januar 1933 zeigte sich, daß Hitler der revolutionären Kräfte, die er beschworen hatte, nicht mehr Herr war. Den Eintritt in die Regierung verdankte er den konservativen Rechtskreisen, gewählt wurde er aber auch von vielen Millionen Wählern, die eine Politik erwarteten, die auf den Abbau von sozialer Ungleichheit abzielte. Durchgeprügelt wurde die NSDAP mit der Unterstützung der SA, die in den langen Jahren des Kampfes vor keiner Verleumdung, Belästigung, Plünderung, blutiger Schlägerei

---

38 Neuer Vorwärts vom 8. 7. 1934, Seite 7.
39 Tucholsky, Kurt: Gesammelte Werke, 1932. Bd. 10. 70–119. Tsd., Reinbek 1985, Seite 70.

und vor keinem Totschlag und Mord des politischen Gegners zurückgeschreckt war.

In der SA war die Unzufriedenheit mit der politischen Entwicklung nach 1933 besonders groß. Bei der Postenverteilung war sie schlecht weggekommen. Ihre Mitglieder kamen in der Mehrzahl aus dem Kleinbürgertum, das durch die wirtschaftliche Entwicklung heruntergekommen war und seine Aggressionen gegen die Reichen entwikkelte, die ohne Mühe am Wohlstand teilhatten. Die für die SA unbefriedigende Entwicklung nach der Machtübernahme entlud sich in haßerfüllten und sadistischen Aktionen, insbesondere nach dem Reichstagsbrand im Februar 1933. Die SA war in ihrer Grundhaltung extrem nationalistisch, antisemitisch und zu einem Gutteil auch antikapitalistisch.

War die Aggression der SA vor der Machtübernahme gegen die Regierenden einsetzbar gewesen, so sah sich Hitler nunmehr der Erwartung von Gruppen ausgesetzt, deren Ansprüche er nur nach einer Seite befriedigen konnte. Die Weichen waren bereits gestellt – und zwar nicht für die weitertreibenden Kräfte der SA, die eine »zweite Revolution« herbeisehnten, sondern für das großbürgerliche Lager und für die Vertreter der Schwerindustrie. In Ansprachen an die SA-Führer und Reichsstatthalter erklärte Hitler Mitte Juli die »Revolution« der nationalsozialistischen Bewegung für abgeschlossen. Es gelte nunmehr, »den freigewordenen Strom der Revolution in das sichere Bett der Evolution« hinüberzuleiten.[40]

Mochte diese Forderung das Vertrauen derer stärken, die durch weitergehende Forderungen den Verlust von Positionen und Großbesitz zu befürchten hatten, so vergrößerte sie in der SA die Empörung und den Groll gegen Hitler, der die »Bewegung« zugunsten der Großkapitalisten verraten hatte.

Röhm fühlte sich primär seinen untergebenen Mitkämpfern verpflichtet. In den Reihen der SA blieben die Gedanken lebendig, die Röhm bereits im Juni 1933 geäußert hatte:

> »Ob es ihnen paßt oder nicht – wir werden unseren Kampf weiterführen. Wenn sie endlich begreifen, um was es geht: mit ihnen! Wenn sie nicht wollen, ohne sie! Und wenn es sein muß: gegen sie! . . .«[41]

---

40 Erklärung vor den Reichsstatthaltern am 6. 7. 1933, zit. nach Mau, Hermann: Die »Zweite Revolution« der 30. Juni 1934. In: Vierteljahreshefte für Zeitgeschichte 1953, Seite 120, vergl. Bloch, a. a. O., Seite 51.

41 Zit. nach Bloch, a. a. O., Seite 49/50.

In der Folgezeit ergingen Mahnungen und Aufrufe führender Politiker an die SA, die von Hitler eingeleitete Politik nicht zu gefährden. Reichsinnenminister Wilhelm Frick erklärte weitere Pläne als gegen den Führer gerichtet und stellte entsprechende Bestrafungen in Aussicht.

Entscheidend für den weiteren Entwicklungsverlauf war freilich noch ein anderer Aspekt, der das Verhältnis der SA zur Reichswehr betraf. Die Ressentiments der aristokratischen Heeresbefehlshaber gegenüber den rüden Machenschaften der SA waren erheblich. Mehr noch: Die SA wurde zur lästigen Konkurrenz.

Ernst Röhm hegte Pläne, die auf die Integration des Heeres in die SA hinausliefen. Unter der Befehlsgewalt Ernst Röhms versteht sich, was eine Ablösung der Heeresführer bedeutet hätte. Reichswehrminister von Blomberg genoß jedoch das Vertrauen Hitlers, der sich auch in dieser Frage gegen die SA entschieden hatte und für eine starke Wehrmacht eintrat.

Hitlers politische Maxime hieß Aufrüstung. Dieses Ziel verbot jeden Gedanken an eine Integration des Heeres in die SA. Ein solches Vorhaben hätte erhebliche Schwierigkeiten gebracht. Ganz abgesehen davon, daß ein Ernst Röhm an der Spitze einer aus SA und Reichsheer verschmolzenen Miliz zu einem gefährlichen persönlichen Konkurrenten Hitlers geworden wäre.

Am 1. Dezember trat das »Gesetz über die Einheit von Staat und Partei« in Kraft. Es sah die Sondergerichtsbarkeit für die Partei und für die SA vor. Der Sonderstatus, der den Mitgliedern dieser Organisationen zugesprochen wurde, verpflichtete zugleich zu einer besonderen Disziplin und drohte Strafe für Zuwiderhandlung an. Das war eine Bestätigung der SA und zugleich eine Verwarnung. Gleichzeitig wurde Röhm zum Minister ohne Geschäftsbereich ernannt.

Diese Maßnahmen trugen weder zum Abbau der allgemeinen Unzufriedenheit in der SA bei noch zur Aufgabe von Röhms ehrgeizigen Plänen, Reichsheer und SA zu einer Miliz zu vereinigen.

Zu offen lagen für die Mitglieder die Widersprüche zwischen den Zielsetzungen ihres Kampfes und den gegenwärtigen Verhältnissen. Geändert hatte sich nichts: Die Aktionäre strichen weiterhin die Gewinne der Großbetriebe ein. Die Gewinnbeteiligung der Arbeiter war kein Thema. Die Bodenreform war nicht vorangekommen. Das Spekulantentum blühte wie eh und je. Wucherer, Leiher und Makler gingen ungehindert ihren Beschäftigungen nach.

Röhm teilte die Argumente seiner Leute. Sein eigentliches Interesse war jedoch die militärische Frage. Zu jener Zeit kam ein Bonmot in

Umlauf: »Der graue Fels (die Reichswehr) muß in der braunen Flut (der SA) untergehen.«[42]

Im Reichsheer setzte sich langsam ein Kurs durch, der das Vertrauen Hitlers erwiderte. Dennoch machte ihre Führung die Unterstützung des Regimes davon abhängig, daß der Reichswehr die alleinige Kompetenz und Souveränität in allen militärischen Fragen überlassen und die Ansprüche der SA zurückgewiesen würden.

Eine Einigung schien nicht möglich. Nicht am Konferenztisch, erst recht nicht im alltäglichen Umgang zwischen Soldaten und Anhängern der SA. Die Konfliktfälle häuften sich.[43]

Hitler mühte sich um einen Kompromiß. Am 28. Februar versammelte er die Führer der Reichswehr, der SA und der SS und beschwor sie, seine Aufrüstungspläne nicht zu durchkreuzen. Die SA solle eine politische Organisation bleiben, das Reichsheer die einzige bewaffnete Organisation, die für die Verteidigung, Kriegsvorbereitung und -führung verantwortlich sei.

Röhm unterzeichnete, innerlich widerstrebend. In der Folgezeit wurden seine verbalen Auslassungen heftiger und unkontrollierter. Offen widersetzte er sich einer vom Reichsinnenminister angeordneten Säuberung der SA.[44]

Vor dem diplomatischen Korps und vor der Auslandspresse wetterte Röhm gegen die »Reaktion« und hielt das Banner der »zweiten Revolution« hoch.[45]

Gleichwohl herrscht bei Historikern die Einschätzung vor, daß Röhm nicht die Absicht hatte, Hitler die Treue aufzukündigen. Vielmehr hoffte er, daß Hitler eines Tages seinen Milizplänen zustimmen würde.

Im Frühjahr 1934 bildete sich die Front der Gegner Röhms. Göring als Freund der Großindustrie hatte nie einen Hehl aus seiner Ablehnung gemacht, der SS-Führer Himmler sah in Röhm einen persönlichen Konkurrenten, der seiner Karriere im Weg stand, da die SS in der SA Röhm unterstellt war. Gegen Röhm waren ferner: die Bürokratie, Innenminister Frick, Rudolf Heß, Alfred Rosenberg und Stabschef-Stellvertreter Viktor Lutze, den der Posten Röhms interessierte.

Sie alle sammelten – im Auftrage Hitlers – in allen Gegenden des Reiches Material über Ausfälle und Kompetenzüberschreitungen der

---

42 Zit. nach Bloch, a. a. O., Seite 70.
43 Vergl. Bloch, a. a. O., Seite 72 ff.
44 Vergl. ebd., Seite 79/80.
45 Vergl. ebd., Seite 80/81.

SA-Horden. An konkreten Vorfällen lag genügend Material vor. Wo es nicht reichte, wurde es erfunden. Tenor vieler Berichte waren die »kommunistische Zersetzung« der Organisation und die angeblichen Pläne, gegen die Regierung Hitler zu putschen.

Trotz des Sammelfleißes der Anti-Röhm-Koalition blieb Hitler lange unentschlossen. Er hatte noch andere »Sorgen«. Das Regime war keineswegs gefestigt. »Unschädlich« gemacht war lediglich die Linksopposition. Nicht aufgegeben hatten die Monarchisten, die immerhin noch in Franz von Papen einen – zwar einflußlosen – Vizekanzler hatten, der aber in der Öffentlichkeit noch gehört wurde. Namentlich sein Sekretär, Edgar Jung, entwickelte Aktivitäten, die auf eine Beseitigung der Hitlerregierung aus waren. Im Hintergrund wartete der ehemalige Reichskanzler General a. D. Schleicher auf eine ernsthafte Krise des Regimes, um wieder an die Macht zu kommen.

Zu den innenpolitischen Schwierigkeiten kam vor allen Dingen eine schwierige wirtschaftliche Lage. Die Produktion stieg erst sehr langsam wieder an, die Exportziffern sanken, der Devisenstand schrumpfte ständig, die Handelsbilanz verlief defizitär, und vor allen Dingen waren die Reallöhne der unteren Einkommensschichten fast um ein Viertel niedriger als im Jahre 1932. Hinzu kamen außenpolitische Schwierigkeiten. Das Mißtrauen gegenüber Deutschland war nach wie vor groß, wenngleich sich zunehmend einige Zerbröckelungserscheinungen in der internationalen Front feststellen ließen.

Dennoch: Leicht konnte die Entscheidung Hitlers nicht sein. Mochte es ihm auch nicht schwerfallen, die Verdienste der treuesten Verbündeten in der Vergangenheit zu vergessen, so war der Gedanke, die paramilitärische Macht der SA zu schwächen, doch mit einigen politischen Risikofaktoren belastet.

Welche Gründe letztlich für die Entscheidung Hitlers maßgeblich waren, ist nicht bekannt.

Eine Rolle gespielt hat sicher noch eine andere Frage, die Hitlers persönliche Machtstellung betraf: die Nachfolge Hindenburgs. Seit dem Frühjahr war bekannt, daß der greise Reichspräsident seine Tage bald beschließen würde.

Die Frage der Nachfolge war wichtig, da zu den verfassungsmäßig garantierten Rechten des Reichspräsidenten auch die oberste Befehlsgewalt über das Heer gehörte.

Vizekanzler von Papen witterte mit dem Ableben Hindenburgs noch einmal eine Chance für die Monarchisten. Die Mehrheit der Reichswehr sah aber in Hitler ihren Mann, knüpfte jedoch an ihre Unterstützung eine Bedingung: Röhm und die Radikalen der SA mußten ausgeschaltet und das Heer in seine uneingeschränkten Rechte gesetzt werden.

Anfang Juni 1934 fand eine Aussprache zwischen Hitler und Röhm statt. Nach Hitlers Reichstagsrede vom 13. 7. ein mühsamer Versuch, Röhm zu einem Kompromiß zu bewegen; nach anderen Einschätzungen war dies ein taktisches Manöver, Mißtrauen und Argwohn bei Röhm und der SA zu zerstreuen, um ungestörter gegen sie vorgehen zu können. Wenn dies das Ziel war, so war der Versuch gelungen. Röhm war nach diesem Gespräch so arglos, daß er wenige Tage später die SA für den Monat Juli in den Urlaub schickte.[46] Während die Mitglieder der SA ihre Urlaubsvorbereitungen trafen, versammelten Himmler und Heydrich die höheren SS-Führer aus dem Reich und verbreiteten das Gerücht über eine unmittelbar bevorstehende Revolte der gesamten SA.

Die Mordmaschinerie wurde in Gang gesetzt. Die Reichswehr stand nun geschlossen hinter Hitler. »Die Wehrmacht ging auf im Staate der deutschen Wiedergeburt, im Reiche Adolf Hitlers.« So beginnt die Ergebenheitsadresse v. Blombergs an Hitler im »Völkischen Beobachter« am 29. 6. 34. Tags zuvor war Hitler nach Essen zum Hochzeitsmahl des Gauleiters Terbowen gereist. Eine letzte wichtige Rückversicherung noch bei Krupp und Thyssen. Dann ging Hitler ans Telephon. Sein Befehl an Röhm und die wichtigsten SA-Führer im Reich:

Sofortiger Antritt einer Reise nach Bad Wiessee, wo der »Führer« am 30. Juni mit ihnen zu sprechen wünsche ...

Der »Fall« des Generalobersten Werner von Fritsch

Das Jahr 1935 brachte eine Verschärfung des Homosexuellenstrafrechts.

Hatte das Gesetz bis dahin mit Begriffen wie »Widernatürlichkeit« und »beischlafähnliche Handlungen« die Homosexuellen verfolgt, so war in der novellierten Fassung vom »Unzuchttreiben« und »Sichmißbrauchen-Lassen« die Rede. Das waren Begriffe, die weiter auslegbar waren.[47] Damit hatte der Ausmerzungsprozeß begonnen, den Hitler nach dem blutigen Gemetzel am 30. Juni 1934 angekündigt hatte. Das Gesetz wurde am 1. September rechtskräftig. Homosexualität wurde als Angriff auf die völkische Sittenordnung und als staatsge-

---

46 Vergl. Bennecke, Heinrich: Die Reichswehr ... a. a. O., Seite 81.

47 Vergl. Baumann, Jürgen: Paragraph 175. Berlin und Neuwied 1968, Seite 47 f.

fährdender feindlicher Akt gewertet. Entsprechend rigide waren die Bespitzelungen, Verfolgungen und Verhaftungen. Die Verurteilungsziffern der folgenden Jahre stiegen sprunghaft an. In den Konzentrationslagern waren die Homosexuellen als Männer mit dem Rosa Winkel den besonderen Grausamkeiten der Bewacher ausgeliefert.

Informationen erhielten die Polizeidienststellen am mühelosesten durch die Verhöre von Mitgliedern der Homosexuellenszene, von verhafteten Strichern, die sich durch ihre Aussagen Strafmilderungen erhofften oder auch von Randfiguren, die selbst keinen homosexuellen Aktivitäten nachgingen, für die aber die Beobachtung der Szene ein fruchtbares Feld für Raub und Erpressungen lieferte.

Zu ihnen gehörte Otto Schmidt, ein alter Bekannter auf Berliner Polizeirevieren und in verschiedenen Haftanstalten. Mehr als ein halbdutzendmal vorbestraft, stand er im Mai 1936 erneut vor dem Vernehmungsrichter, dem er großsprecherisch kundtat, nicht nur kleine Leute erpreßt zu haben, sondern auch Prominente, die er beim homosexuellen Verkehr beobachtet habe. Auch Militärs seien darunter gewesen. Es fiel der Name Fritsch, »General Fritsch«!

Der Fall wurde weitergeleitet an die Abteilung II H der Geheimen Staatspolizei (Gestapo), bekannt auch als »Reichszentrale zur Bekämpfung der Homosexualität«. Zuständiger Leiter war der Kriminalrat Josef Meisinger, seit Gründung der Reichszentrale als intriganter Schnüffler und brutaler Verfolger bekannt.

Auch Meisinger stutzt bei dem Namen Fritsch. Der Name war in Berlin nicht gerade selten, auch nicht beim Militär. Auch in den höheren Rängen gab es einige Namensvetter. Sollte es sich um den ranghöchsten Soldaten handeln, um Freiherr Werner von Fritsch, Generaloberst und Oberbefehlshaber des Heeres?

Meisinger ließ Otto Schmidt vernehmen. Schmidt fand unter zahlreichen Photos schnell das des Generals heraus.

Die »Reichszentrale zur Bekämpfung der Homosexualität« sah ihre Sternstunde kommen. Otto Schmidt gab zu Protokoll:[48]

Zeit: um den 22. November 1933.

Ort: U-Bahn-Linie Wannsee am Potsdamer Platz in Berlin.

Otto Schmidt beobachtet das Treiben auf dem Bahnhof, sieht in die

48 Vergl. Deutsch, Harold C.: Das Komplott oder Die Entmachtung der Generale. Blomberg- und Fritsch-Krise. Hitlers Weg zum Krieg. Eichstätt 1974, Seite 121 ff. Siehe auch Höhne, Heinz: »Entehrend für die ganze Armee«. Der Fall Fritsch-Blomberg. In: Der Spiegel Nr. 5/1984, Seite 96 ff.; Nr. 6, Seite 148 ff.; Nr. 7, Seite 132 ff.

Schaufenster, versäumt dabei aber nicht, die Stricherszene zu beobachten, die ihm schon manch gutes Sümmchen durch einen Erpresser-Trick eingebracht hat. Eine Gruppe von Offizieren findet seine Aufmerksamkeit. Unter ihnen ist ein Herr mittleren Alters im dunklen Mantel mit Pelzbesatz, mit weißem Schal und dunklem Hut. Die Herren verabschieden sich. Der Mann in Zivil bleibt zurück, geht nach einer Weile in die Bahnhofstoilette, kommt wieder heraus und beobachtet aufmerksam die Bahnhofsszene. Ein Bekannter von Otto Schmidt, Josef Weinberger, geht durch die Bahnhofshalle in den Waschraum. Weinberger, genannt der Bayern-Seppl, ist in der Homosexuellenszene als Stricher bekannt. Der Herr im dunklen Mantel folgt ihm. Nach einer Weile kommen sie gemeinsam wieder. Der gepflegte Herr folgt dem Bayern-Seppl in einen dunklen Nebengang, dicht am Güterdepot der Reichsbahn. In aller Hast kommt es hier zu einer Fellatio (Mundverkehr), für die der Seppl kurze Zeit später im Lichte der Bahnhofshalle Geld zugesteckt bekommt. Dann geht jeder seiner Wege. Otto Schmidt, der in der Zwischenzeit im Bahnhof gewartet hat, stürzt jetzt auf seinen Bekannten zu und will wissen, ob mit dem Herrn etwas »gelaufen« sei. Der Bayern-Seppl bejaht die Frage. Schmidt eilt auf den Bahnsteig, wo es ihm gelingt, in das Zugabteil zu gelangen, in das der Herr eingestiegen ist. Einige Stationen später, als er mit ihm allein ist, stellt er sich als SA-Mann und als Kriminalkommissar Kröger von der Sittenpolizei vor. Er teilt ihm mit, daß er ihn mit dem Bayern-Seppl in der Passage beobachtet habe, daß er ihn von Amts wegen »behandeln« müsse, aber für einen Geldbetrag seine Dienstpflicht nicht wahrnehmen wolle. Die beiden einigen sich auf RM 500,–. Ein Teilbetrag wird sofort vor dem Wohnhaus des Herrn bezahlt, der Rest am nächsten Morgen im Wartesaal des Bahnhofs Lichterfelde, womit der Geprellte hofft, den Erpresser vom Halse zu haben. Wenige Tage später aber erscheint Schmidt aufs Neue, bringt einen Komplizen mit, den er als seinen »Amtsvorgesetzten« bekannt macht. Weitere 2000 Mark sind fällig. Tausend Mark sofort, der Rest zu einem späteren Zeitpunkt.

Dieser Herr nun – so gab Otto Schmidt zu Protokoll – sei kein Geringerer gewesen als der Generaloberst und Oberbefehlshaber des Heeres: Werner Freiherr von Fritsch.

Die Schutzstaffel (SS), an ihrer Spitze Heinrich Himmler, hatte seit Jahren in Fritsch einen hartnäckigen Gegner. Fritschs Ansehen in der Reichswehr war groß, denn – im Gegensatz zu dem Kriegsminister von Blomberg – verstand es Fritsch stets, die Interessen der Militärs durchzusetzen und Kompetenzüberschreitungen der SS nachdrücklich zurückzuweisen. Die Ansprüche von Himmler und Heydrich, die SS als Waffenträger zu entwickeln, waren von Fritsch gebremst worden. Der Haß der SS gegen den unliebsamen konservativen Militärführer hatte sich im Laufe der letzten zwei Jahre gestaut.

Kriminalrat Meisinger triumphierte. Wenn der Oberbefehlshaber des Heeres homosexuell war, dann konnte er nicht mehr im Amte bleiben. Das wäre ein Schlag gegen das Heer insgesamt und ein glanzvoller Sieg der SS, der auch auf seine Karriere nicht ohne Einfluß bleiben würde. Fieberhaft arbeitete er an seinem Fall weiter. Nach erneuten Verhören seines Kronzeugen Otto Schmidt, der mit gestärktem Selbstbewußtsein mancherlei weitere Details zum besten gab, und nach Bestätigung der Aussagen durch den Komplizen, der als »Kollege« bei der Erpressung »Amtshilfe« geleistet hatte, war sich der Kriminalrat sicher, den großen Fisch gefangen zu haben.

Meisinger machte Meldung bei seinem SS-Oberen, Heinrich Himmler. Himmler eilte mit der Vernehmungsakte zu Hitler.

Wie würde der Reichskanzler und »Führer« des deutschen Volkes reagieren, wenn er von der »widernatürlichen Neigung« seines Oberbefehlshabers erfahren würde – einer Neigung, die als regimefeindlich und staatsgefährdend gebrandmarkt worden war? Noch waren die entrüsteten Moralreden Hitlers nicht verhallt, die er nach dem »Röhm-Putsch« gehalten hatte ...

Himmlers Unterredung mit dem »Führer« dauerte nur kurze Zeit.

Hitler hörte den Ausführungen seines SS-Führers nur mit geringem Interesse zu. Nach einem flüchtigen Blick in das Vernehmungsprotokoll gab er Befehl, den »Dreck« zu verbrennen.

Alle ethischen Parolen, alle moralische Schwadroniererei, alle pädagogischen und juristischen Beschwörungen, die nach dem 30. Juni 1934 das öffentliche Gespräch beherrschten, paßten noch nicht in das politische Kalkül. Das bequeme Vehikel der moralischen Entrüstung, mit dem SS-Chef Himmler sich den Weg freizufahren gedachte, hatte zur Zeit eine Panne.

Hitlers Verhältnis zum Heer war bis dahin ohne Vertrauenskrisen geblieben. Er enthielt sich unmittelbarer Eingriffe in den Heeresbereich, und das Verhältnis zu von Fritsch war zwar kein herzliches, aber dennoch seiner Sache dienlich.

Außenpolitische Fragen und Probleme der Wiederaufrüstung ließen zu diesem Zeitpunkt – August 1936 – einen Homosexuellen-Skandal in der Führungsspitze des Heeres als nicht opportun erscheinen.

Himmler hatte den Befehl erhalten, die Akte Fritsch umgehend zu vernichten. Reinhard Heydrich, der Chef der Sicherheitspolizei, folgte der Anweisung. Bevor er die Akte vernichtete, ließ er von den wichtigsten Teilen des Papiers eine Abschrift anfertigen, die er im Archiv verwahrte. Heydrich hatte die feste Hoffnung, daß die »moralische Entrüstung« des Führers gegenüber seinem Generalobersten eine Frage der Zeit und der politischen Entwicklung sei. Heydrich sollte Recht behalten.

Die entscheidende Wende in der Beziehung zur Heeresspitze kam am 5. November 1937. An diesem Tage hielt Adolf Hitler in der Berliner Reichskanzlei seinen höchsten militärischen Führern einen Vortrag über »Entwicklungsmöglichkeiten und -notwendigkeiten der zukünftigen deutschen Außenpolitik«. (Das war die zivilsprachliche Umschreibung für Hitlers aggressive Eroberungspläne). Zugegen waren u. a. der Reichskriegsminister von Blomberg, die Oberbefehlshaber des Heeres (Fritsch), der Kriegsmarine (Raeder), der Luftwaffe (Göring) und der Reichsaußenminister, Freiherr von Neurath.

Als Ziel der deutschen Außenpolitik nannte Hitler die »Erweiterung des deutschen Lebensraumes«. Spätestens 1943/45, möglichst aber früher, sollten die Tschechoslowakei und Österreich gewaltsam in das Deutsche Reich eingegliedert werden. Hitler bekannte sich offen zum Eroberungskrieg und legte den Heerführern die Begründung für seine Pläne dar. Die Aufrüstung sei fast beendet, das Rüstungsmaterial modern, der Geheimhaltungsschutz der Sonderwaffen noch gewahrt. Allzu langes Warten sei fehl am Platze, zumal die nationalsozialistische Bewegung »älter werde«, die Nachbarstaaten militärisch zu stark werden könnten und der Lebensstandard im deutschen Reiche zu sinken drohe.

Hitlers Pläne fanden bei den Generälen Blomberg und Fritsch kein Wort der Zustimmung. Der Reichskriegsminister und General Fritsch äußerten Zweifel daran, daß ein isolierter Angriff auf die Tschechoslowakei möglich sei, ohne einen gleichzeitigen Krieg mit den Westmächten zu provozieren. Die Argumente von Blomberg und Fritsch liefen auf eine entschiedene Ablehnung der von Hitler dargelegten Pläne hinaus. Hitler wurde in dieser Sitzung klar, daß es mit Blomberg schwierig, mit Fritsch unmöglich sein würde, die geplanten Eroberungskriege durchzuführen.

Mit der Sitzung vom 5. November 1937 war ein Bruch entstanden. Das Verhältnis Hitlers zu seinen führenden Militärs kühlte sich in den nächsten Wochen merklich ab. Für die Durchsetzung seiner politischen Ziele mußten andere Wege gesucht werden.

Am 12. Januar heiratete der verwitwete Kriegsminister von Blomberg. Hitler und Göring waren die Trauzeugen. Die neue Frau von

Generaloberst von Fritsch

Kriegsminister von Blomberg
Frau von Blomberg, geb. Gruhn

Blomberg, geb. Gruhn, kam aus einfachen Verhältnissen. Göring und Hitler hatten jedoch die Verbindung befürwortet.
Keine zwei Wochen später entdeckte der Kriminalrat Curt Hellmuth Müller, der im Reichskriminalpolizeiamt der Erkennungsdienstzentrale vorstand, auf der Rückseite diverser beschlagnahmter Nacktbilder aus der Berliner »Szene« den Namen der Dargestellten: Luise Margarethe Gruhn. Die Aufnahmen stammten von ihrem verflossenen tschechischen Freund, der die Bilder an Bahnhöfen verkaufte, bis die Polizei dem Vertrieb ein Ende machte und die Materialien kassierte.

Kriminalrat Müller benachrichtigte seinen Chef im Amt, Arthur Nebe. Nebe betrachtete die Bilder und erblaßte: »Mann, Kamerad Müller! Und dieser Frau hat der Führer die Hand geküßt.«[49]

Die Bilder gerieten über Keitel in die Hände Hermann Görings. Göring hatte seit langem dem Kriegsminister von Blomberg das Amt geneidet. Seit dem Gespräch bei Hitler war klar, daß Blomberg auf die Dauer nicht Minister bleiben würde. Das war zugleich auch eine Hoffnung für Göring.

---

49 Deutsch, a. a. O., Seite 94.

Als Göring die Nacktphotos von dem ehemaligen Fräulein Gruhn und der jetzigen Frau von Blomberg vorgelegt wurden, war ihm sogleich klar, daß der Kriegsminister ein »toter Mann« war, der unter keinen Umständen im Amte gehalten werden konnte. Dazu bedurfte es nicht einer künstlichen Aufblähung der Affäre. Der Sittenkodex des konservativen Militärs ließ keine andere Entscheidung zu. Göring konnte hier ganz den Dingen ihren Lauf lassen.

Eine andere Frage war etwas problematischer.

Wenn der Kriegsminister seinen Abschied nehmen würde, so lag es nahe, den Oberbefehlshaber des Heeres, General Fritsch, als Nachfolger des Generalfeldmarschalls zu berufen. Das aber mußte mit allen Mitteln verhindert werden.

Göring hatte seinen Plan schon im Kopf. Er wußte von den Beschuldigungen, die Otto Schmidt in der »Reichszentrale für die Bekämpfung der Homosexualität« zu Protokoll gegeben hatte. Er wußte auch, daß ein Teil der vernichteten Akte noch vorhanden war. Göring nutzte seine Beziehungen zur Gestapo, um in einem Eilverfahren die Rekonstruktion der Akte auf der Basis der noch vorhandenen Aktenstücke anfertigen zu lassen. Das geschah in hektischer Nachtarbeit und unter gezielter Auswahl nur des Materials, das den General belastete.

Die selektive Vorgehensweise war nötig, denn die Akte enthielt auch das Ergebnis von Recherchen, die auf eine Fährte führten, die die richtige war. Otto Schmidt hatte nicht den General zu seinem Opfer gemacht, sondern einen ausgedienten Rittmeister. Nicht von Fritsch war sein Name, sondern von Frisch. Rittmeister von Frisch. Die Indizien, die auf diese Spur wiesen, wurden bei der Auffrisierung der Akte sorgfältig ausgeklammert.

Am frühen Morgen des 25. Januar konnte Göring seinem Chef die Akte vorlegen, nachdem er ihm schon am Vorabend über Frau von Blomberg berichtet hatte.

Hitler widmete dem Dokument jetzt größere Aufmerksamkeit als im Jahre 1936, als Himmler mit der gleichen Anschuldigung zu ihm gekommen war.

Hatte er 1936 mit den Worten abgewehrt, er wolle »von dieser Schweinerei nichts wissen«, so zeigte er jetzt sein höchstes Interesse für das »skandalöse Verhalten« seines Generals. Nachdem er dann die Akte Blomberg studiert hatte, faßte ihn eine so tiefe Erschütterung, daß sich seine engsten Mitarbeiter um ihn Sorgen machen mußten.

»Als ihm dann aber die Akten über das Vorleben der Frau von Blomberg auf den Tisch gelegt wurden, war die Wirkung niederschmetternd. Er ging in seinem Zimmer auf und ab, ein gebrochener Mann, die Hände auf dem Rücken, und dabei murmelte er immer wieder kopfschüttelnd vor sich hin: Wenn ein deutscher Feldmarschall eine Hure heiratet, dann ist auf der Welt alles möglich!«[50]

Kurze Zeit später wurde Hitlers Wehrmachtsadjutant, Oberst Friedrich Hoßbach, vorgeladen. Hoßbach war der Vermittlungsmann zwischen Hitler und dem Heer. Er wird von Zeitgenossen als ein Mann mit den höchsten preußischen Ehr- und Tugendbegriffen geschildert. Seine Rolle in der Fritsch-Affäre liefert dafür einen Beleg. Hitler teilte Hoßbach mit, daß Blomberg in der Position des Kriegsministers nicht mehr zu halten sei. Auch Fritsch müsse gehen – wegen seiner homosexuellen Vergehen. Hoßbach stutzte. Er kannte Fritsch seit Jahren. In seinen Memoiren schreibt Hoßbach:

»Erst Blomberg und nun auch noch Fritsch! Das war zuviel. Instinktiv erkannte ich sofort, daß es sich um einen niederträchtigen Streich gegen den Kopf des Heeres handelte.«[51] Mochte die Anschuldigung gegen Blomberg berechtigt sein, gegen Fritsch erschien sie dem Adjutanten absurd. Hoßbach meldete Hitler und Göring gegenüber seine Zweifel an. Den ganzen Tag über bemühten sich die beiden, dem Adjutanten Hoßbach die Einsicht in die schuldhafte Verstrickung des Generals Fritsch abzuringen. Die Argumente der beiden überzeugten Hoßbach nicht. Hoßbach verlangte die Einbeziehung Fritschs in die Auseinandersetzung. Nur er sei in der Lage, eine Klärung herbeizuführen. Diese Forderung wurde von Hitler kategorisch abgelehnt. Hoßbach erklärte, daß er den Ausschluß des Beschuldigten nicht verantworten könne. Hitler wiederholte seinen Befehl, der Hoßbach die Kontaktaufnahme mit Fritsch untersagte. Die Eile des Verfahrens, der Eifer der Herren Göring und Hitler, Fritsch für schuldig zu erklären, dazu das ausdrückliche Verbot, Fritsch zu verständigen, mehrten die Zweifel des Adjutanten. Hoßbach schrieb später:

»Ein schwerer Selbstentscheid in dem Konflikt zwischen Gewissen und Befehl, den ich traf; ich glaubte jedoch, auf diesem Wege dem Heer, dem nach meiner Ansicht ein folgenschwerer Schlag versetzt werden sollte, dem Generalobersten, dessen lautere Persönlichkeit ich verehrte, und dem Führer, der einen mir unfaßbaren Schritt zu tun im Begriff stand, am aufrichtigsten zu dienen.«[52]

---

50 Wiedemann, Fritz: Der Mann der Feldherr werden wollte. Velbert und Kettwig 1964, Seite 112.

51 Hoßbach, Friedrich: Zwischen Wehrmacht und Hitler. 1934–1938. 2. Aufl., Göttingen 1965, Seite 108.

52 Hoßbach, a. a. O., Seite 109.

Wenige Augenblicke nach dem Gespräch mit Hitler und Göring saß Hoßbach dem General Fritsch in dessen Privatwohnung gegenüber. General Fritsch wies die berichtete Anschuldigung zurück. »Erstunken und erlogen!« erklärte er seinem Besucher. Beide erkannten das Motiv für den Anschlag und vermuteten Himmler und Göring als Drahtzieher. Am nächsten Tag eilte Hoßbach in aller Frühe zu Hitler und teilte ihm seinen unerschütterlichen Eindruck von der Unschuld Fritschs mit. Hitler reagierte mit gespielter Erleichterung: »Dann wäre dieser Fall ja in Ordnung und Fritsch könnte Minister werden.«[53]

Überraschend wie diese Reaktion war die nächste, die Hitler kurze Zeit später gegen Fritsch folgen ließ. Das Ehrenwort des Generals anzweifelnd, sagte er: »Homosexuelle, gleich, ob hoch oder niedrig gestellt, bedienen sich grundsätzlich der Lüge.«[54] Für ihn sei von Fritsch nicht entlastet. Hitler willigte schließlich in ein Gespräch mit dem Beschuldigten ein, das am Abend des 26. Januar stattfinden sollte.

Hitler und Göring hielten für das Treffen mit dem Oberbefehlshaber des Heeres eine Überraschung bereit. Im Hause wartete der mehrfach wegen Erpressung vorbestrafte Otto Schmidt. »Das Schwein will ich unbedingt sehen!« Mit diesen Worten ging Fritsch hastigen Schrittes zur Bibliothek, während Hoßbach, der bei der Unterredung nicht erwünscht war, in einem Nebenraum wartete.

»Nach längerem Alleinsein«, so erinnerte sich Hoßbach später, »hörte ich plötzlich lautes Rufen zwischen Bibliothek und kleinem Eßzimmer, die Tür zu mir wurde aufgerissen, Göring stürzte, beide Hände vor das Gesicht haltend und laut jaulend in meinen Warteraum, warf sich auf ein Sofa und heulte mehrfach: ›Er war es, er war es!‹«[55]

Hoßbach durchschaute das Theater.

Fritsch bestätigte ihm auf dem Flur, daß er den Herrn (Otto Schmidt) nie gesehen habe.

Für Hitler war der Fall dennoch entschieden. Jede weitere Nachforschung hielt er für überflüssig. Fritsch war schuldig, mußte schuldig sein. Ungnädig entließ er seinen Heeres-OB mit den Worten, er solle sich am nächsten Tag im Hauptquartier der Gestapo zur Untersuchung melden. Das war eine neue Demütigung des Oberbefehlshabers, der bereits am Ende seiner Kräfte war. Jahrelang waren Eingriffe der Gestapo in die Bereiche des Heeres zurückgewiesen worden. Die Gestapo hatte nicht das Recht, Angehörige des Heeres zu verhören

53 Hoßbach, a. a. O., Seite 110.
54 ebd., Seite 111.
55 ebd., Seite 112.

oder zu verhaften. Jetzt sollte der Oberbefehlshaber seinen Gang zum Gestapo-Verhör antreten.

Am 28. Januar wurde Fritsch vom Dienst suspendiert. Er stellte einen Antrag, über ein Kriegsgericht die Untersuchung seines Falles zu veranlassen. Auch von Blomberg schied aus dem Amt. Am 27. Januar erschien der entlassene Minister zur Abschiedsaudienz. Bei seiner letzten Visite holte er noch einmal gegen das Heer aus, das ihn in den letzten Tagen ohne eine Geste der Unterstützung gelassen hatte. Hitler hatte seine Umgebung bereits wissen lassen, daß auf keinen Fall Göring für dieses Amt in Frage komme. Blomberg stellte seinem Führer anheim, das Amt nicht mit einem neuen Militär zu besetzen, sondern das Reichskanzleramt mit dem des Kriegsministers gleichzeitig auszuüben. Hitler schwieg zu dem Vorschlag. Sehr wahrscheinlich hatte es dieses Hinweises nicht mehr bedurft. Hitler hatte bereits beschlossen, sich selbst an die Stelle zu setzen. Am 4. Februar 1938 erfuhr die Öffentlichkeit das Ergebnis des Intrigenspiels, in dem die Sexualmoral als Funktionsinstrument fungiert hatte: Von Blomberg und von Fritsch waren »aus Gesundheitsgründen« zurückgetreten; der Außenminister von Neurath abgelöst, weitere 16 Generäle wurden zwangspensioniert und 44 weitere Generäle versetzt. Das Kriegsministerium existierte nicht mehr in der bisherigen Struktur, sondern war in das Oberkommando der Wehrmacht umgewandelt worden. Der Oberkommandierende: Adolf Hitler. Die unbequemen Widersacher waren beseitigt oder durch Versetzung in ihren Handlungsmöglichkeiten eingeschränkt. Der Weg war frei. Die Eroberungskriege Hitlers waren jetzt nur noch eine Frage der Zeit.

Hermann Göring wird der Ausspruch zugeschrieben »Wer Jude ist, bestimme ich!« Man kann diese Verfahrensweise auf die Homosexualität und auf denjenigen erweitern, der sie je nach Bedarf wirkungsvoll politisch zum Einsatz brachte: »Wer homosexuell ist, bestimmt Adolf Hitler.« Psychologische Studien haben Hitler nach dem Zweiten Weltkrieg Homophobie nachzuweisen versucht. Homophobie ist eine pathologische Disposition, die eine tief verankerte Angst und Abneigung gegen Homosexuelle ausdrückt. Menschen, die von Homophobie betroffen sind, entwickeln Abwehrmechanismen gegen den Umgang mit Homosexuellen. Sie sind in ihren Entscheidungsfähigkeiten gehemmt, weil sie zwanghafte, nicht überwindbare Barrieren gegen die Anwesenheit Homosexueller aufbauen.

Hitlers psychische Disposition sah anders aus. Ganz im Gegensatz zu der krankhaften Homophobie mit ihren psychischen Sperren und ihrer zwanghaften körperlichen Abneigung gegen das »abartige« Sexualverhalten zeigte Hitler ein hohes Maß an Elastizität im Umgang mit Homosexuellen. Homosexualität unter seinen Mitarbeitern war ihm gleichgültig, wenn sie von Leuten praktiziert wurde, die ihn unterstützten. Das beweist nicht zuletzt auch eine andere personalpolitische Maßnahme. Am selben Tag, an dem er sich des Generals von Fritsch entledigte, berief er Walter Funk in einen der ranghöchsten Posten des Dritten Reiches. Funks Homosexualität war so bekannt, daß man über die SA-Kreise hinaus scherzte, er habe sie, die Homosexualität, »erfunden«.

Hitler störte das nicht, denn Funk gehörte zu den willigen Werkzeugen des »Führers«. Von ihm waren weder Kritik noch Widerstand zu erwarten.

Bei General von Fritsch hingegen, bei dem alles dafür sprach, daß er sich nie im Leben gleichgeschlechtlichen Beziehungen hingegeben hatte, sah es anders aus. Spätestens seit dem 5. November 1937 war Hitler klar geworden, daß er in dem Oberbefehlshaber des Heeres keinen blinden Gefolgsmann hatte. Fritsch *mußte* homosexuell sein. Deshalb kam für Hitler keine Überprüfung der Anklage in Frage; deshalb lehnte er es lange ab, die Vorwürfe mit Fritsch offen zu erörtern; deshalb überschattete er das persönliche Gespräch mit dem General durch eine Gegenüberstellung mit dem Denunzianten Otto Schmidt; deshalb glaubte er dem vielfach vorbestraften Erpresser mehr als dem Ehrenwort des Generals; deshalb zwang er Fritsch zum Rücktritt und überantwortete ihn einer entwürdigenden Inquisition durch die Geheime Staatspolizei. Keine Intervention von Fritschs Freunden konnte seine »Überzeugung« von der Schuld des Generals erschüttern. Er mußte an ihr festhalten, wenn er den Weg für sich und seine Eroberungspläne freihaben wollte. Die machtpolitisch fundierte »Sexualmoral« ließ keine andere Logik zu.

Die Wahrheit über den »Fall Fritsch« kam erst zutage, als die Weichen zur »Erringung der Weltmacht« gestellt waren. Am 2. März wurde der pensionierte Rittmeister von Frisch aufgespürt und vernommen. Er war es, der sich am Bahnhof Wannsee mit dem »Bayern-Seppl« eingelassen hatte und monatelang die Erpressung des Otto Schmidt und seiner Komplizen ertragen mußte. Der Rittmeister gab alles zu Protokoll. Die Überprüfung der Bankauszüge und weitere Zeugenaussagen bestätigten die Richtigkeit seiner Angaben. Hitler weigerte sich, die Erkenntnisse, die gar nicht einmal so neu waren, anzuerkennen. Der Rittmeister von Frisch wurde nunmehr in Gewahrsam der Geheimen Staatspolizei genommen und somit für die Anhänger des Generals unzugänglich gemacht.

Ein Ehrengericht wurde einberufen. Otto Schmidt widerrief seine Angaben, sagte aus, er habe unter Zwang und Bedrohungen das Protokoll diktiert. Er wurde für diese Aussage später ermordet. General Fritsch wurde am 18. März von dem Ehrengericht wegen erwiesener Unschuld freigesprochen. Die Rückkehr auf seinen Posten freilich war ausgeschlossen. Auch die politische Entwicklung war nicht mehr aufzuhalten. Bereits sechs Tage zuvor hatte der imperialistische Auftakt zur Niederwerfung Europas begonnen.

12. März 1938: Deutscher Einmarsch in Österreich.

Eine Epoche wird sexuell kriminalisiert: Die Weimarer Republik

Daß sexuelle Denunziation als Vehikel dazu dient, Einzelpersonen, politische Organisationen und gesellschaftliche Minderheiten zu stigmatisieren, ist so neu nicht. Daß es mit diesem »Rezept« aber möglich ist, eine ganze Zeitepoche zu diskriminieren, zeigt Hitlers »Kampf« gegen die Weimarer Republik. Seine »Abrechnung« – so der Untertitel des ersten Teils von »Mein Kampf« – beschränkt sich nicht darauf, die gesamte Innen- und Außenpolitik seit 1918 als eine Abfolge von Verbrechen gegen das deutsche Volk zu stempeln. Um seine gesellschaftspolitischen Anschauungen wirkungsvoll darzulegen, bezeichnet er an zahlreichen Stellen und über weite Bereiche die Politiker der »November-Republik« gleich pauschal als Sexualverbrecher, die nicht nur innen- und außenpolitisch verheerende Zustände anrichten, sondern auch unabsehbare psychische Schäden über das deutsche Volk bringen. Insbesondere das Sexualleben sei der »unaufhaltsam fortschreitenden Verpestung« preisgegeben[1]; die Bevölkerung der Großstädte werde »immer mehr in ihrem Liebesleben« prostituiert[2]; immer größere Kreise fielen der »syphilitischen Seuche« anheim, ein Umstand, der sich insbesondere an den Kindern und an den Insassen der Irrenanstalten ablesen lasse[3].

Das gesamte öffentliche Leben gleiche einem »Treibhaus sexueller Vorstellungen und Reize«.[4] Auf allen Gebieten der Kultur werde »mit den niedrigsten Mitteln«[5] gearbeitet. Das wirke sich insbesondere für die Jugend verhängnisvoll aus. »Diese sinnlich schwüle Atmosphäre« führe zu Vorstellungen und Erregungen in einer Zeit, da der Knabe »für solche Dinge noch gar kein Verständnis haben dürfte.« Syphiliti-

1 Hitler, Adolf: Mein Kampf. 36. Aufl., München 1933, S. 271.
2 ebd., S. 270.
3 ebd., S. 271.
4 Mein Kampf, a. a. O., Seite 278.
5 ebd.

sche Verseuchung sei auch hier fortschreitend. Die Jugend sei »frühreif und damit auch vorzeitig alt« geworden. »Und ist es nicht ein Jammer, zu sehen, wie so mancher körperlich schwächliche, geistig aber verdorbene junge Mensch seine Einführung in die Ehe durch eine großstädtische Hure vermittelt erhält?«[6] Die Jugend müsse aus dem »Morast ihrer heutigen Umgebung« herausgeholt werden. Die »Prostituierung unserer Zukunft«[7] könne nur wirksam durch den großen Kehraus bekämpft werden, durch eine grundlegende Säuberung des gesamten kulturellen Lebens. »Dieses Reinemachen unserer Kultur hat sich auf fast alle Gebiete zu erstrecken. Theater, Kunst, Literatur, Kino, Presse, Plakat und Auslagen sind von den Erscheinungen einer verfaulenden Welt zu säubern und in den Dienst einer sittlichen Staats- und Kulturidee zu stellen. Das öffentliche Leben muß von dem erstickenden Parfüm unserer modernen Erotik befreit werden ...«[8] Die November-Revolution von 1918 sei »eine deutsche Revolution von Zuhältern, Deserteuren und ähnlichem Gesindel«.[9] Nicht nur auf den Gebieten der Außen- und Wirtschaftspolitik, sondern auch im Bereiche der Erziehung sei ein totales Fiasko festzustellen. Verweichlichung, Unmännlichkeit und Verwahrlosung seien typische Merkmale. »Der heutige Staat ... läßt die heutige Jugend auf Straßen und in Bordellen verkommen, statt sie an den Zügel zu nehmen ...«[10]

Alfred Rosenberg vor allem fühlte sich berufen, die pauschalisierenden Leitgedanken Hitlers an einzelnen Ereignissen des Weimarer Kulturschaffens zu verdeutlichen. »Der Sumpf« heißt die Schrift, in der er seine Betrachtungen zum Weimarer Kulturleben gesammelt hat. Untertitel: »Querschnitte durch das ›Geistes‹-Leben der Novemberdemokratie«.

Ob im Theater oder im Kino, ob in der literarischen Welt oder in der Malerei, überall sieht Rosenberg Schmutz- und Schundprodukte, die er mit sexuellen Begriffen umschreibt.

George Grosz fungiert als »Schmutz- und Schundzeichner«[11], Kurt Tucholsky als »Kupplerbedichter«[12], Klabund als Produzent von »Blut-

6 ebd.
7 ebd., Seite 279.
8 Mein Kampf, a. a. O., S. 279.
9 ebd., S. 455.
10 ebd., S. 458.
11 Rosenberg, Alfred: Der Sumpf. Querschnitte durch das »Geistes«-Leben der November-Demokratie. 2. Aufl., München 1939, S. 87.
12 ebd., S. 62.

und Kotliteratur«[13]. Erich Kästner wird attestiert, daß ihm beim Dichten anscheinend die »Gonokokken in den Kopf« gegangen seien.[14] Die »Weltbühne« wird als Wochenschrift vorgestellt, »die im Kampf für Landesverrat ihre ›Sittlichkeit‹ erblickt und folglich pornographische Geschichten anfügt.«[15]

Neben den Künsten steht gleich der demokratische Journalismus. »Wien ist die Hochschule der demokratischen Journalistik, die Hochschule jener Züchtung des perversen Geschmacks, der heute bereits salonfähig in höchsten Kreisen geworden ist.«[16] Die »höchsten Kreise«, diese Verbindung wurde stets hergestellt, das seien die Vertreter des Marxismus und der Sozialdemokratie. Der »Kultursumpf« sei das Produkt der Novemberrevolution.[17] »Die Novemberdemokratie ...« so Alfred Rosenberg, »versprach uns Kultur, Geistesfreiheit und andere schöne Dinge. ... Nun haben wir die ›Kultur‹: Nigger, Bauchtänzerinnen, Bordellsänger als geistige Führer und anderes mehr.«[18]

Doch die sexuelle Verwahrlosung wird nicht nur als das Hauptmerkmal der Kulturpolitik gesehen, sondern auch der Innen- und Außenpolitik:

»Wir finden, das liegt alles auf einer Linie: außenpolitisch Young-Versklavung, innenpolitisch Barmat-Sklarek-System, kulturpolitisch Päderastenschutz.«[19]

Mit der Machtübernahme der Nationalsozialisten zeigte sich, daß die sexuelle Denunziation nicht nur ein ideologischer Spuk war, der sich bei den Wahlen stimmenträchtig auswirken sollte. Die Gegner des Nationalsozialismus wurden weiterhin als Sexualtäter[20] dargestellt.

Reinhard Heydrich, der berüchtigte Leiter des Reichssicherheitshauptamtes der SS, stellte sie dar als »Einzelmenschen, die aus physischer und seelischer Degeneration sich aus den natürlichen Zusammenhängen der Volksgemeinschaft gelöst haben und als abgesunkenes

---

13 ebd., S. 56.
14 ebd., S. 156.
15 ebd., S. 62.
16 ebd., S. 151.
17 Vgl. ebd., S. 146.
18 ebd., S. 108.
19 ebd., S. 165.
(Barmat und Sklarek waren Berliner Geschäftsleute, die in Korruptionsskandale verwickelt waren, an denen auch Berliner Behördenvertreter beteiligt gewesen sein sollen.)
20 Vgl. hierzu auch Runkel, Gunter: Sexualität und Ideologien. Weinheim 1979, S. 129; Bleuel, Hans Peter: Das saubere Reich. Bern, München, Wien 1972, Seite 33 ff.

›Untermenschentum‹ hemmungslos ihren Trieben und individuellen Interessen dienen.«[21]

Bei der Vernichtung des politischen Gegners gewann die sexuelle Diskriminierung neue Bedeutung. Die Zerschlagung der Gewerkschaften wurde in den Dresdner Nachrichten als notwendige Maßnahme gegen sexuelle Verwahrlosung gerechtfertigt:

»Es war ein guter Gedanke der Dresdner SA-Führung, den Sitz der hiesigen Gewerkschaftsbürokratie, das Dresdner Volkshaus, zur Besichtigung freizugeben ... Doch das Trostloseste ist der *Tiefstand in sittlicher Beziehung*, der im Volkshaus geherrscht haben muß. Was sich hier an Schriften von Magnus Hirschfeld und erotischen Schmutzereien vorfand, läßt sich schlechterdings nicht wiedergeben.«[22]

Freilich: Hitler hatte das Judentum als Führer der Sozialdemokratie ausgemacht[23], auch das Gewerkschaftswesen war nach seiner Anschauung in den Leitungsgremien jüdisch zersetzt[24], ebenso wie die Bereiche des gesamten Kulturlebens. Die eine Stigmatisierung schloß aber die andere nicht aus. So wurden die nationalsozialistischen Ideologen nicht müde, auf diese Verquickung hinzuweisen. Besonders der ›Stürmer‹ ließ seine jüdischen »Rasseschänder« auch als Kommunisten und Sozialdemokraten auftreten oder als Freunde dieser Parteien: »Rasseschänder Moritz Dresel, der sich an arischen Kindern verging, verkehrte in ›besten Kreisen‹. Besonders gut verstand sich Jud Moritz Dresel mit den Roten, mit den Sozis und Kommunisten. Er war deren ständiger Gastgeber. Die roten Bonzen erhielten Sondergeschenke.«[25] Es gab jedoch einige Formen der sexuellen Denunziation, die nicht bzw. nicht primär die Juden betrafen. Diesen Formen soll hier besondere Aufmerksamkeit geschenkt werden.

Stigma: Empfängnisverhütung

Die Zunahme der Bevölkerung hatte sich nach dem ersten Weltkrieg verlangsamt. Das erhoffte »dynamische Volkswachstum« war nach dem Kriege ausgeblieben. Bei vielen Ehepaaren, namentlich in den

---

21 Heydrich, Reinhard: Aufgaben und Aufbau der Sicherheitspolizei im Dritten Reich. In: Pfundtner, Hans (Hg.): Dr. Wilhelm Frick und sein Ministerium. München 1937, S. 149.

22 Dresdner Nachrichten vom 13. März 1933, Zit. nach Runkel, a. a. O., S. 129.

23 Vergl. Mein Kampf, a. a. O., Seite 54.

24 Vergl. ebd., S. 352.

25 Der Stürmer 13. Jg. 1935, Nr. 28, S. 4.

höheren Schichten, setzte sich ein Planungsverhalten durch, das die 1–2-Kinder-Ehe bevorzugte. Unterstützt wurde dieses Verhalten durch eine liberalisierte Einstellung zur Sexualität in der Weimarer Republik, die die Aufklärung über Empfängnisverhütung möglich machte. Es erschienen zahlreiche Schriften für Jugendliche und Erwachsene, die über die Möglichkeiten der Geburtenregelung informierten, und empfängnisverhütende Mittel (Kondome) waren in Automaten und im freien Verkauf zu erwerben. Familienplanung bekam einen Stellenwert im öffentlichen Bewußtsein; für den Kauf von Kondomen wurde in Zeitungen, Drogerien oder in Friseurläden geworben.

Mit der Machtübernahme der Nationalsozialisten schlug die große Stunde der Bevölkerungsstatistiker. Diese hatten schon früher festgestellt, daß die kriegsbedingten »Defizite« noch recht deutlich zu Buche schlugen. ›Volk am Abgrund‹, ›Volk ohne Jugend‹, ›Vergreisung und Aussterben des Volkskörpers‹ waren Schlagworte, die die politische Szene beherrschten. Gleichzeitig setzte eine aggressive Kampagne gegen ›Doppelverdiener‹ und gegen berufstätige Frauen ein. Besonders hart ging man mit kinderlosen Jungverheirateten ins Gericht und mit Eheleuten, die ihre Zeugungsaktivitäten nach dem ersten oder zweiten Kind eingestellt hatten. Als »Voll-Familie im biologischen Sinne« konnte nur die Familie gelten, die mindestens vier Kinder hatte.[26] Der Vorwurf an die Zeugungsunwilligen lautete im mildesten Falle Bequemlichkeit, Egoismus, Verantwortungslosigkeit gegenüber dem Volk und Pflichtvergessenheit. Zugleich aber wurden sie der sexuellen Genußsucht und der Libertinage geziehen. »Sittliche Entartung« galt als Ursache für den Geburtenschwund.[27]

Aber »sittliche Entartung« bezog sich natürlich nur auf die potentiellen Erzeuger »erbtüchtigen, rassereinen« Nachwuchses.

Empfängnisverhütungsmittel wurden in dem nationalsozialistischen Schrifttum nicht nur moralisch verächtlich gemacht, sondern pauschal als unzuverlässig qualifiziert. »Die besten Firmen bieten völlig unzuverlässige empfängnisverhütende Mittel an«.[28]

Solch ein Satz hatte in der Ära des Nationalsozialismus nicht die Funktion, kritisch bei der Wahl des Mittels zu sein, sondern sollte die generelle Ablehnung von Empfängnisverhütung nahelegen und gleich-

26 Vgl. Burgdörfer, Friedrich: Bevölkerungspolitik. In: Woltereck, Heinz (Hg.): Erbkunde, Rassenpflege, Bevölkerungspolitik. Leipzig 1935, Seite 222.

27 Vgl. Hoffmann, Ferdinand: Sittliche Entartung und Geburtenschwund. 2. Aufl., München 1938.

28 Otto, Kersten: Praxis der Erziehungsberatung. Stuttgart 1941, Seite 203.

zeitig den »Willen zum Kind« fördern. Eine »ärztlicherseits einwandfrei festgestellte keimschädigende Wirkung« der Mittel sollte die potentiellen Benutzer(innen) abschrecken, den Gebrauch auch nur zu erwägen.[29]

Führende Gynäkologen sekundierten, indem sie den Gebrauch von Antikonzeptiva in Zusammenhang mit schweren seelischen und körperlichen Leiden brachten. Professor August Mayer, über Jahrzehnte Direktor der Tübinger Universitätsfrauenklinik, stellte der Frau psychische Verelendung, körperliche Schmerzen und schließlich Kinderlosigkeit als Rache der vergewaltigten Natur in Aussicht:

»Alles, was gegen die Natur geht, geht zu allererst gegen die Frau...
Der Verstoß gegen diese Stimme der Natur bleibt nicht immer ohne Folgen. Manche Frauen müssen die Vorenthaltung des ersehnten Kindes und die *Verdrängung der Mütterlichkeit* und *Hemmung ihrer Weiblichkeit* büßen mit heftigen Schmerzen bei der Menstruation, unter Umständen um dann an ihnen in ihrer Phantasie einen Geburtsersatz zu haben.
Eine noch viel ernstere Folge besteht darin, daß oft genug der beabsichtigten Vergewaltigung der Natur eine unbeabsichtigte Unfruchtbarkeit folgt, an der oft genug beide Ehepartner schwer tragen, so daß sie von Arzt zu Arzt eilen.«[30]

Solche Töne waren – namentlich im katholischen Schrifttum – nicht unbekannt. Nun aber wurden sie zur Grundlage staatlicher Glaubenslehre.

Empfängnisverhütung als Stigma sexuellen Fehlverhaltens. Wer Familienplanung praktizierte, sollte diesen Makel künftig auch offen zeigen und nicht anonymen Zugang zu Schutzmitteln an den Automaten der öffentlichen Toiletten oder Gaststätten haben. Ministerpräsident Göring richtete in seiner Eigenschaft als Preußischer Minister des Innern einen Runderlaß an alle Polizeibehörden, »nachdrücklichst« gegen jede Form der Werbung und Anbietung vorzugehen, die gegen den § 184, Ziff. 3 StGB verstößt. Der Runderlaß lautete:

»In Drogenhandlungen, Friseurläden, Abort- und Waschräumen von Gaststätten usw. werden teilweise Mittel und Gegenstände, die dem Schutz vor Übertragung von Geschlechtskrankheiten dienen, unter Verletzung des § 184 Nr. 3 StGB öffentlich angekündigt, angepriesen oder zum Verkauf ausgestellt. Ich erwarte, daß die Polizeibehörden gegen Mißstände, die in dieser Hinsicht zu Tage treten, nachdrücklichst vorgehen.«[31]

---

29 Otto, Kersten: Praxis der Erziehungsberatung, a. a. O., Seite 203.

30 Mayer, August: Deutsche Mutter und deutscher Aufstieg, München und Berlin 1938, Seite 24.

31 Zit. nach Sellmann, Alolf: 50 Jahre Kampf für die Volkssittlichkeit und Volkskraft.

Nach § 184 wird bestraft, wer in einer Sitte oder Anstand verletzenden Weise Mittel, Gegenstände oder Verfahren zur Empfängnisverhütung öffentlich anpreist oder ausstellt. Was »Sitte« und »Anstand« im 1000jährigen Reiche bedeuteten, darüber legt die sexuelle Denunziation ein beredtes Zeugnis ab.

Stigma: Frauenemanzipation

»Das Wort von der Frauenemanzipation ist nur ein vom jüdischen Intellekt erfundenes Wort, und der Inhalt ist von demselben Geist geprägt.«[32]

Die Feindschaft des Nationalsozialismus gegenüber der Frauenbewegung könnte als ein Teilbereich des Antisemitismus dargestellt werden. Das wäre jedoch eine Verkürzung, denn die Zielgruppe dieser Polemik ist umfangreicher. Sie richtete sich gegen die Weimarer Verfassung ebenso wie gegen die bürgerlichen Parteien, die in ihren Reihen weibliche Abgeordnete hatten. Vor allen Dingen aber war die Sozialdemokratie gemeint. 1883 bereits hatte August Bebel die Frauenfrage problematisiert.[33] Das Erfurter Programm der SPD hatte 1895 die Gleichberechtigung der Frauen im staatsbürgerlichen Leben und das Frauenstimmrecht gefordert. Der linke Flügel hatte 1899 den »Bund fortschrittlicher Frauenvereine« gegründet, die 1913 in eine »Zentrale für die Behandlung des Problems Beruf und Ehe« verwandelt worden war.[34]

Zu den ersten gesetzgeberischen Maßnahmen nach dem Sturz der Monarchie gehörte 1918 die Gleichberechtigung der Frau im politischen Leben.

Wenige Monate später zogen mit den 423 Abgeordneten 41 Frauen in die Nationalversammlung ein. Bei den Sozialdemokraten war der Anteil besonders hoch: Von 165 Abgeordneten waren 22 Frauen.[35]

Die Geschichte des westdeutschen Sittlichkeitsvereins von seinen Anfängen bis heute (1885–1935). Schwelm 1935, Seite 109.

32 Domarus, Max: Hitler. Reden und Proklamationen. 1932–1945. Bd. 1, Würzburg 1962, S. 450.

33 Bebel, August: Die Frau in der Vergangenheit, Gegenwart und Zukunft. Zürich 1883.

34 Vgl. Beckmann, Elly und Elisabeth Kardel: Quellen zur Geschichte der Frauenbewegung. Frankfurt 1955, S. 38.

35 Vergl. Bremme, Gabriele: Die politische Rolle der Frau in Deutschland. Göttingen 1956, Seite 124.

Die Argumente der Nazis gegen die Gleichberechtigung der Frau waren die traditionellen Vorurteile des Bürgertums. Geschlossen hatten die bürgerlichen Parteien nach 1918 die politische Gleichberechtigung der Frau abgelehnt.

Frauenemanzipation – so argumentierte man – war »Entartung«, Pervertierung der »natürlichen« Gegebenheiten. Namentlich nach 1933, als die Frauen aufgrund der hohen Arbeitslosigkeit aus allen Bereichen des gesellschaftlichen und beruflichen Lebens gedrängt wurden, hatte das »natürliche Wesen« der Frau einen hohen Rang in der Propaganda. Mit diesem Argument wurden die Frauen an den Herd zurückgewiesen. Emanzipation und Gleichberechtigung waren fortan stigmatisiert und galten als psychische Deformation und Krankheit. Neben den angeführten Begründungen für den Verweis in die Küche spielte stets auch die sexualmoralische Abqualifizierung der Frauenbewegung eine starke Rolle. Die Berufung auf die »natürliche« Bestimmung bekam eine wirksame Untermauerung durch die sexuelle Denunziation.

Frauen, die nach Emanzipation strebten, wurden zu pflichtvergessenen Subjekten, nur getrieben von ihren sexuellen Begierden. Ohne Ehrgefühl und sittlichen Anstand seien sie nur darauf aus, ihre sexuellen Triebe zu befriedigen. Das Streben der Frauenbewegung nach Aufhebung von Unterdrückung und sozialer Benachteiligung wurde als ein Verlangen gewertet, das letztlich zur sexuellen Schrankenlosigkeit führen müsse.

Alfred Rosenberg schrieb:

»Der Ruf nach Gleichberechtigung, richtiger nach dem ›Frauenstaat‹, hat eine sehr bezeichnende Unterströmung. Die Forderung, frei in Wissenschaft, Recht, Politik bestimmen zu können, zeigt sozusagen ›amazonenhafte‹ Züge ... Daneben geht ... die Forderung nach erotischer Freiheit, geschlechtlicher Schrankenlosigkeit ...«[36]

Stigma: Unmännlichkeit

Eine politische Bewegung, die die Erziehung zu Männlichkeit und Härte so extrem propagierte wie der Nationalsozialismus, schuf zugleich ein Stigma für alle diejenigen, die dieser Vorstellung nicht entsprechen konnten oder nicht entsprechen wollten.

Folglich wurde in der politischen Auseinandersetzung mit der Wei-

---

36 Rosenberg, Der Mythos ..., a. a. O., Seite 503 ff.

marer Republik die »Novemberdemokratie« verächtlich gemacht als ein degeneriertes Staatsgebilde mit feminisierten Massenbewegungen. Die Leugnung des Mannseins ist nach Rosenberg das Verbrechen, das die Lebenskrisen der Epoche hervorgerufen hat.

»Des Mannes Verbrechen ist, nicht mehr ganz Mann gewesen zu sein, deshalb hat auch das Weib vielfach aufgehört, Frau zu sein. Der Mann wurde weltanschauungslos. Sein bisheriger religiöser Glaube zerbrach, seine wissenschaftlichen Begriffe wurden schwankend; deshalb verlor sich auch seine typen- und stilbildende Kraft auf allen Gebieten. Deshalb griff die ›Frau‹ nach dem Staatsruder als ›Amazone‹ einerseits; deshalb forderte sie erotische Anarchie als ›Emanzipierte‹ andererseits. In beiden Fällen hat sie sich nicht vom Männerstaat emanzipiert, sondern nur die Ehre ihres eigenen Geschlechts verraten.«[37]

Für die »wissenschaftliche« Stützung des »Männlichkeitswahns« fungierte eine Lehre, die die Theorie von der Familie als Keimzelle des Staates ablöste. Urzelle des Staates und der Gesellschaft war – nach dieser Ideologie – nicht mehr die Familie, sondern der Männerbund. Er galt fortan als die Quelle, aus der die Kraft zur Staatsbildung floß. Alfred Baeumler, führender Philosoph, der die nationalsozialistische Pädagogik stark beeinflußte, wurde nicht müde, Krieg und Gewalt als staatsbildende Mächte zu preisen, die der Männerbund hervorbringe. Nur die Reinhaltung des Männerbundes könne das Ethos der Gewalt aufrechterhalten. Die Aufgabe dieses Prinzips führe zur Erotisierung und Verweichlichung. Die aber sei von der Sozialdemokratie heraufbeschworen worden.

»Wenn Sie die Feminisierung studieren wollen, die mit der demokratischen Gesellschaft verbunden ist, dann studieren Sie die Ideologie und Praxis der sozialdemokratischen Partei in Deutschland. Diese Partei ist nicht zufällig zugleich ein Propagandabüro für Ausbreitung erotischer Beziehungen; sie unterstützt Zeltlager der halbwüchsigen Jugend, in denen Buben und Mädel durcheinander liegen, sie hat einen Arbeitersportverein gegründet, der die Deutsche Turnerschaft verdrängen soll, und der bei großen Veranstaltungen grundsätzlich nur Männlein und Weiblein gemischt zeigt ...

... Beobachten Sie das Vordringen des Weibes in der demokratischen Republik, und Sie wissen, was die bloße Tatsache des Männerbundes bedeutet.«[38]

Chefideologe Alfred Rosenberg schließlich beschwor das Gespenst einer Gesellschaft von »Tunten« als Folge der Bestrebungen der Frauenemanzipation:

---

37 Rosenberg, Mythos, a. a. O., S. 506 ff.

38 Baeumler, Alfred: Männerbund und Wissenschaft. 7.–12. Tsd., Berlin 1943, Seite 40.

»Einen gewissen Vorgeschmack für die Zustände der erstrebten frauenstaatlichen Zukunft geben uns gewisse Zentren unserer demokratisch geleiteten Großstädte. Die zarten trippelnden Männchen in Lackschuhen und lila Strümpfen, mit Armbändern behangen, mit zarten Ringen am Finger, mit blau untermalten Augen und roten Naslöchern, das sind die ›Typen‹, die im kommenden ›Frauenstaat‹ allgemein werden müßten. Die echten und folgerichtigen Emanzipierten sehen das alles nicht als Verfall und Entartung an, sondern als ›Pendelschlag‹ vom verhaßten Männerstaat zum Frauenparadies, gleichsam als entwicklungsgeschichtliche Notwendigkeit. Damit ist jeder Wertunterschied aufgegeben, jeder Bastard, jeder Kretin kann sich stolzgeschwellt als notwendiges Glied der menschlichen Gesellschaft betrachten und das Recht auf freie Betätigung und Gleichberechtigung für sich in Anspruch nehmen.«[39]

Stigma: Lesbische Liebe

Der Kampf der Homosexuellen in der Weimarer Republik um die Gleichberechtigung mit den Heterosexuellen und vor allen Dingen um die Abschaffung des § 175, der sie mit Gefängnis und Zuchthaus bedrohte, hatte die Unterstützung der Sozialdemokraten und der Kommunistischen Partei gefunden. Mochte diese Unterstützung auch mehr oder weniger vordergründig und halbherzig gewesen sein, so genügte dieses Engagement den Nazis doch, die gesamte Weimarer Republik als »Päderastenrepublik« zu denunzieren. Die »klassische« Form der sexuellen Denunziation meint immer die männliche Homosexualität. Die weibliche Homosexualität, die lesbische Liebe dagegen, spielt als sexuelles Stigma eine unvergleichlich geringere Rolle. Das zeigt sich bereits in dem Umstand, daß weibliche Homosexualität in unserer Gesellschaft strafrechtlich nicht verfolgt wird und auch nicht im Kaiserreich, in der Weimarer Republik oder bei den Nazis Gegenstand strafrechtlicher Sanktionen war. Öffentliche gleichgeschlechtliche Zärtlichkeiten – unter Männern in der patriarchalischen Gesellschaft bereits ein starkes Verdachtsmoment für »Anomalität« – werden bei Frauen als unverdächtig angesehen und von der »Männergesellschaft« generös hingenommen. Das hat freilich wenig mit Toleranz zu tun. Da in der patriarchalischen Gesellschaft das Bild von der Asexualität der Frau vorherrschend ist, nach dieser Ideologie also bereits ihr Anspruch in der heterosexuellen Partnerschaft kaum ernstgenommen

39 Rosenberg, Alfred: Der Mythos des 20. Jahrhunderts. 195.–200. Aufl., München 1943, S. 506/507.

zu werden braucht, erübrigt sich die Beachtung ihrer Homosexualität erst recht. Das gilt insbesondere für die »Auseinandersetzung« der Nazis mit weiblicher Homosexualität. Waren die Verfolgungen der männlichen Homosexuellen von unerbittlicher Härte, die die Betroffenen nicht selten in den Tod trieben, und die Polemiken aggressiv und grausam, so hielt man für die homosexuellen Frauen nur ironische Seitenhiebe bereit. Quantitativ betrachtet, spielte das Stigma »lesbische Liebe« eine verschwindend geringe Rolle. Auch das liegt in der stringenten Logik der sexuellen Diskriminierung begründet. Sexuelle Denunziation steht im Interesse der Politik. Sie wird je nach politischer Opportunität eingesetzt, um den politischen Gegner auszuschalten. Da der politische Einfluß der Frauen in der Weimarer Republik gering blieb und sie mit der Machtübernahme der Nazis aus allen öffentlichen Ämtern verdrängt waren, erübrigte sich auch ihre sexuelle Denunzierung im Bereiche der Politik. Im privaten Bereich, im Alltag des Dritten Reiches, dürfte das Stigma gleichwohl wirksam gewesen sein. Die soziale Kontrolle von Minderheiten funktioniert auch, wenn keine Strafandrohung vorhanden ist. Geheimhaltung und Stigma-Management dürften für die meisten Lesbierinnen das Lebensprinzip gewesen sein. Darüber können öffentliche politische Aktionen von Lesbierinnen in der Weimarer Zeit nicht hinwegtäuschen. Eigene Zeitungen, Lesbierinnen-Treffs in Berlin und andere mutige Verstöße waren zwar spektakulär, änderten jedoch nicht ohne weiteres die sozialen Hindernisse und individuellen Schwierigkeiten der Betroffenen – namentlich in der »Provinz«. Lesbische Liebe ist »verschwiegene Liebe« (Susanne von Paczensky)[40], weil sie Stigma ist, für das der »Volksmund« mannigfache abwertende Begriffe hat.[41] Gilt dies nach wie vor für die Situation der lesbischen Frau in unserer gegenwärtigen Gesellschaft, so dürften diese Diskriminierungen erst recht vor fünfzig oder sechzig Jahren vorherrschend gewesen sein. Empirische Untersuchungen über den Alltag der lesbischen Frau im Nationalsozialismus liegen nicht vor; auch für die Weimarer Zeit fehlen Studien über das Ausmaß der Diskriminierung.

Gleichwohl fand sie statt, auch als Mittel, die Weimarer Republik verächtlich zu machen. Die Aufführung des Lesbendramas »Die Gefangene« von Bourdet nötigte Alfred Rosenberg die Bemerkung ab: »Das gehört sich natürlich für die Geistigkeit vom Kurfürstendamm«,

40 v. Paczensky, Susanne: Verschwiegene Liebe. Zur Situation lesbischer Frauen in der Gesellschaft. München 1981.

41 Vgl. Borneman, Ernest: Sex im Volksmund, Bd. 2, 2. Aufl., Reinbek 1974, S. 30 ff.

denn »die Demokratie hat sich ›stabilisiert‹. Mit Päderastie, Lesbos und Zuhältertum hat sie auf der ›ganzen Linie‹ gesiegt.«[42]

Auch die »Frankfurter Zeitung« sah in der lesbischen Liebe die Degeneration der Weimarer Zeit anschaulich vorgeführt. Nach der Ausgabe Nr. 287 vom 19. 4. 1927 sieht sie die homosexuellen Neigungen bereits gegenüber den heterosexuellen Ansprüchen überwiegen und zwar als Folge schädlicher Einflüsse des zeitgenössischen Theaters:

»Wir in Deutschland kennen die lesbische Liebestragödie schon längst durch Wedekinds Gräfin Geschwitz, die Freundin Lulus.
Gräfin Geschwitz hat inzwischen in Deutschland reichlich Schule gemacht. Die Schule ist sogar so sehr zur eleganten Mode geworden, daß unsere deutschen Gretchen sich oft lieber auf lesbischen denn auf banal-normalen Liebespfaden ertappen lassen.«[43]

Gleichwohl bleiben Männer wie Rosenberg spöttisch-gelassen! Die Darstellung der lesbischen Liebe in einem Roman kommentiert er: »Woraus zu ersehen ist, daß Deutschland große Fortschritte auf dem Wege zur Demokratie macht.«[44] Einer Protagonistin der Lesbenbewegung rät Rosenberg, »eine lesbisch-demokratische Partei zu gründen. Die männlichen Lilastrümpfe würden auch in Scharen kommen. Die Demokraten können dann ihre Bude zumachen . . .«[45]

Lesbische Liebe, lächerlich, dumm und belanglos! Gerade darum aber für die Nazis ein Qualitätsmerkmal der Weimarer Republik:

»Man wird zugeben, daß diese lieblichen Offenherzigkeiten Berlin ohne weiteres als *an der Spitze des neudeutschen Geistes* vom 9. November 1918 marschierend zeigen.«[46]

Stigma: Sexualerziehung

Die pädagogische Reformbewegung, die um 1900 eine Wende von der starren Autoritätspädagogik zur »Pädagogik vom Kinde aus« forderte[47], belebte auch die Reflexion über einen Bereich, der über viele

---

42 Rosenberg, Alfred: Der Sumpf, a. a. O., S. 127.
43 Zitiert nach Rosenberg, Der Sumpf, a. a. O., S. 126/127.
44 ebd., S. 142.
45 ebd., S. 135.
46 Zitiert nach Rosenberg, Der Sumpf, a. a. O., S. 163.
47 Siehe hierzu die allgemeinen Darstellungen: Nohl, Herman: Die pädagogische Bewegung in Deutschland und ihre Theorie. 6. Aufl., Frankfurt 1963; Flitner, Wilhelm und G. Kudritzki: Die deutsche Reformpädagogik. Bd. 1 und 2, Düsseldorf und München

Jahrzehnte völlig tabuiert war: die Sexualität und die kognitiven und emotionalen Bedürfnisse der Kinder und Jugendlichen. Die Motive und Ziele waren sehr unterschiedlich. Sigmund Freud stellte seine pädagogischen Zielvorstellungen in den Rahmen seiner psychoanalytischen Entwicklungstheorie. Nach dieser Lehre ist das Kind mit der Geburt ein Sexualwesen. Bereits in der frühen Kindheit zeige das Kind emotionale und genitale Bedürfnisse, die auf Befriedigung abzielen. Freud war jedoch weit entfernt davon, aus seiner Lehre die Forderung nach unbeschränkter Triebbefriedigung abzuleiten. Das Prinzip der »Sublimierung«, d. h. die Umsetzung sexueller Strebungen in Kulturleistungen blieb vorherrschend.[48]

Weiter ging Wilhelm Reich. Er ersetzte das Prinzip der Sublimierung durch das der »Sexualökonomie.« Der Begriff meint die Selbstregulierung der Sexualität. Autoritäre Unterdrückung, Verdrängung und Verneinung sexueller Strebungen werden – nach Reich – durch die Sublimierung nicht abgelöst. Sie stehe nach wie vor im Dienste der »Zwangsmoral«, die die Schädigung der genitalen Potenz bewirke und zur Neurose führen müsse. Freie Ausübung der Sexualität führe nicht zur Zerstörung der Kultur, sondern begünstige die freie Entwicklung der Menschen und die Schaffung zivilisatorischer, kultureller Werte.[49] Die Zwangsmoral aber stehe im Dienste der klassenspezifischen Unterdrückung.

Zwischen diesen beiden Polen des Sublimierungsgebots (Freuds) und der Reichschen Sexualökonomie entfaltete sich in den zwanziger Jahren ein breites Spektrum neuer pädagogischer Ansätze. Eine mittlere Position vertrat etwa Max Hodann, der die Aufklärung über die politischen Faktoren der Sexualerziehung in seine Pädagogik mit einschloß, dabei aber das Sublimierungsgebot weiter aufrecht hielt. Andere Autoren betonten ausschließlich die kognitiven Aspekte, sprachen sich für eine stufengemäße sachliche Unterweisung aus und klammerten die heikleren Bereiche, die sexuellen Wünsche und Erwartungen der Jugendlichen, vorsorglich aus. Wieder andere wiederholten lediglich das überlieferte Sexualtabu mit einer anderen Methode.[50]

1961/62; Kunert, Hubertus: Deutsche Reformpädagogik und Faschismus. Hannover 1973.

48 Vergl. Freud, Sigmund: Das Unbehagen in der Kultur. Frankfurt/M. 1963.

49 Vergl. Reich, Wilhelm: Die sexuelle Revolution. 2. Aufl., Frankfurt/M. 1969.

50 Vergl. Dürerbund (Hg.): Am Lebensquell. Ein Hausbuch zur geschlechtlichen Erziehung. 18.–20. Tsd. Dresden 1917.

Den Nationalsozialisten genügten alle Versuche, um eine grundsätzliche Abkehr zu fordern. Bereits wenige Wochen nach dem 30. Januar 1933, am 18. April, erließ der Preußische Minister für Wissenschaft, Kunst und Volksbildung einen Erlaß über die »Sexuelle Belehrung der Jugend«.[51] Schulische Unterweisung war unerwünscht. Sexualerziehung sollte »grundsätzlich Sache des Elternhauses« sein.[52] Eine systematische Sexualinformation vor der Klasse nannte der Erlaß eine »verfehlte Sexualpädagogik«.[53]

Die Sexualpädagogik, die gewünscht war, hieß Rassenkunde und Vererbungslehre. Sie wurden zum leitenden Prinzip für alle Unterrichtsfächer. Sie sollten helfen, »auf den Willen der Schüler in der Richtung einzuwirken, daß sie an der rassischen Aufartung des deutschen Volkstums bewußt mitarbeiten.«[54] In allen Abschlußprüfungen wurden Vererbungslehre, Rassenkunde, Rassenhygiene, Familienkunde und Bevölkerungspolitik »für jeden Schüler *pflichtmäßiges Prüfungsgebiet*, von dem niemand befreit werden darf.«[55] Die Pädagogen folgten willig.

Nationalsozialistische Sexualerziehung wurde – wie die Erziehung allgemein – der Ideologie von »Blut und Rasse« untergeordnet.[56] Enthaltsamkeit bis zur Frühehe lautete die oberste Parole.[57] Streng getrennt erfolgte die Erziehung der Geschlechter. Die Ansätze zur Koedukation wurden als eine »pädagogische Vergewaltigung« hingestellt.[58]

Unterordnung und Gehorsam wurden zu »Trieben« hochstilisiert, die es pädagogisch zu fördern gelte.[59] Die Gefahren der »Keimstoffvergeudung« (= Masturbation, F. K.) waren den Jugendlichen drastisch vorzuführen.[60] Die Schulung des Willens hatte Vorrang vor der Erörte-

---

51 Siehe Webler, Heinrich (Hg.): Zentralblatt für Jugendrecht und Jugendwohlfahrt. 25. Jg., Berlin 1934, S. 173.

52 ebd.

53 ebd.

54 Erlaß des Reichs- und Preußischen Ministers für Wissenschaft, Erziehung und Volksbildung über Vererbungslehre und Rassenkunde vom 15. Januar 1935, Zit. nach Brohmer, Paul: Biologieunterricht. Osterwieck/Harz und Berlin 1936, Seite 185.

55 Erlaß vom 13. September 1933, Zit. nach Brohmer, a. a. O., Seite 189.

56 Ritter, Gerhard Reinhard: Die geschlechtliche Frage in der deutschen Volkserziehung. Berlin und Köln 1936, Seite 54.

57 ebd., S. 120.

58 ebd., S. 229.

59 ebd., S. 117.

60 Vergl. Hermannsen, Walter und Karl: Blome: Warum hat man uns das nicht früher

rung spezieller sexueller Probleme.[61] Militärisch ging es allemal zu, auch bei der Beschreibung biologischer Vorgänge. Vor der Pubertät »bleiben die Geschlechtszellen – gleich der Bienenkönigin im Bienenstock – in vornehmer Zurückhaltung und aristokratischer Untätigkeit ruhen, bis dann in der Pubertät, dem zweiten Jugendalter, ihre Stunde gekommen ist und sie siegreich auf den Plan treten.«[62]

Die Pubertät wurde als eine Zeit des »Kampfes« gegen die niederen Instinkte postuliert. Die Pädagogik war aufgerufen, einen »Schutzwall« zu errichten. »So wie eine Nation als Schutz gegen verbrecherische Elemente und Saboteure vor ihren Waffenlagern Posten aufstellt und doch mit stolzer Selbstsicherheit um ihre Kraft weiß und bereit ist, sie zu gegebener Zeit für den Bestand des Volkes einzusetzen, so müssen wir vor die Geschlechtskraft der Nation Wächter der Zucht stellen, bis für sie die Zeit ihrer stolzen Erfüllung anbricht.«[63]

Den nationalsozialistischen Sexualpädagogen war die sexuelle Enthaltsamkeit so wichtig, daß sie in der kriegerischen Auseinandersetzung ein Funktionsinstrument für die Erreichung dieses Zieles sahen. Beifällig wurde der Dichter Gorch Fock zitiert, der während des ersten Weltkrieges zu einer großartigen Erkenntnis gelangt war:

»Als einen großen Segen des Krieges sehe ich auch die körperliche Enthaltsamkeit an. Unser Leben war viel zu sinnlich, zu lüstern, zu weibisch, zu ausschweifend: Da ist das Feld ein kalter, scharfer Wind geworden, der all dies Unkraut getötet hat. Das Geschlechtliche ist für Tausende mit einem Male nicht mehr der Angel- und Mittelpunkt ihres Daseins, und sie erkennen, daß die sogenannte Liebelei tatsächlich nicht das Beste am Leben ist. Sie erkennen aber den Wert echter Liebe, erkennen die deutsche Treue wieder. Das Liebesleben vieler, vieler Tausende ist durch den Krieg geistiger und seelischer geworden – und diese Veredelung ist ein großer Segen.«[64]

Vor diesem Horizont mannhafter Ideale bot die »sexualneurotische Vergangenheit«[65] der Weimarer Republik mit ihrer »Sturzflut ›moderner Sexualschriften‹ fragwürdigen Inhalts« ein schwaches Bild.[66] Die nationalsozialistischen Pädagogen wurden nicht müde, »erschütternde

---

gesagt? Ein Bekenntnis deutscher Jugend zu geschlechtlicher Sauberkeit. 4. Aufl., München und Berlin 1943, Seite 47.

61 Ritter, a. a. O., Seite 109.

62 Ritter, a. a. O., Seite 220.

63 Kersten, Otto: a. a. O., Seite 196.

64 Fock, Gorch: Ein Schiff, ein Schwert, ein Segel, S. 236, zit. nach Hermannsen/Blome, a. a. O., Seite 121.

65 Ritter, a. a. O., Seite 98.

66 ebd., Seite 112.

Bilder aus der Verfallzeit«[67] vorzuführen, auf denen sexuelle Entwicklungsprobleme wie Onanie, Zotenreißen oder Straßenaufklärung als typische Verrottungsmerkmale der »Systemzeit« dargestellt wurden. Sofern die Sexualpädagogen der Weimarer Zeit sich an dem psychoanalytischen Ansatz orientiert hatten, wurden sie zu »jüdischen Sexualverbrechern«. Gesellschaftspolitische Ansätze der Sexualpädagogik wurden in der Nazipropaganda zu einem Feldzug für Marxismus und Bolschewismus.[68] Immer aber war die Weimarer Republik schuld, deren Erziehungswesen »bei der Jugend die ungeheure Gefahr der sexuellen Frühreife« heraufbeschworen habe und die Frauen »in so großen Scharen in die Welt der Halb- und Geheimprostituierten« habe hinübergleiten lassen.[69]

Nie sei die Jugend so gefährdet gewesen wie zur Weimarer Zeit: »Es gab Klubs, in denen im geheimen wechselseitig (!) Keimstoffvergeudung getrieben wurde, die für sich warben, ebenso Poussierklubs und andere Banden.«[70] Die sexuell geladene »affektschwangere Atmosphäre« der Weimarer Republik habe schließlich zu einer Sinnentleerung des Lebens geführt, die vielen Jugendlichen (wie Erwachsenen) nur noch im Selbstmord eine Lösung sehen ließen.

Sexualerziehung, die den überlieferten Vorurteilen entsagte und auf wissenschaftlicher Grundlage betrieben wurde, das war die »Gefährdung und Verblendung der Jugend«. »Unsere Untersuchung« wurde »in einer Zeit geschrieben, wo es, Gott sei Dank, nicht mehr modern ist, eine wissenschaftliche Geschlechtserziehung zu schreiben ...«[71], notiert Gerhard Reinhard Ritter in seinem Buch, mit dem er sich – immerhin – den Doktorgrad erwarb. Wissenschaftlich orientierte Sexualerzieher wurden stigmatisiert. Sie galten als Kindergefährder, Sexualverbrecher oder im mildesten Fall als klägliche Lehrer ohne Zucht und Autorität.

Immer aber fiel die Hauptlast des Stigmas auf jenes System zurück, in dem diese Pädagogen ihren Dienst versehen hatten, auf die Epoche der »rassischen Entartung«, der »sexuellen Libertinage«, auf die »Verfallzeit« der Weimarer Republik.

Die Jugendlichen wurden aufgefordert, die »zersetzenden« Erscheinungen des Liberalismus aus dem »Zwischenreich vor 1933« zu be-

67 Hermannsen/Blome a. a. O., Seite 46 ff.
68 Vergl. Ritter, a. a. O., Seite 31 ff; Mayer, a. a. O., S. 31.
69 Ritter, a. a. O., S. 195.
70 Hermannsen/Blome, a. a. O., S. 57.
71 Ritter, a. a. O., Seite 36.

kämpfen. Kampf gegen Sexualreform und Kampf gegen die Demokratie von Weimar wurden eins:

»Die Besten der deutschen Jugend werden dafür sorgen müssen, daß andere große Teile der deutschen Jugend, die bisher als Feind eines völkischen Wiederaufbaus allein den parteipolitischen Liberalismus erkannt und angegriffen haben, nunmehr auch den Liberalismus in der Auffassung von Geschlechtsleben, Ehe und Familie, den Liberalismus der Lebensführung als den Feind jedes völkischen Wiederaufbaus bei sich und andern erkennen und angreifen.«[72]

72 Günther, Hans F. K.: Führeradel durch Sippenpflege, Zit. nach Hermannsen/Blome, a. a. O., S. 120.

Die Stigmatisierung einer Minderheit: Antisemitismus und sexuelle Denunziation

Hitler und die Juden

Die Beseitigung politisch mißliebiger Gegner durch sexuelle Denunziation und die Diffamierung der demokratischen Staatsform der Weimarer Republik waren gemäß der nationalsozialistischen Ideologie *ein* Programmschwerpunkt zur Erringung und Festigung der Macht.

In diesem Abschnitt soll gezeigt werden, wie die sexuelle Stigmatisierung im Dienste der Verfolgung einer gesellschaftlichen Minderheit stehen kann und in der Ära des Nationalsozialismus den Weg zur Ausrottung der Juden in Europa ebnen half. Daß der Antisemitismus eine Erfindung der Nationalsozialisten gewesen sei, soll hier nicht behauptet werden, noch daß sie das Prinzip der sexuellen Diffamierung von Juden erfunden hätten. Beide »Traditionen« reichen sehr viel weiter zurück. Es geht also hier nicht um das Phänomen des Antisemitismus, sondern darum, wie und mit welchen Folgen die Nazis sexuelle Denunziation gegenüber den Juden instrumentalisierten.

Zu Beginn dieser – zugestandenermaßen eingeengten – Zielsetzung mag es gerechtfertigt erscheinen, die allgemeinen antisemitischen Auswürfe einer Hauptquelle zu entnehmen, nämlich Adolf Hitlers »Mein Kampf«. Kein anderes Buch war so maßgeblich für die ideologischen Begründungen der nationalsozialistischen Machthaber wie dieses. Daß seine Inhalte aus Quellen gespeist waren, die wesentlich älter waren, soll an dieser Stelle nicht problematisiert werden.[1]

Hitler suggerierte seinen Lesern und Zuhörern das Judentum als eine internationale Organisation, die systematisch die Weltherrschaft

---

1 Vgl. u. a.: Daim, Wilfried: Der Mann, der Hitler die Ideen gab. München 1958. Die bündigste Übersicht über die unterschiedlichen Ausprägungen und Traditionen des Antisemitismus ist noch immer das Buch von Hans-Jochen Gamm: Judentumskunde. 2. erw. Auflage, München und Recklinghausen 1960. Neuauflage: Das Judentum. Frankfurt 1979.

anstrebe. In allen zivilisierten Ländern werde Wühlarbeit geleistet, um die bestehenden Herrschaftsverhältnisse zu unterminieren, um selbst an die Macht zu kommen. Das erfolge namentlich in den Bereichen der Wirtschaft, der Politik, der Kultur und der Religion.

Auf der Ebene der Politik bediene sich der Jude der Demokratie, die er als geeignetes Mittel erkannt habe, die fundamentalen Grundlagen der nationalen Selbstbehauptung und Verteidigung zu zerstören. Die Autorität der Staatslenker werde durch das demokratische Prinzip erschüttert und mit ihnen alles in die Gosse gezogen[2], was eine Nation an staatlichen Einrichtungen hervorgebracht habe. Im Bereich der Wirtschaft treibe die internationale jüdische Großfinanz[3] die Staaten an den Rand des Ruins, um sich in der Stunde der höchsten Not als Retter zu präsentieren und die politische Herrschaft zu übernehmen. Die von den Juden beherrschten Börsen[4], die »jüdischen« Gewerkschaften[5] und die von den Juden »durchsetzten« öffentlichen Ämter[6] seien wichtige Machtinstrumente zur Durchsetzung des Endziels.

Auf dem Gebiete der Kultur versuche der Jude das »natürliche Empfinden« des Volkes für das Schöne und Erhabene zu zersetzen. Literatur, Malerei, Theater und Film seien »jüdisch verpestet« und stellten das Niederträchtige, Gemeine und Abartige als neue Kunst vor. Das »gesund empfindende« Volk werde in seinen Begriffen und Anschauungen verunsichert und dadurch für die neuen Ideologien freigesetzt.[7] Die »jüdisch durchsetzte« Presse leiste wertvolle Beiträge, um diesen Verunsicherungsprozeß zu unterstützen und um die neuen zersetzenden Inhalte in dem Bewußtsein der Massen zu verankern.[8] Das Judentum sei ein Staat im Staate, der seine politische Organisation als Glaubensgemeinschaft tarne, um unter diesem Schleier ungestört seine »Wühlarbeit« leisten zu können.[9] Unwahrheit, Lüge und Verleumdung seien die methodischen Prinzipien der jüdischen Dialektik, mit denen sie die Gehirne der Menschen einnebele. Die Religion werde lächerlich gemacht, das geltende Recht ausgehöhlt, soziale Errungenschaften beseitigt, die Schulerziehung ihres Anspruchs auf

2 Vergl. u. a. Hitler, Adolf: Mein Kampf, a. a. O., Seite 358.
3 Vergl. ebd. u. a. Seite 163.
4 Vergl. ebd. u. a. Seite 702.
5 Vergl. ebd. u. a. Seite 353/354.
6 Vergl. ebd. u. a. Seite 211/212.
7 Vergl. ebd. u. a. Seite 358.
8 Vergl. ebd. S. 358.
9 Vergl. ebd. S. 331/334.

Bildung beraubt, um die Heranwachsenden haltlos und unsicher zu machen.

Es gab in der nationalsozialistischen Propaganda kaum einen Bereich, der nicht mit den »Rankünen« der Juden in Verbindung gebracht wurde. Die Juden waren an allem schuld. Sie seien die Verursacher des ersten Weltkriegs, sie seien für die Niederlage verantwortlich und für die Ausplünderung der Weimarer Republik. Sie wurden mit dem Liberalismus identifiziert und mit der Sozialdemokratie. Die pazifistische Bewegung bekam ebenso den antisemitischen Stempel verpaßt wie der Marxismus. Als »jüdisch verseucht« galt das amerikanische Volk ebenso wie die Sowjets, die Franzosen oder die Engländer. Die Erkenntnisfrüchte der großen Politik spiegelten sich in der antisemitischen Propaganda des Alltags wieder. Der betrügerische Bankrott war demzufolge ein jüdisches Verbrechen. Wurde in der Schlachterei schlechtes Fleisch verkauft, so war es mit Sicherheit der jüdische Schlachter; war die Milch sauer, so kam sie vom jüdischen Milchmann. Wucherrechnungen schrieb der jüdische Arzt, Ausbeutung an den Angestellten betrieb der jüdische Unternehmer, elende Tierquälerei der jüdische Viehhändler und Fuhrunternehmer. Lug, Betrug, Unwahrhaftigkeit und Falschheit: immer waren die Juden im Spiel. Das antisemitische Prinzip war allgegenwärtig.

Hitlers antisemitische Ideologie war jedoch mehr als die Groteske eines Sektierers. Die politischen Konsequenzen, die Hitler in »Mein Kampf« gezogen hatte, fanden ihren Niederschlag in dem Programm der N.S.D.A.P., lange bevor die Nationalsozialisten 1933 die Macht übernahmen. Juden sollten in dem 1000jährigen Reich als Fremdlinge gelten und nicht als Deutsche bezeichnet werden. »Das Deutsche Reich sei Heimat der Deutschen. Nicht von Juden, Russen (Kommunisten), Sozialdemokraten, die kein Vaterland kennen, das Deutschland heißt ...«[10] Die Aberkennung des Heimatrechts war übergeordnetes Prinzip, dem die Vertreibung aus den Berufsfeldern untergeordnet war. Das Parteiprogramm forderte die »Ausscheidung der Juden und aller Nichtdeutschen aus allen verantwortlichen Stellen des öffentlichen Lebens.«[11]

Schon bald nach der »Machtübernahme« im Jahre 1933 wurden die politischen Konsequenzen aus diesen Verleumdungen gezogen. Wenige Wochen nach dem 30. 1. 1933, am 1. April, erfolgte im Deutschen

---

10 Feder, Gottfried (Hg.): Das Programm der N.S.D.A.P. und seine weltanschaulichen Grundgedanken. 25.–40. Aufl., München 1933, Seite 41.

11 ebd., Seite 43.

Reich ein weitreichender Boykott jüdischer Unternehmen. Das »Gesetz zur Wiederherstellung des Berufsbeamtentums« (7.4.1933) sollte den jüdischen Einfluß in den Verwaltungen zurückdrängen. Das »Reichskulturkammer-Gesetz« vom 22.9.1933 verbannte die Juden aus dem Kulturleben. Das Wehrgesetz vom 21.5.1935 erlaubte nur den »Ariern« den Eintritt in die Wehrmacht. Im August 1938 wurden für alle jüdischen Bürger(innen) die Vornamen Israel bzw. Sarah eingeführt; am 30. September erlosch die Approbation für die jüdischen Ärzte. Wenige Tage später begann die erste Massendeportation aus Deutschland. 23000 Juden wurden nach Polen transportiert. In der sogenannten »Kristallnacht« von dem 9. auf 10. November 1938 wurden im Reiche die Synagogen und die Geschäfte jüdischer Inhaber zerstört. 30–40 Tausend Juden wurden in die Konzentrationslager gebracht. Die weiteren Daten bis zur »Endlösung« können an anderen Stellen nachgelesen werden.[12] Bis zum Jahre 1945 haben an die sechs Millionen Juden unter unvorstellbaren Martern den Tod gefunden.[13] Das alles ist bekannt und unabweisbarer Bestandteil unserer Geschichte geworden. Die Geschichtsschreibung hat die Daten belegt, zahlreiche Augenzeugenberichte und filmische Dokumentationen haben gezeigt, daß die Konzentrationslager keinen Horrorphantasien entsprungen sind.

Dennoch versagt uns angesichts der ungeheuren Verbrechen die Vorstellungskraft. Auch eine intensive Beschäftigung mit der nationalsozialistischen Rassenideologie allein bietet keine Erklärung für die Konsequenzen, die die politische Praxis hervorgebracht hat.

Da die nationalsozialistische Judenhetze in großem Ausmaß aus der ungeheuren sexuellen Diffamierung bestand, muß die Bedeutung ihrer sozialpsychologischen Mechanismen auch reflektiert werden. Die Geschichtsbücher erwähnen bestenfalls die Rassenideologie, die Hitler in »Mein Kampf« ausführlich dargestellt hat. Sie ist zweifellos ein Beleg für die emotionale Fundierung des Hasses gegen die Juden; und auch die Grundlage für die sexuelle Denunziation. Das Fundament des Antisemitismus Hitlerscher Ausprägung waren die Gedanken über die Bedeutung der Rasse, die hier kurz aufgelistet werden. Die Rassentrennung ermögliche die Höherentwicklung der Arten, Rassenmischung dagegen bedeute Degeneration und Verfall des Erbgutes. In der arischen Rasse sieht Hitler die Krönung der Schöpfung. Den

12 Vergl. u.a. Gamm 1960, Seite 92ff.
13 Vergl. ebd. S. 45.

»gewaltigsten Gegensatz«[14] zu dem ›Herrn der Menschheit‹ sieht er in den Angehörigen der jüdischen Rasse. Sei der Arier als der Kulturschöpfer zu sehen, so der Jude als der Schmarotzer, der ohne eigene Gestaltungskraft nur nachäffend Kultur heucheln könne. Um die politischen Ziele zu erreichen, müsse der Jude das Blut des Ariers schänden, ihn von der Höhe seiner Rasse in den »Sumpf« des Rassengemisches herabziehen. Zersetzung der arischen Rasseneinheit sei der Kampfruf der Juden, um die biologischen Voraussetzungen für die Übernahme der Weltherrschaft zu treffen. »Er vergiftet das Blut der anderen, wahrt aber sein eigenes. Der Jude heiratet fast nie eine Christin, sondern der Christ die Jüdin. Die Bastarde aber schlagen dennoch nach der jüdischen Seite aus.«[15]

Die »Rassenschändung« ist nach Hitler das Kernstück der jüdischen Zersetzungsarbeit.

Allein auf sich gestellt, würde diese Rasse schnell »in Schmutz und Unrat ersticken«. Durch die geschlechtliche Vereinigung mit den Ariern werde deren Blut verseucht und somit ein Nachwuchs erzeugt, der sich dem Juden bereitwillig unterwerfe.

»Die verlorene Blutsreinheit allein zerstört das innere Glück für immer, senkt den Menschen für ewig nieder, und die Folgen sind niemals mehr aus Körper und Geist zu beseitigen.«[16]

Mit dem Verlust des inneren Glücks, dem Verfall von Körper und Geist, beginne die Schmach des Sklaven.

»Nun beginnt die große, letzte Revolution. Indem der Jude die politische Macht erringt, wirft er die wenigen Hüllen, die er noch trägt, von sich. Aus dem demokratischen Volksjuden wird der Blutjude und Völkertyrann. In wenigen Jahren versucht er, die nationalen Träger der Intelligenz auszurotten, und macht die Völker, indem er sie ihrer natürlichen geistigen Führung beraubt, reif zum Sklavenlos einer dauernden Unterjochung.«[17]

Hitlers abstruse Rassenlehre wurde zur »geistigen« Grundlage nationalsozialistischer Weltanschauung, die durch die Propagandaorganisationen der NSDAP mit riesigem Aufwand und ungeheurem Nachdruck verbreitet wurde. Der engstirnige Ideologe Alfred Rosenberg, der das Parteiorgan »Völkischer Beobachter« als Chefredakteur und später als Herausgeber betreute, erhob den Anspruch, der Theoretiker der na-

14 Hitler, Mein Kampf, a. a. O., Seite 317.
15 Mein Kampf, a. a. O., Seite 346.
16 ebd., a. a. O., S. 359.
17 Mein Kampf, a. a. O., S. 359.

Legion der Schande

[18]

Unaufgeklärt, verlockt vom Gold - Stehn sie, geschändet, in Judassold
Die Seelen vergiftet, verseucht das Blut - In ihrem Schoße das Unheil ruht

tionalsozialistischen Ideologie zu sein. In zahlreichen Kampfschriften versuchte er, die Juden verächtlich zu machen. Seinem Hauptwerk »Der Mythus des 20. Jahrhunderts« blieb zwar die parteioffizielle Anerkennung versagt, es erreichte jedoch riesenhafte Auflagen (1944: 1,1 Mill.) und wurde zu Schulungszwecken in allen NS-Organisationen verwendet.[19] Rosenberg war Beauftragter des Führers für die Überwachung der gesamten geistigen und weltanschaulichen Schulung und Erziehung der NSDAP. In seinen Schriften forderte er die Unterordnung der Wahrheit unter den Nutzen der germanischen Rasse und einen neuen in der Rasse begründeten Glauben.

An den Hochschulen und Universitäten wurden Lehrstühle eingerichtet, an denen sich der primitive Antisemitismus in kaum verbrämter Form die »wissenschaftliche« Dignität verlieh. Hans F. K. Günther wurde zum führenden Rasseideologen, der sich mit seiner »Rassenkunde des deutschen Volkes« und der »Rassenkunde des jüdischen Volkes« bereits vor der Machtübernahme den Nazis als »wissenschaftlicher« Berater angedient hatte.[20] Von Propaganda und Wissenschaft

---

18 Der Stürmer, 13. Jg. 1935, Nr. 37, Seite 1.

19 Rosenberg, Alfred: Der Mythus des 20. Jahrhunderts. Eine Wertung der seelisch-geistigen Gestaltenkämpfe unserer Zeit. 195.–200. Aufl. 966.–995. Tsd. München 1943.

20 Günther, Hans F. K.: Rassenkunde des deutschen Volkes. 13. Aufl., München 1929; ders.: Rassenkunde des jüdischen Volkes. München 1930.

gestützt, gingen die Informationsflüsse in den Bereich der Kirchen und anderer Verbände bis hinein in den Schulalltag, wo sich Methodiker die Meriten erwarben, die Rassenideologie »kindgemäß« aufzuarbeiten und ihre Bedeutung für den Schulalltag des Dritten Reiches herauszustellen.[21]

Die »Nürnberger Gesetze«

Bald nach der Machtübernahme zeigte sich auch, daß die Rassenhetze mehr war als ideologische Begleitmusik für die Schaffung autoritärer Verhältnisse. Mit dem »Gesetz zur Wiederherstellung des Berufsbeamtentums« vom 7.4.1933 wurde verfügt, daß Beamte »nichtarischer Abstammung« in den Ruhestand versetzt wurden. Die Diskriminierung der jüdischen Mitbürger geschah in diesem Text noch mit Einschränkungen. Hatten die Betroffenen Kriegsdienst geleistet, so konnten sie in den Ämtern verbleiben.

Die nächste gesetzgeberische Maßnahme jedoch nahm keine Rücksichten mehr.

Die »Nürnberger Gesetze«, die Hitler am 15.9.1935 auf dem Reichsparteitag unter frenetischem Beifall verkündete, unterschieden zwischen »Staatsangehörigen« und »Reichsbürgern«. Juden waren nur noch »Staatsangehörige«. Sie verloren das aktive und passive Wahlrecht und durften kein öffentliches Amt mehr bekleiden.[22] Mit den Bestimmungen des »Reichsbürgergesetzes« verkündete der »Reichsparteitag der Freiheit« das Gesetz »zum Schutze des deutschen Blutes und der deutschen Ehre«. Mit ihm wurde die beispiellose sexuelle Denunziation der Juden gesetzlich sanktioniert. Die entsprechenden Paragraphen lauteten:

§ 1.1. Eheschließungen zwischen Juden und Staatsangehörigen deutschen oder artverwandten Blutes sind verboten. Trotzdem geschlossene Ehen sind nichtig, auch wenn sie zur Umgehung dieses Gesetzes im Ausland geschlossen sind.

§ 2. Außerehelicher Verkehr zwischen Juden und Staatsangehörigen deutschen oder artverwandten Blutes ist verboten.

§ 3. Juden dürfen weibliche Staatsangehörige deutschen oder artver-

---

21 Vergl. Koch, Friedrich: Sexualpädagogik und politische Erziehung. München 1975, S. 93 ff.

22 Vergl. Hofer, Walther: Der Nationalsozialismus. Dokumente 1933–1945. 51.–75. Tsd., Frankfurt 1957, Seite 234.

wandten Blutes unter 45 Jahren nicht in ihrem Haushalt beschäftigen.

§ 5.1. Wer dem Verbot des § 1 zuwiderhandelt, wird mit Zuchthaus bestraft.

§ 5.2. Der Mann, der dem Verbot des § 2 zuwiderhandelt, wird mit Gefängnis oder mit Zuchthaus bestraft.[23]

Mit diesem Gesetz begann eine drakonische Verfolgung. Klatsch- und Rachsucht, übler Nachrede und Verleumdung wurden Tür und Tor geöffnet. Allein in Hamburg wurden in den Jahren 1936–1943 über vierhundert Personen angeklagt und abgeurteilt. 1150mal wurden Ermittlungsverfahren wegen des Verdachts auf »Rassenschande« eingeleitet und durchgeführt. Die Anzahl der polizeilichen Ermittlungen ist unbekannt, sie dürfte noch wesentlich höher liegen.[24] Die Beweisführungen waren fragwürdig, die Verhörmethoden demütigend und gehässig. Die Protokolle der Gerichtsverhandlungen zeigen, wie die Justiz im Dienst politischer Verfolgung funktionierte. Die Urteile waren drastisch. Hohe Gefängnis- und Zuchthausstrafen waren die Regel, auch die Todesstrafe blieb keine Ausnahme.

Der Antisemitismus nationalsozialistischer Prägung ist bereits in seiner ideologischen Grundlegung sexuelle Denunziation. Die Rassenlehre Hitlers enthält in ihrer Betonung des Wertes der arischen Rasse und der Abqualifizierung der Juden bereits den Kern der sexuellen Diffamierung. Die ›Nürnberger Gesetze‹ machten die sexuelle Denunziation salonfähig. Darüber hinaus entwickelte der Nationalsozialismus ein Arsenal von Verleumdungstechniken, die der sexuellen Denunziation dienten. Das maßgebliche Organ, das sich in der sexuellen Verleumdungskampagne mit weitem Abstand von den anderen nationalsozialistischen Schriften abhob, war »Der Stürmer«, herausgegeben von Julius Streicher.

Die »Nürnberger Gesetze« wären wohl kaum so spontan bejubelt worden, wenn nicht Streicher bereits seit vielen Jahren mit seinen antisemitischen Kampagnen die ideologische Vorarbeit geleistet hätte. Bereits am 21. April 1923 erschien die erste Ausgabe dieses Blattes. Es war von der Partei »offiziell anerkannt«, jedoch kein Parteiorgan, sondern Privateigentum des Gauleiters von Franken, Julius Streicher. »Der Stürmer« hatte das besondere Interesse Hitlers, der das Blatt gegen mancherlei Anfeindungen, namentlich aus dem Ausland, beson-

23 Vergl. ebd., Seite 285.

24 Vergl. Robinsohn, Hans: Justiz als politische Verfolgung. Die Rechtsprechung in »Rasseschandefällen« beim Landgericht Hamburg 1936–1943. Stuttgart 1977, Seite 17.

ders förderte. Die Auflagenhöhe war beträchtlich. Allein im Abonnement wurden zeitweilig bis zu 800 000 Exemplare verschickt. In zahlreichen Orten des Reichsgebietes befanden sich an zentraler Stelle die Aushängekästen, die eigens für den »Stürmer« aufgestellt worden waren.[25]

»Die Juden sind unser Unglück!« war die ständig wiederholte Parole. Unter dieser Losung enthielt das Blatt Berichte über Devisenschiebungen, Paßfälschungen, Falschmünzerei, Rauschgifthandel, Hehlerei, Dieberei, Tiermißhandlungen oder betrügerischen Bankrott. Die angeblich abgrundtiefe Verderbtheit der Juden darzustellen, genügten die angeführten Bereiche nicht. Um die Aggressionen der Leserschaft voll zu mobilisieren, mußte die sexuelle Denunziation bemüht werden. Auch andere Schriften hatten »Stürmer«-Niveau. Die sexuelle Denunziation wurde jedoch in keinem Blatt so systematisch wie hier betrieben. Einigkeit herrschte in allen Propagandaorganen des Dritten Reiches darüber, daß die Juden besonders triebhaft seien.

Stigma: Geilheit

Nach der nationalsozialistischen Ideologie sind die den Juden unterstellten sexuellen Perversionen und Schandtaten anthropologisch in einer unermeßlichen Geilheit fundiert. Sie habe nichts gemein mit einer natürlichen Sinnlichkeit, »um so mehr aber tritt, bald versteckt, bald offen, eine ekelhafte Lüsternheit zutage«.[26] Diese Geschlechtsgier sei dem Juden durch den Talmud befohlen, der dem Gläubigen einen obszönen Lebenswandel zur Pflicht mache. »Es sind alte Männer, die da über ›Liebe‹ debattieren und sich nicht schämen, dieses Produkt greisenhafter Phantasie als Gesetzesnorm festzulegen. Was da hervortritt, ist geheiligte Geilheit.«[27] Der gläubige Jude habe gar keine andere Wahl, als ein Geschlechtsleben zu führen, das unmoralisch, ekelhaft und unsozial ist. Der Jude sei zur Liebe unfähig. Da sein Triebleben mit seinem Machtstreben untrennbar verbunden sei, könne seine Sexualität nur in der deformiertesten Form erscheinen, die den Mitmenschen in Not und Unheil bringe.

Alfred Rosenberg zitiert Richard Wagner:

---

25 Siehe hierzu: Fred Hahn: Lieber Stürmer! Leserbriefe an das NS-Kampfblatt 1924–1945. Stuttgart 1978, Seite 114.

26 Rosenberg, Alfred: Unmoral im Talmud. 15. Tsd. München 1933, Seite 15.

27 ebd.

»»Nur wer der Minne Macht versagt, Nur wer der Liebe Lust verjagt, erlangt die Macht.‹ . . . Dieser Liebe mußte der Jude entsagen, da er auf Unterjochung ausging. Der Wesensgrund: der ungehemmte Trieb; das Ziel: die Weltbeherrschung; das Mittel: der schlaue Nützlichkeitssinn und Energie.«[28]

Die ganze Existenz des jüdischen Geschlechts sei auf der Grundlage dieser Voraussetzungen zu deuten. Die »Verderbtheit« des Juden, seine »Sittenlosigkeit«, seine »Unersättlichkeit« und »Haltlosigkeit« bekämen vor dem Horizont seines schrankenlosen Machtstrebens ihren tieferen Sinn.

Im ›Stürmer‹ wurde diese Annahme »konkret«. So etwa im Falle des Moses Oppenheimer:

»Ein weiterer Grund des häufigen Personalwechsels war die Gier des Juden, möglichst viele der verhaßten Nichtjüdinnen rassisch zu vernichten und zu morden. Dazu gesellte sich, wie der Gefängnisarzt erklärte, die ›übersteigerte sexuelle Erregbarkeit‹ des Talmudjuden Moses Oppenheimer. Über 40 Jahre lang stillt diese jüdische Bestie nun ihre ›übersteigerte‹ geschlechtliche Gier an den Frauen und Mädchen unseres Volkes. Am 61jährigen stellt der Arzt noch ›übersteigerte sexuelle Erregbarkeit‹ fest. Wir ahnen erschauernd, was dieser Talmudjude in den vielen Jahren unserem Volke angetan hat.«[29]

Stigma: Verführungssucht

Die Verführungsgeschichten des »Stürmer« sind nach einheitlichem Strickmuster verfaßt. Der aalglatte, schmierige, meist ältere Jude nähere sich dem unschuldigen, ahnungslosen, arischen Mädchen oder der keuschen arischen Frau. Er schmeichele, mache Komplimente, beschenke sie und setze sie unter Druck, um sie gefügig zu machen. Mit dämonischer, suggestiver Kraft mache er seine Opfer von sich abhängig. In ihrem eigenen Willen gelähmt, seien sie gänzlich ihrem Verführer und Ausbeuter ausgeliefert. Ein Vater, »der seine Tochter durch den Juden verloren hat«, berichtet im »Stürmer«:

»Sie erklärte, sie stünde in seiner (des Juden) Anwesenheit unter einem unerklärlichen Einfluß. Sie hätte keinen eigenen Willen mehr und bei jeder Begegnung mit ihm verfalle sie seinem Banne. Ich holte sie nun täglich von ihrer Arbeitsstätte ab und brachte sie auch dorthin.

---

28 Rosenberg, Alfred: Die Spur des Juden im Wandel der Zeiten. 5. Aufl., München 1943, Seite 145.

29 Der Stürmer, 13. Jg. 1935, Nr. 22, Seite 2.

Jedesmal stand an der Ecke Zietenring-Dotzenheimerstraße der Jude. Er wartete wie eine Spinne auf ihr Opfer wartet und schaute ihr mit unheimlichen Augen nach. Mich selbst trafen Blicke abgrundtiefen Hasses.«[30]

Der Jude war auch in den primitiven Zeichnungen des »Stürmers« der Teufel, die giftige Spinne, die in ihrem Netz auf Beute lauert, oder die Giftschlange, die das Opfer lähmt, um sich an ihm zu vergehen.

»Menschliche« Gestalt nehme der »Satan« an als Unternehmer, Bürovorsteher, als Fabrikbesitzer, Direktor, Arzt, Hauseigentümer, als Lehrer oder als skrupelloser Großbourgeois, der sich Dienstmädchen und Haushälterinnen leisten könne. Auch in der menschlichen Gestalt zeige er tierische Züge, sein Handeln sei viehisch, sein Auftreten das eines Hundes:

Die Spinne

31

Manch Opfer blieb im Netze hangen / Von Schmeicheltönen eingefangen
Zerreißt das Netz der Heuchelei / Ihr macht die deutsche Jugend frei

Giftschlange Juda

32

Mit Gift und Haß das Scheusal wütet / Wo Unverstand in Fesseln schmiedet
Den Willen, der sich ringt zum Licht / Der einmal doch die Fesseln bricht

»Geduckt, wie ein unterwürfiger Hund, steht der Jude vor seinen Richtern. Aus seinem schwammigen vertierten Gesicht stieren seelenlose, blutunterlaufene Augen. Jede Falte in seinem Verbrechergesicht verrät Rohheit, Sinnlichkeit und Gemeinheit. Ruhelos sind seine fleischigen Hände und alle seine Gebärden.«[33]

Die Opfer seien Angestellte, die schon durch niedrige Bezahlung ausgebeutet würden und durch ihre soziale Abhängigkeit kaum in der Lage seien, den Begierden des Juden zu widerstehen.

---

30 Der Stürmer, 13. Jg. 1935, Nr. 43, Seite 7.
31 Der Stürmer, 13. Jg. 1935, Nr. 26, Seite 1.
32 Der Stürmer, 14. Jg. 1935, Nr. 35, Seite 1.
33 Der Stürmer, 13. Jg. 1935, Nr. 22, Seite 1.

»Die weibliche Belegschaft ist seit Jahren der ›Markt‹, aus dem sich der 64jährige Oswald seinen Bedarf an deutscher ›Ware‹ holt. Allen Frauen und Mädchen seines Betriebes stellt er nach. Fast eine jede belästigt er mit seinen Anträgen. Jene aber, welche ihm nicht zu Willen sind, werden gehetzt und schikaniert. Wie viele deutsche Frauen und Mädchen in den vergangenen Jahren durch seine Hände gegangen sind, ist nicht festzustellen.«[34]

Die Nennung der vollen Namen mit der genauen Anschrift war ein Grundprinzip der sexuellen Denunziation. »Der Stürmer« bezog seine »Informationen« aus Leserzuschriften, die unrecherchiert in das Blatt übernommen wurden. So hatte jeder Volksgenosse Gelegenheit, ungestraft zu denunzieren. Es ist kein Fall bekannt geworden, in dem die Redaktion mit den Denunzierten in Schwierigkeiten gekommen wäre. Um die sexuelle Phantasie der Leser anzustacheln, verzichtete der »Stürmer« nicht auf die Beschreibung der Situationen und des Ortes, an dem die »Verführungen« stattgefunden haben sollten:

Der Satan

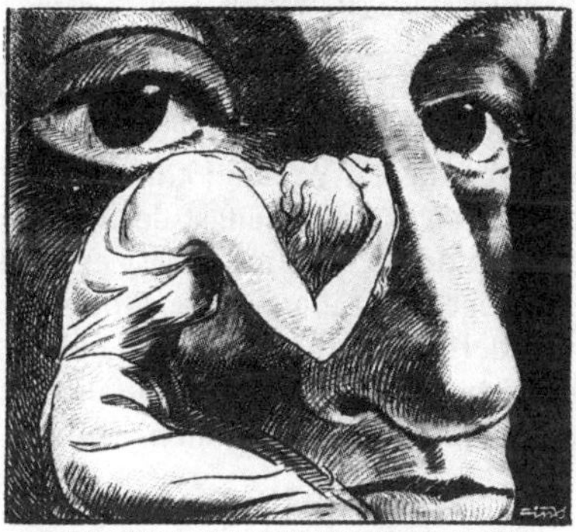

Verflossener Zeiten Unverstand / Trieb deutsches Blut in Not und Schand

35

»Eines Abends beobachteten zwei Volksgenossen vom Treppenflur des Nebenhauses, daß im Privatkontor des Juden nach Geschäftsschluß noch Licht brannte. Als die beiden näher herantraten, mußten sie eine Wahrnehmung machen, die ihnen das Blut in den Kopf trieb. Jud Oswald saß vor seinem Schreibtisch. Vor ihm tanzte in vollkommen unbekleidetem Zustand ein deutsches Mädchen herum.«[36]

34 Der Stürmer, 13. Jg. 1935, Nr. 34, Seite 1.
35 Der Stürmer, 14. Jg. 1936, Nr. 2, Seite 1.
36 Der Stürmer, 13. Jg. 1935, Nr. 30, Seite 1.

Die Rassenschändung lauere allerorten. Keineswegs sicher sei die Arierin, wenn sie sich einem jüdischen Arzt anvertraue. Zu den Kampfparolen des »Stürmer« gehörte bis 1938, als die Approbation jüdischer Ärzte erlosch, die ständig wiederholte Zeile »Deutsche geht nicht zu jüdischen Ärzten.« Um diese Parole wirksamer zu machen, fehlten nicht die Berichte, die den jüdischen Arzt als Verführer seiner Patientinnen brandmarkten:

»In Crimmitschau (Sachsen) wurde der jüdische Arzt Dr. Baas in Schutzhaft genommen. Sonst hätte ihn die vor seinem Haus angesammelte Menschenmenge gelyncht. Der Jude Dr. Baas hat sich jahrelang (!!) deutschen Patientinnen (!!) gegenüber in der schamlosesten und anstößigsten Weise benommen. Er wird auf ein paar Jahre ins Zuchthaus wandern.«[37]

Wurde die »Schändung« in einer Pension oder im Hotel dingfest gemacht, so traf die Pächter oder die Besitzer die volle Schärfe des Kuppelei-Paragraphen und die soziale Ächtung:

»Der Jude Sternberg und die Clara Seefeldt verschwanden in der Wohnung der Wieland. Die Beobachtungsposten holten sofort die Polizei. Die Beamten ertappten den Juden Sternberg und die Clara Seefeldt in einer Situation, die keinen Zweifel darüber ließ, was vorgekommen war. Der Jude Sternberg sah ein, daß hier das Leugnen umsonst war. Er gestand, daß er seit sieben Jahren dann und wann in die Wohnung der Wieland komme. Warum hat die Nachbarschaft ihre Beobachtungen nicht schon längst der Polizei gemeldet?
... Das beschämendste an dem Ganzen aber ist es, daß eine deutsche Frau einem Juden jahrelang gegen Bezahlung ihre Wohnung zur Entrassung und Vergiftung deutscher Mädel zur Verfügung stellt. Und daß dieses verkommene Weib nach außen hin die begeisterte Nationalsozialistin heuchelt. Eine Kreatur, die so tief gesunken und so verkommen ist, gehört lebenslänglich in Sicherheitsverwahrung.«[38]

Regelmäßige Aufrufe der Stürmer-Redaktion an die Leserschaft sollten die Wachsamkeit der Bevölkerung schärfen. Sie enthielten zugleich die Aufforderung, »rasseschänderische Vergehen« unverzüglich dingfest zu machen und die Namen der Betroffenen an die Redaktion weiterzugeben:

»Schaut Euch die Autos an, die auf offener Straße stehen! Noch schärfer aber schaut in die Gesichter ihrer Insassen. Wo immer Ihr einen Juden zusammen mit einem deutschen Mädel antrefft, versucht, deren Namen festzustellen. Und meldet Eure Beobachtungen dem ›Stürmer‹. Teilt dem ›Stürmer‹ die Anschrift

37 Der Stürmer, 13. Jg. 1935, Nr. 25, Seite 2.
38 Der Stürmer, 14. Jg. 1936, Nr. 1, Seite 10.

Freie Bahn

39

Keine Angst Kindchen, laß mer nur machen, á Hotel is schließlich ka Rassenforschungsinstitut, da genugt hinzuschreiben, verheiratet, und es Paradies steht uns offen

jener Gaststätten, Pensionen und Hotels mit, die an jüdische Rassenschänder Zimmer vergeben. Und die ein paar lumpiger Mark wegen dem Verbrechen der Rassenschändung Vorschub leisten! Wenn Ihr die Augen offen habt, helft Ihr namenloses Unglück verhindern!

Der Stürmer.«[40]

Helfen alle Mittel der Verführung nicht, so versucht es der Jude – nach den Berichten des »Stürmers« – mit dem Eheversprechen. Habe sich das arische Mädel auf das gegebene Wort verlassen, so sähe es sich bald getäuscht. Heiratsschwindel ist ein gängiges Thema des »Stürmers« bis zur Verkündung der Rassengesetze 1935, die die »Mischehe« verbieten. Der Jude halte sein Versprechen nicht. Es gehe ihm nur darum, das Edle und Reine in den Sumpf hinabzuziehen. Sei dieses Ziel erreicht, so würden die Geschändeten verstoßen. Ausgebrannt und verzweifelt gingen sie zugrunde:

»Das künftige Schicksal der Hedwig L. ist nicht schwer zu erraten. Es wird ihr ergehen wie allen jenen Frauen, die sich an Juden wegwerfen. Eines Tages werden die Juden die verwelkte und verdorbene Hedwig L. hohnlachend von sich stoßen. Eines Tages wird ein an Leib und Seele gebrochenes, armseliges Geschöpf an der Türe des Vaterhauses in Rheinfelden anklopfen. In Schreck erstarrte Eltern werden jene verfluchen, die aus ihrem lachenden, gesunden Kind eine Dirne machten. Ein Vater wird sich bis an sein Ende bittere

39 Der Stürmer, 13. Jg. 1935, Nr. 35, Seite 1.

40 Der Stürmer, 13. Jg. 1935, Nr. 22, Seite 2.

Vorwürfe machen, daß er in größter Notstunde seinem Kinde nicht beistand und es nicht dem Teufel entriß. Flüche und Vorwürfe sind umsonst. Es ist zu spät. Hedwig L. ist verloren. Es gibt nichts mehr zu retten an ihr. Sie geht am Juden zu Grunde.«[41]

Kam es zu einer Heirat, so war der Kommentar des »Stürmers« nicht weniger gemein und gehässig, wie dieser, der mit »Die Schande von Offenbach« betitelt ist und wenige Wochen vor der Verkündung der Nürnberger Rassengesetze erschien:

»Die Schande von Offenbach
In Offenbach a. M., Hermannstr. 8, betreibt der Tapeziermeister Franz Karl Bissert ein Tapezier-Geschäft. Die Eheleute Bissert haben sich zwei Jahre nach der nationalsozialistischen Revolution nicht gescheut, ihre älteste Tochter Maria Dorothea Bissert, Verkäuferin, geb. am 5. 11. 1911 zu Offenbach a. M. mit dem Vollblutjuden Herbert Strauß, Handlungsgehilfe, geb. am 28. 11. 1911 zu Sprendlingen (Rhein), wohnhaft in Offenbach a. M., Schopenhauerstr. 47, die Ehe eingehen zu lassen.
Tochter und Eltern haben sich damit selbst gerichtet. Sie haben sich aus der Gemeinschaft des deutschen Volkes ausgeschlossen. Dieser Verrat an Art und Blut wird weder der Tochter noch den Eltern Glück bringen. Auf solcher Schande lastet der Fluch. Den werden Maria Dorothea Bissert und ihre artvergessenen Eltern sehr bald zu spüren bekommen.«[42]

Die Verbindung mit einem Juden bringe Unheil, auch wenn diese Beziehung um Jahre zurückliege. Die »rassische Verseuchung« lasse sich nicht wiedergutmachen. Eine spätere Ehe mit dem Arier sei zum Scheitern verurteilt. Der »Stürmer« gibt einem verlassenen Ehemann die Chance, noch einmal kräftig gegen seine geschiedene Frau vom Leder zu ziehen, die mit vollem Namen genannt wird:

»Ein altes Sprichwort sagt: ›Was der Jude einmal hat, hält er fest. Und wer einmal aus dem jüdischen Troge gefressen hat, kann mit ehrlich verdientem Gelde nicht mehr auskommen.‹ So ist es meiner Frau ergangen. Da kommt man aus Amerika nach Deutschland zurück, heiratet ein deutsches Weib und muß sich von einem Viehjuden die Ehe zerschlagen lassen. Ich weine meiner Frau nicht nach, obwohl ich sie einmal gern hatte. Wer solcher Schandtat fähig ist, trägt keinen Wert in sich. Und doch sollte der Staat solchem Treiben nicht tatenlos zusehen. Rassenschande ist ein großes Verbrechen. In Amerika werden Farbige, die sich an weißen Frauen vergreifen, gelyncht. Auch in Deutschland sollte man auf Rassenschande harte Strafen setzen. Für den daran beteiligten Juden und für jene artvergessenen Frauen, die dem Juden willens

---

41 Der Stürmer, 13. Jg. 1935, Nr. 25, Seite 3.
42 Der Stürmer, 13. Jg. 1935, Nr. 28, Seite 8.

sind. Zurzeit ist die einzig mögliche Strafe die Verachtung. Der soll Mathilde Dusend – so schrieb sich meine ehemalige Frau, bevor ich ihr meinen Namen gab – hiermit preisgegeben sein. W. H.«[43]

Frauen, die einmal Geschlechtsverkehr mit einem Juden gehabt hätten, seien »entrasst«. Sie müssen – so die Forderung des »Stürmers« – an den Pranger gestellt werden, damit die potentiellen Heiratskandidaten gewarnt seien.

Als im September 1935 die Nürnberger Rassengesetze verkündet wurden, ging ein dankbares Aufatmen durch das Blatt, das seit zwölf Jahren die ideologische Basis für diese Maßnahmen geschaffen hatte. Von nun ab wurden die Berichte über »Rassenschändungen« regelmäßig mit Gerichtsreportagen und Verurteilungsziffern bereichert. Häufig wurden die Gerichtsurteile als zu milde kritisiert. Das war dann der Fall, wenn die Richter auf Gefängnis statt auf Zuchthaus erkannt hatten. Für den »Stürmer« stand fest: »Rassenschändung ist Mord«. Von dieser »Erkenntnis« ausgehend war es nur logisch, daß er für den Geschlechtsverkehr eines Juden mit einer »Arierin« nicht müde wurde, die Todesstrafe zu fordern.

Rittertat

Deutsche Jugend, Du bist frei / Die Schmach, die Schande ist vorbei
Der in den Abgrund uns gezerrt / Er fiel durch eines Helden Schwert

44

Das neue Gesetz

Der Geilheit und dem Waihgeschrei zum Trutz
Steht deutsche Rasse unter höherem Schutz

45

Stigma: Vergewaltigung

Zum Kernstück patriarchalischer Geschlechterphilosophie gehört die Auffassung, daß die Frau kein sexuelles Verlangen habe, von sich aus

43 Der Stürmer, 13. Jg. 1935, Nr. 30, Seite 7.
44 Der Stürmer, 13. Jg. 1935, Nr. 47, Seite 1.
45 Der Stürmer 13. Jg. 1935, Nr. 39, Seite 1.

daher keine Initiativen ergreife, sondern darauf warte, vom Manne »genommen« zu werden.

Die als anthropologischer Grundbestand postulierte Aussage ist zugleich Handlungsanweisung für den Mann. Diese Geschlechterphilosophie geht über den Bereich des Sexualverhaltens weit hinaus, sie beansprucht Gültigkeit für den gesamten sozialen Bereich. Hans F. K. Günther, der bereits als führender nationalsozialistischer Rassentheoretiker vorgestellt wurde, formulierte als »wissenschaftliche« Erkenntnis, was Volksglaube und »natürliches« Sexualempfinden längst als gesicherten Wissensschatz betrachteten: »Es liegt ... im Wesen des Mannes, daß er vergewaltigen will; es liegt auch ... im Wesen des Weibes, daß es vergewaltigt sein will. Das gilt weit über das Geschlechtliche hinaus.«[46]

Solche bürgerlichen Afterphilosophien, die in der Zeit des Nationalsozialismus noch um einige Grade brutalisiert wurden, hinderten die Nazis nicht daran, den Juden als den Vergewaltiger par excellence zu stigmatisieren.

Wo die magischen Verführungskräfte des Juden nicht ausreichen würden, um an sein Opfer zu gelangen, greife er skrupellos zur Gewalt. Den Prototyp des sexuellen Überfalls hatte Hitler bereits in »Mein Kampf« vorgegeben: »Der schwarzhaarige Judenjunge lauert stundenlang, satanische Freude in seinem Gesicht, auf das ahnungslose Mädchen, das er mit seinem Blute schändet und damit seinem, des Mädchens Volke raubt.«[47]

Die Vergewaltigungsberichte des »Stürmers« gehen ins Detail. Sie schildern den »Tatvorgang« in allen Einzelheiten. Bevorzugt wird jene Version, in der das »arische« Mädchen oder die »arische« Frau in dem Hause des Juden eingeschlossen sind und sich der Außenwelt nicht mitteilen können. So werden männliche Vergewaltigungsphantasien und weibliche Ängste gleichermaßen mobilisiert.

»Das Gericht in Stuttgart beschäftigte sich nur mit jenen Verbrechen, die der Jude Moses Oppenheimer in den Jahren 1933 und 1934 begangen hatte. Also in der Zeit nach der nationalsozialistischen Revolution. Der Jude wurde zu jedem seiner vielen Dienstmädchen schon am Tage des Eintritts zudringlich. Am ersten Abend schon drang er in die Magdkammer ein. Den Schlüssel zu ihr hatte ständig er. Mit roher Gewalt suchte er sich die erschrockenen Mädchen

---

46 Günther, Hans F. K.: Ritter, Tod und Teufel. Der heldische Gedanke. 2. Aufl., München 1924, Seite 68.

47 Hitler, Adolf: Mein Kampf, a. a. O., Seite 357.

Die Judenkralle

Wo man den Juden nicht die Hände bindet / Er weiter seine Opfer findet [48]

gefügig zu machen. Brutal riß er ihnen die Wäsche vom Leib. Im Hause des Talmudjuden Moses Oppenheimer haben sich Szenen zugetragen, die man der Öffentlichkeit nicht sagen kann. Notzuchtsverbrechen reihte sich an Notzuchtsverbrechen. Jede Woche, oft jeden Tag, immer wieder an neuen Opfern begangen. Wie gehetztes Wild flohen die Mädchen vor ihrem Schänder. Er sprengte sie durch die Zimmer, trieb sie über Treppen vor sich her, hetzte sie um die Tische im Zimmer, bis sie atemlos vor ihm standen. Dann packte das jüdische Scheusal die Mädel und vergewaltigte sie. Einmal sprang eins der Mädchen nachts durchs Fenster auf die Straße.«[49]

Stigma: Kinderschändung

Theodor W. Adorno hat in einem Aufsatz aus dem Jahre 1963 das sexuelle Tabu Minderjähriger als das stärkste bezeichnet, das auf dem gesamten Sektor der Sexualität anzutreffen sei.[50] Diese Zone ist heikel, weil sich um den Wahrheitskern der Vorkommnisse eine »Vorstellungsmasse« ansammelt, die den Bürger in einen heiligen Eifer treibt, der oft mit dem Realgeschehen nicht recht in Einklang zu bringen ist.

Es ist an dieser Stelle nicht möglich, die Problematik dieses Feldes

---

48 Der Stürmer, 13. Jg. 1935, Nr. 34, Seite 1.

49 Der Stürmer, 13. Jg. 1935, Nr. 22, Seite 2.

50 Adorno, Theodor W.: Sexualtabus und Recht heute. In: Bauer, Fritz (Hg.): Sexualität und Verbrechen. Frankfurt/M. und Hamburg 1963, S. 309 f.

auch nur annähernd zu umreißen.[51] Festzustellen bleibt, daß auch gegenwärtig, im »Zeitalter« der Konsumsexualität und der Pornographie, die Affektgeladenheit gegenüber Kindesverführung und Kindesmißbrauch ungebrochen ist. Berichte über sexuelle Handlungen Erwachsener mit Kindern enthalten auch in der Gegenwart – namentlich in den Boulevardblättern – ein hohes Maß an emotionalen Komponenten. Sie schüren Sentimentalität und Angstvisionen, die nicht der – notwendigen – Aufklärung dienen, sondern diese oft verhindern.

Das ist auch dort häufig der Fall, wo die Berichte nicht der Auflagensteigerung eines Massenblattes dienen sollen, sondern wo ausdrücklich Eltern und Erzieher im Namen der Pädagogik angesprochen werden.[52]

Vielleicht ist es sinnvoll, sich diesen Tatbestand zu vergegenwärtigen, um die Infamie der Stürmerberichte in ihrer Zeit zu verstehen. Das Blatt brachte regelmäßig Berichte, die »jüdische« Vergehen an Kindern zum Thema hatten. Ob bei dem jüdischen Schneider, dem jüdischen Lehrer, dem hausierenden Scherenschleifer oder dem jüdischen Arzt, das Sexualverbrechen an Kindern lauerte allerorten. »Eltern gebt acht auf Eure Kinder« lautete die ständige Parole des »Stürmers«.

Dabei legten die Berichte stets Wert auf die Feststellung, daß es sich bei den Vorfällen nicht um Entgleisungen handelte, die auch bei »arischen« Artgenossen verbreitet vorkamen, sondern es wurde stets hervorgehoben, daß es sich um ein »typisch jüdisches« Verbrechen handele.

»Moritz Dresel wurde von der Staatspolizei in Haft genommen. Es hat sich herausgestellt, daß Jud Dresel die Kinder seiner Kundschaft in recht eigenartiger Weise beschenkte. Er hat an Minderjährigen Verbrechen über Verbrechen begangen. Er suchte sich insbesondere die Kinder der in ärmlichen Verhältnissen lebenden Eltern heraus, die er bei Bekanntwerden seiner Schweinereien und Verbrechen durch Schweigegelder für sich zu gewinnen hoffte. Heute weiß

---

51 Verwiesen sei auf Kerscher, Ignatz: Kinderfreunde. In: Koch, Friedrich und Karlheinz Lutzmann (Hg.): Stichwörter zur Sexualerziehung. Weinheim und Basel 1985 und auf die umfassende Studie von Michael C. Baurmann: Sexualität, Gewalt und psychische Folgen. Eine Längsschnittuntersuchung bei Opfern sexueller Gewalt und sexuellen Normverletzungen anhand von angezeigten Sexualkontakten. Wiesbaden 1983.

52 Siehe hierzu Kerscher, Karl-Heinz Ignatz: Der »böse Onkel« in der Sexualpädagogik. In: Fischer, Wolfgang u. a. (Hg.): Inhaltsprobleme in der Sexualpädagogik. Heidelberg 1973, Seite 148 ff. sowie ders.: Emanzipatorische Sexualpädagogik und Strafrecht. Neuwied und Berlin 1973.

man in Görlitz, warum Jud Dresel Gefallen daran fand, die Anprobe der Anzüge für die Jugendlichen in seinem Privatbüro selbst vorzunehmen. Heute weiß man, was die Warner schon seit langem wußten und immer wieder sagten: Jud Moritz Dresel war kein ›anständiger‹ Jude. Er ist und bleibt ein Nachkomme des Frauenverkupplers Abraham, ein Rassegenosse des Folterjuden Louis Schloß, des Kreuzigungsjuden Mayer und all der übrigen Gauner und Rasseschänder.«[53]

Der »Stürmer« begnügte sich nicht damit, die Verführung Minderjähriger als »jüdische« Untat hinzustellen. Der Jude vergreife sich nicht nur an vorpubertären Kindern, sondern er scheue auch nicht davor zurück, Kleinkinder für seinen »unersättlichen Sexualtrieb« zu mißbrauchen.

»Ein geradezu unglaublicher Vorfall hat sich in dem Hause des Juden Harf in Erkelenz, Südpromenade, ereignet. Seit etwa einem halben Jahr wohnt dort eine Familie zur Miete, die ein zweijähriges Töchterchen ihr eigen nennt. Seit einiger Zeit klagte das Kind, daß es Schmerzen empfinde und sagte dazu: ›Onkel hat mich wehgetan.‹ Den Eltern war es schon aufgefallen, daß der 32jährige Viehjude Alfred Harf sich besonders viel mit ihrem Kinde zu schaffen machte und es an einsame Stellen in den Garten, Heuboden und Hausboden mitnahm. Als die Schmerzen nicht aufhören wollten, gingen die Eltern zum Arzt, der in zwei zeitlich verschiedenen Untersuchungen feststellte, daß sich an dem zweijährigen Kinde vergangen worden war.«[54]

Unter Verwendung von primitiven Zeichnungen konnte auch Kindern im Vorschulalter schon verdeutlicht werden, daß der Jude eine Gefahr für sie darstelle. »Der Jude ist der Satan in Menschengestalt«, lautete die Parole, die Eltern ihren Kindern zu vermitteln hatten:

»Deutsche Frauen und Mädchen, haltet Euch den Juden vom Leibe! Eltern, sagt Euren Kindern, daß der Jude der Teufel ist. Laßt keinen jüdischen Hausierer und Händler über Eure Türschwellen! Meidet die Sprechzimmer jüdischer Ärzte! Viele haben dort Heilung gesucht und sind vom Juden vergiftet worden an Leib und Seele.«[55]

Der Jude sei Angehöriger der »Köterrasse«. »Das Tier im Juden« war eine Überschrift, unter der im »Stürmer« besonders abscheuliche »Taten« geschildert wurden.[56] Zahlreich waren die Fälle, in denen der »Stürmer« sadistische Tierquälereien an wehrlosen Tieren schilderte. Die »Täter« waren Schlächter, Droschkenbesitzer, Fuhrunternehmer oder Viehhändler. Sie vergingen sich angeblich in aller Öffentlichkeit

53 Der Stürmer, 13. Jg. 1935, Nr. 28, Seite 4.
54 Der Stürmer, 13. Jg. 1935, Nr. 4, Seite 1.
55 Der Stürmer, 13. Jg. 1935, Nr. 25, Seite 2.
56 Der Stürmer, 13. Jg. 1935, Nr. 31, Seite 9.

Der „gute“ Onkel

Komm mei Täubche, komm mit, sollst Bonbons haben, so viel Du willst 57

an Pferden, Hunden, Schafen, indem sie sie brutal zusammenschlugen oder sadistisch töteten. Der sexuellen Komponente wurde dabei hinreichend Aufmerksamkeit geschenkt. »Viehjude« war ein gängiger Begriff des »Stürmers«. Er kennzeichnete nicht nur den Berufsstand des Denunzierten, sondern sollte auch die behauptete moralische und menschliche Herabgekommenheit des jüdischen Mitbürgers charakterisieren. Assoziationen mit sodomitischen Strebungen waren in Berichten über heterosexuelle Untaten stets präsent. Bestialität und viehische Sexualität spielten in allen sexuellen Berichten eine unterschwellige Rolle.

Stigma: Sodomie

Der Begriff Sodomie ist biblischen Ursprungs und bezeichnete lange Zeit unspezifisch die Sünden der Einwohner von Sodom und Gomorrha (Ge., 19, 4 f.), bevor diese Städte in Trümmer fielen. Im Laufe der Jahrhunderte wurde der Begriff für verschiedenartige Sexualformen gewählt wie Homosexualität, Inzest oder Pedicatio (Analverkehr). Noch im 20. Jahrhundert wurde Sodomie mit Homosexualität gleichgesetzt. Im gegenwärtigen Verständnis beinhaltet er den Ge-

57 Der Stürmer, 13. Jg. 1935, Nr. 5, Seite 5.

schlechtsverkehr eines Menschen mit einem Tier. Diese Definition ist auch in diesem Abschnitt gemeint.

Wie bereits gezeigt, genügte es nicht, den Juden als »Untermenschen«, als Angehörigen einer minderwertigen Rasse darzustellen. Seine »Gefährlichkeit« wurde in der Symbolgestalt von giftigen Spinnen und Schlangen veranschaulicht, seine »Triebhaftigkeit« in der Gestalt von Hunden und Schweinen.

Darüber hinaus fehlte es nicht an Berichten, die als Hauptvorwurf die Sodomie beinhalteten. Besonders wirkungsvoll geschah dies in dem nachstehenden Beispiel, an dem zugleich anschaulich demonstriert werden sollte, wie die »bestialische Verderbtheit« sich beim Juden bereits in den frühen Lebensjahren äußere:

»Was tat der Jud im Schweinestall?
Der jüdische Metzger Jakob Wolf in Wesseling (Rheinland) mußte wegen seiner Talmudereien wiederholt in Schutzhaft genommen werden. Trotz seiner Ausfälle gegen das Dritte Reich ließ man ihn schließlich in Ruhe. Dank des Zuspruchs zahlreicher Judenknechte blühte sein Geschäft nach wie vor.
Der Jude Wolf hat auch einen Neffen. Und dieser Neffe ist sein Liebling. Obwohl Jakob Wolf des öfteren von dem widernatürlichen Treiben seines Neffen erfahren hatte, hielt er es nicht für nötig, einzuschreiten. Eines Tages aber kamen die schauderbaren Schweinereien des Judenbuben ans Tageslicht. Er hatte wiederholt seine Lüste an den Schweinen seines Onkels befriedigt. Wiederholt hatten ihn die Angestellten des Betriebes bei seinen Scheußlichkeiten ertappt. Als die Ortspolizeibehörde von dem grauenhaften Tun des Juden erfuhr, griff sie energisch zu. Die Bestie in Menschengestalt kam in Schutzhaft. Die jüdische Metzgerei wurde sofort geschlossen.
Für den ›Stürmer‹ ist eine solch unglaubliche Juderei nichts neues. Schon vor 13 Jahren, als der Großteil des deutschen Volkes noch nichts von der Judenfrage wissen wollte, trommelte er: ›Der Jude ist der Teufel in Menschengestalt! Wer den Juden kennt, kennt den Teufel!‹«[58]

Über die Schilderung von »Fällen« hinaus verbreitete der »Stürmer« abstruse Behauptungen zur Stammesgeschichte der Juden, indem er unterstellte, daß die Juden in alten Zeiten »mit Menschenaffen sodomitischen Verkehr pflegten«.[59]

Ist dies schon eine haarsträubende Unterstellung, so ist es die »biologische« Schlußfolgerung des »Stürmers« erst recht. Er behauptet nicht weniger, als daß der Stamm der Juden durch die angeblichen sodomitischen Akte Tierblut in seine Adern aufgenommen habe:

---

58 Der Stürmer, 13. Jg. 1935, Nr. 25, Seite 5.
59 Der Stürmer, 7. Jg. 1929, Nr. 26, Zit. nach Runkel, a. a. O., Seite 126.

»Somit ist anzunehmen, daß die Adern der Juden auch ein gehöriges Quantum Tierblut enthalten, und daß sie zu jener Tiergattung, die in den tropischen Wäldern die Bäume bewohnt, in enger Verwandtschaft stehen.«[60]

Stigma: Masturbation/Onanie

Die Diffamierung machte nicht vor jüdischen Kindern halt, auch nicht, wenn es um so gängige sexuelle Einübungsformen wie die Masturbation ging.

Die bürgerliche Sexualmoral seit der Aufklärung ausgangs des 18. Jahrhunderts hatte die Onanie mit einer Fülle von körperlichen und seelischen Schäden belegt. Die Traditionen der »Schwarzen Pädagogik«[61] wirken bis in die Gegenwart hinein.[62] Sexuologisch und psychologisch orientierte Autoren wie Wilhelm Reich[63] und Max Hodann[64], die in den zwanziger Jahren eine realitätsgerechte Einschätzung des Problems gefordert hatten, wurden von den Nazis in die Emigration getrieben. Ihre Schriften flogen am 10. Mai 1933 auf den Scheiterhaufen.

Die Ergebnisse neuerer Sexualforschung zur Bedeutung der Masturbation waren zu einem Gutteil auch in den zwanziger Jahren unter wissenschaftlich orientierten Pädagogen nicht unbekannt und hatten zum Teil sogar Eingang in das pädagogische Schrifttum und in die Praxis der Jugendarbeit gefunden.[65]

Unbeeindruckt von frühen statistischen Erhebungen[66], von psychologischen und pädagogischen Erkenntnissen wurde bei den Nazis der Feldzug gegen die »geheimen Laster« der Kindheit und Jugend fortgesetzt.

Die nationalsozialistische Geschlechtserziehung erkannte auch in der Onanie der Jugendlichen ein gefährliches jüdisches Zersetzungs-

---

60 ebd., Seite 126.

61 Rutschky, Katharina (Hg.): Schwarze Pädagogik. Berlin 1977.

62 Vergl. Koch, Friedrich: Negative und positive Sexualerziehung, Heidelberg 1971, Seite 63 ff.

63 Vgl. u. a. Reich, Wilhelm: Der sexuelle Kampf der Jugend. Raubdruck o. J. u. o. O.

64 Hodann, Max: Onanie weder Laster noch Krankheit. Rudolstadt 1929.

65 Siehe hierzu u. a. Hodann, Max: Bub und Mädel. 5. Aufl., Rudolstadt 1926.

66 Bereits Rohleder konnte in seiner Studie aus dem Jahre 1925 die Ergebnisse von 15 Onanie-Statistiken vergleichen. Siehe Rohleder, Hermann: Grundzüge der Sexualpädagogik. Berlin 1925, Seite 15/16.

werk. »Es ist kein Zufall, daß das Judentum gerade auf geschlechtlichem Gebiet die Haupteinbruchsstelle für die Zersetzung der europäischen Völker suchte. ... *80–90% unserer Jungen verfallen der Selbstschwächungsseuche! Die meisten gleichgeschlechtlichen Verfehlungen beruhen nicht auf erblicher Triebfehlleitung, sondern auf Verführung!*«[67] Schon der Terminus Onanie sei eine dem »jüdisch-mosaischen Sprachschatz entlehnte« Bezeichnung, die ohne sittenbildende Kraft auf die Jugendlichen wirken müsse.[68] Das jüdische Wort – so die Erzieher Hermannsen und Blome – müsse durch einen Begriff ersetzt werden, der »eine starke erzieherische Kraft« vermittele, »die dem jüdischen Wort völlig fehlt.«[69] Ihr Vorschlag: »Keimstoffvergeudung«.

Vordenker für diese »pädagogischen« Überlegungen war Julius Streicher mit seinem Redaktionskollegium vom »Stürmer«. Die Diffamierung von Kindern jüdischer Mitbürger hatte die Funktion, die »angeborene« Verderbtheit des jüdischen Geschlechts zu veranschaulichen, wie das nachstehende Beispiel zeigt, in dem ein zehnjähriges Kind durch den Lehrer und durch Polizeieinsatz stigmatisiert wird. Die verständige, pädagogisch sinnvolle Reaktion der Erwachsenen wird als bereits vollzogene Verjudung gebrandmarkt.

»... daß ein Judenbub genügt, um eine ganze Schulklasse zu verderben, und zehn Judenfamilien ein ganzes Dorf verseuchen können, ist im unterfränkischen Dorf Steinach (bei Bad Kissingen) bewiesen worden.
Schon seit längerer Zeit war dem Lehrer Langhirt das sonderbare Verhalten der Schulkinder aufgefallen. Sie schauten aus den Augen heraus, als sei ein kleiner Teufel in sie gekommen. Längere Beobachtung, die der Lehrer in der Schule und der Gendarmeriekommissär auf der Straße anstellten, führten endlich zur Aufklärung: ein 10jähriger Judenjunge hatte die deutschen Schulkinder regelrecht zur Selbstbefleckung angelernt. Wer nun glauben sollte, die Eltern der deutschen Kinder würden sich für die Aufdeckung der Juderei dankbar gezeigt haben, befindet sich im Irrtum. Die Eltern taten das Gegenteil von dem, was von ihnen erwartet wurde: sie nahmen für (!!) den verlumpten Judenbengel und gegen den Lehrer und Gendarmeriekommissär Stellung ...
Es ist an der Zeit, daß bald der letzte Jude aus den deutschen Dörfern verschwindet, damit wieder Sauberkeit und Ordnung einkehren, wo sie durch verkommene jüdische Rasse zum Aussterben gebracht wurden.«[70]

---

67 Hermannsen, Walter und Karl Blome: Warum hat man uns das nicht früher gesagt. Ein Bekenntnis deutscher Jugend zu geschlechtlicher Sauberkeit. 4. Aufl., München und Berlin 1943, Seite 62.

68 ebd., Seite 47.

69 Hermannsen, Walter und Karl Blome, a. a. O., Seite 47.

70 Der Stürmer, 13. Jg. 1935, Nr. 27, Seite 2.

Jude zu sein war Stigma; ein homosexueller Jude zu sein, ein Kainszeichen, das kaum Überlebenschancen ließ. Mit der verschärften Ächtung der Homosexuellen nach dem Röhmputsch im Jahre 1934 und der Rigidisierung des Strafrechts 1935 waren die Lebenshoffnungen eines jüdischen Homosexuellen gleich null. In den Konzentrationslagern trugen sie zu dem gelben Winkel (= Jude) den rosa Winkel, die Kennzeichnung der Homosexuellen. Die demütigenden Schikanen und Gewaltakte an dieser Minderheit waren von besonderer Grausamkeit.[71]

Dennoch spielte die Homosexualität nur eine untergeordnete Rolle in der antisemitischen Propaganda. Zwar bestand auch hier kein Zweifel darüber, wer das »widernatürliche Sexualverhalten« in den Kreis der »Arier« eingebracht hatte. Am 2. 8. 1930 schrieb der »Völkische Beobachter«: »Alle boshaften Triebe der Judenseele, den göttlichen Schöpfungsgedanken durch körperliche Beziehungen zu Tieren, Geschwistern und Gleichgeschlechtlichen zu durchkreuzen, werden wir in Kürze als das gesetzlich kennzeichnen, was sie sind, als ganz gemeine Abirrungen von Syriern . . .«[72]

Die Nebenrolle der Homosexualität im Antisemitismus hatte ihre Logik. Um den »Volksgenossen« die »Gefahr« des Judentums plausibel zu machen, konnte die Propaganda das Interesse nicht auf eine Minderheit in der Minderheit lenken.

Die Propaganda konnte nur wirksam sein, wenn sie die »Verseuchung des arteigenen Blutes« suggerierte.

Sollte homosexuelle Stigmatisierung wirkungsvoll sein, so konnte sie nur im Zusammenhang mit dem Mißbrauch »arischer« Jungen und Heranwachsender eingesetzt werden. In dieser Form hatte das Stigma Homosexualität seine Bedeutung. Nachstehendes Beispiel bezieht in die antijüdische Hetze die Diffamierung von Kommunisten und Bolschewiken mit ein.

»Kurt Jacoby Der Jugendverderber von Bielefeld
In dem Bielefelder Schöffengericht stand der Jude Kurt Jacoby. Er war ehedem ein eifriger Verfechter der kommunistischen Idee. Er ist auch heute noch als Jude ein Erzbolschewist, jedoch ist er klug genug, dies nicht öffentlich zu äußern.
Kurt Jacoby ist 42 Jahre alt. Er war angeklagt, wiederholt schwere Verbrechen

---

71 Vgl. Stümke/Finkler, a. a. O., S. 284.
72 Zit. nach Stümke/Finkler, a. a. O., S. 96.

gegen die Sittlichkeit begangen zu haben. Und zwar Verbrechen widerwärtigster, unnatürlichster Art, begangen an nichtjüdischen jungen Burschen. ...
... Der Jude ist die verkörperte Unnatur und wenn der Angeklagte diese Verbrechen beging, dann ... weil das jüdische Blut ihn dazu trieb. Und andererseits trieb ihn der jüdische Haß gegen das deutsche Volk dazu, junge nichtjüdische Menschen zu verderben. Denn Kurt Jacoby hatte sich nicht an jungen Juden, sondern an jungen Deutschen vergangen.«[73]

Stigma: Siphilis, Prostitution und Mädchenhandel

Die nationalsozialistische Propaganda unterstellte den Juden nicht nur Verführung und Vergewaltigung zur Befriedigung ihrer sexuellen Gelüste, sondern lastete ihnen auch die ökonomische Ausbeutung der »Arierin« durch planmäßig betriebenes Prostitutionsgewerbe und durch Mädchenhandel an. Sie orientierte sich damit an Hitlers »Erkenntnissen«, die er in seiner frühen Wiener Zeit auf den Straßen und Gassen gewonnen haben wollte und die er in »Mein Kampf« niedergeschrieben hatte. »Das Verhältnis des Judentums zur Prostitution und mehr noch zum Mädchenhandel selber konnte man in Wien studieren wie wohl in keiner sonstigen westeuropäischen Stadt, südfranzösische Hafenorte vielleicht ausgenommen.«[74] Das Prostitutionsgewerbe aber benutze der Jude, um den Arier mit der Siphilis zu infizieren, die ihm die Zeugung von gesunden Nachkommen unmöglich mache. Die Krankheit des Leibes sei nur das Spiegelbild der Erkrankung der rassischen Instinkte.[75] »Der Stürmer« folgte den Auslassungen Hitlers. Die Ausgaben enthielten zahllose Artikel, die den einträglichen Handel mit deutschen Mädchen behaupteten.

Zur Erhärtung dieser Aussage wurden zahllose »Belege« aufgeführt, die das Elend der Opfer schilderten.

»Das Los der unglücklichen Schlachtopfer war entsetzlich; was der Lemberger Prozeß ans Licht gebracht hat, schreit wirklich zu Gott um Rache. Die Mädchen wurden durch Hunger und Peitschenhiebe in die Arme der Unzucht getrieben. In Indien, in Port Said, in Alexandrien, ja selbst in Konstantinopel befinden sich die meisten mit europäischer ›Ware‹ angefüllten Bordelle in den Händen von Juden. Weigern sich die Mädchen, dem an sie gestellten Verlangen zu entsprechen, so werden sie in strenge Haft genommen. Kommen

---

73 Der Stürmer, 14. Jg. 1936, Nr. 4, Seite 7. Vergl. auch »Jüdische Knabenverderber«. In: Der Stürmer, 14. Jg. 1936, Nr. 13, Seite 1.
74 Hitler, Adolf: Mein Kampf, a. a. O., Seite 63.
75 Vergl. ebd., S. 280.

europäische Konsule, um Nachforschungen anzustellen, so werden die armen Sklavinnen in unterirdische Höhlen eingeschlossen, die schrecklicher sind, als die einsamste Kerkerzelle. Es ist oft vorgekommen, daß die gemarterten Opfer eine Beute des Wahnsinns wurden und die Hand an sich selbst legten. Sie wurden durch ihre Peiniger förmlich in den Tod gejagt: die übrigen mußten sich eine noch strengere Aufsicht gefallen lassen.«[76]

Die Berichte über den angeblichen Mädchenhandel enthielten auch Aufrechnungen über den angeblichen Gewinn, den das Geschäft einbrachte. Damit erfüllte der »Stürmer« ein doppeltes Gebot des nationalsozialistischen Antisemitismus, die sexuelle Denunziation und die Assoziierung der Juden mit Geldgier.

»Der Handel bezahlte sich gut. Der Lieferant erhielt für jedes Mädchen 500 Gulden und dabei machten seine Abnehmer noch ein gutes Geschäft. Einer der letzten Transporte, welchen ein ›Kaufmann‹ abgehen ließ, zählte 60 Mädchen, das machte also einen Gewinn von 30 000 Gulden.«[77]

Stigma: Pornographie

Nach den dubiosen Protokollen der »Weisen von Zion« aus dem Jahre 1897 haben die Juden den Plan gefaßt, durch die Förderung von allerlei schlüpfrigen Spielen und Leidenschaften die Aufmerksamkeit der Völker von den politischen Absichten der Juden abzulenken, um so ungehindert die Weltmacht zu erringen.

»Eine solche Fülle von Zerstreuungen und Möglichkeiten der Beschäftigung wird die Gedanken der Masse endgültig von den Fragen ablenken, für deren Verwirklichung wir sonst hart kämpfen müßten. Haben die Menschen allmählich immer mehr die Fähigkeit zum selbständigen Denken verloren, so werden sie uns alles nachsprechen. Wir Juden werden dann allein neue Gedankenrichtungen hervorbringen, natürlich nur durch solche Persönlichkeiten, die nicht im Verdachte stehen, unseren Vorteil zu vertreten.«[78]

Die Verbreitung von Pornographie falle unter diese »Aufgabenstellung«. Die Nationalsozialisten trafen keine Unterscheidung zwischen Produkten, die vor einschlägigen Nachtlokalen als Mittel zur plumpen Aufgeilung feilgeboten wurden, und Werken impressionistischer oder

76 Der Stürmer, 14. Jg. 1936, Nr. 8, Seite 2.
77 Der Stürmer, 14. Jg. 1936, Nr. 8, Seite 2.
78 Rosenberg, Alfred: Die Protokolle der Weisen von Zion und die jüdische Weltpolitik. 20. Tsd. München 1933, Seite 94/95.

expressionistischer Malerei, ganz zu schweigen von kubistischen Werken und Darstellungen aus anderen Kunstrichtungen. »Entartete Kunst« lautete das Kampfwort. Um seine Schlagkräftigkeit zu erhöhen, wurden in der nationalsozialistischen Kunstbetrachtung sexuell diffamierende Begriffe eingeführt.

Werke von Vincent van Gogh oder Paul Gauguin galten als »impressionistische ›klassische‹ Impotenz«[79], morbide in ihrer Themenstellung und in ihrer künstlerischen Gestaltung. Chagall, Picasso, Pechstein und Kokoschka gar lieferten »Idiotenkunst«, die – nach Alfred Rosenberg – durch Infantilismus gekennzeichnet sei. »Impotenz« ist für sie kein ausreichendes Stigma mehr, ihre Werke seien »erzeugt von geistiger Siphilis«.[80]

Wer in der Ära des Nationalsozialismus keinen Zugang zu Büchern vom Schlage eines Alfred Rosenberg hatte, konnte sich an den Aushängekästen des »Stürmers« ›informieren‹. Der Jude sei nicht nur in seinem tiefsten Wesen pornographisch, sondern er betreibe auch einen schwunghaften Handel mit Bildern obszöner Darstellungen, um die Seele des »arischen« Volkes zu vergiften. Oft erscheint das Stigma Pornographie als Nebendelikt, als Vorstufe für die »Rassenschande«, für die sich der Jude durch die Betrachtung pornographischer Bilder stimuliere:

»Jud Kaufmann war schon früher als verkommenes Subjekt bekannt. Es machte ihm Spaß, im Kreise deutscher Männer und Frauen schamlose Fotografien herumzuzeigen.
Jud Kaufmann begnügte sich aber keineswegs mit der ›Theorie‹. Er suchte sich auch im wirklichen Leben nur Leckerbissen für seine asiatische Lüsternheit.«[81]

Das Strafmaß muß bedeutend gewesen sein. Denn schon die Betrachtung der Fotographien wurde nach dem 7. März 1933 durch »unnachsichtliche Verfolgung und strenge Strafe« geächtet. Eine Verordnung des Preußischen Innenministeriums forderte, daß die Bekämpfung unzüchtiger Schriften im Dritten Reich »mit größtem Nachdruck« betrieben werden sollte.[82]

79 Rosenberg, Mythus, a. a. O., Seite XIII.
80 Rosenberg, Mythus, a. a. O., Seite 299.
81 Der Stürmer, 13. Jg. 1935, Nr. 26, Seite 6.
82 Sellmann, Adolf: 50 Jahre Kampf für Volkssittlichkeit und Volkskraft. Die Geschichte des Westdeutschen Sittlichkeitsvereins von seinen Anfängen bis heute (1885–1935). Schwelm 1935, Seite 109.

Stigma: Psychoanalyse

Die Belege für die sexuelle Stigmatisierung im Bereich des Antisemitismus sind überwiegend dem »Stürmer« entnommen, einem Blatt, das sexuelle Denunziation in ihrer übelsten Ausprägung, sowohl in bezug auf Quantität als auch auf Kontinuität betrieb. Andere nationalsozialistische Organe, wie das Parteiorgan »Völkischer Beobachter«, standen dem Stürmer in nichts nach, widmeten der sexuellen Denunziation jedoch nicht in dem Maße Raum. »Stürmer«-Niveau boten in ihrer Grundtendenz viele andere Schriften, auch im akademischen Bereich, wo die Argumentationsstränge diffiziler verliefen und unter Beibehaltung der ideologischen Prämissen sprachlich nuancierter ausfielen. Das soll abschließend an dem Beispiel der Psychoanalyse dargestellt werden, die nach 1933 verstärkt den Angriffen der neuen Machthaber ausgesetzt war.

Die Gegnerschaft leitete sich schon aus der Definition des Menschenbildes her. Der nationalsozialistische Mensch sollte der Mensch der Kraft, der Gesundheit und der Tat sein. Sensibles Eingehen auf psychische Regungen, auf Widersprüche zwischen Fühlen, Denken und Handeln paßte nicht in das Konzept nationalsozialistischer Ideologie. Träume, Fehlleistungen und psychoneurotische Symptome, die durch Verdrängungen produziert wurden, konnten nicht das Interesse der Nazis finden, deren Konzept eine einzige Verdrängungsleistung darstellte. Diese grundsätzliche Unvereinbarkeit wurde durch einen wesentlichen Aspekt erleichtert. Freud, der Begründer der Psychoanalyse, war Jude. Juden waren eine Reihe weiterer Mitarbeiter Freuds wie Alfred Adler, K. Abraham oder Wilhelm Reich. Sie alle mußten, um ihr Leben zu retten, in die Emigration gehen. Ihre Schriften wurden bei den Bücherverbrennungen ein Opfer der Flammen. Das erste psychoanalytische Institut, das 1920 als »Poliklinik und Lehranstalt« in Berlin gegründet worden war, konnte sich unter größten Schwierigkeiten unter der Naziherrschaft als ein Teil des »Deutschen Instituts für psychologische Forschung und Psychotherapie« halten, freilich nur unter Tarnung des Forschungsansatzes und unter Verleugnung des kreativen Begründers ihrer Disziplin.[83]

Heinz Hunger, der sich 1942 im Rahmen eines theologischen Symposions der Universität Jena Gedanken über das Verhältnis der »jüdischen Psychoanalyse« zur »deutschen Seelsorge« machte, erklärte die

83 Vergl. hierzu die Presseerklärung des Institutsleiters, Prof. Görnig, in: Kersten, Otto: Praxis der Erziehungsberatung, Stuttgart 1941, S. 223.

Unvereinbarkeit des »gesunden« Gemeinschaftsgedankens mit der »krankhaften« Individualisierung psychischer Probleme:

»Die Psychoanalyse, wesentlich jüdischer Provenienz, stützt sich auf das triebhafte Dunkle im Menschen (das Unbewußte), kennt kein Ethos und arbeitet individualistisch-autistisch unter Anwendung eines sachlich beschränkten Kunstgriffes mit der Norm des Kranken und Ungesunden und zerstört mit ihren unberechtigten Vereinseitigungen und Übertragungen die schöpfungsmäßige Ganzheitsordnung der Seele und der Gemeinschaft. ...
Deutsche Seelsorge ist damit, ganz abgesehen von der durch Psychoanalytiker wie Nichtpsychoanalytiker festgestellten weitgehenden Verschlossenheit des Pfarrerstandes diesen Theorien gegenüber, antijüdisch in Ursprung und Ziel.«[84]

Diese Feststellung freilich genügte den Gegnern der Psychoanalyse nicht. Seit den frühen Veröffentlichungen zur Sexualtheorie wurden die Widersacher Freuds nicht müde, ihm Pansexualismus vorzuwerfen. Seine Annahme frühkindlicher Sexualität sei pervers, seine These von den unterdrückten sexuellen Strebungen als Ursache neurotischer Entwicklung eine gefährliche Verirrung. Seine Sublimationslehre gar, die die Entstehung kultureller und zivilisatorischer Leistungen als eine Umsetzung sexueller Bestrebungen deutete, trieb den Hütern der abendländischen Kultur die Zornesröte ins Gesicht. Was an Verleumdungen möglich war, hatte Freud bereits in Zeiten erfahren müssen, als die Nazis noch nicht die Macht in der Hand hatten.

In der spezifisch nationalsozialistischen Diskussion wurde die Psychoanalyse als ein Instrument zur Zersetzung der »deutschen Wesensart« bezeichnet. Die Sexualtheorie Freuds lieferte den Anhaltspunkt für die sexuelle Denunziation, die zur Verstärkung der Argumentation eingesetzt wurde.

»Die Durchsetzung fast aller Lebensäußerungen und -formen mit den Freudschen Sexualsymbolen kommt einer Zersetzung unserer Lebensart gleich, die eben nicht erst, wie es einmal ein Jude gern wollte, unterhalb des Nabels beginnt.«[85]

Was »der Jude« – in den Berichten des »Stürmers« – durch sexuelle Verführung und Vergewaltigung im ›gemeinen‹ Volk erreiche, das besorge der Psychoanalytiker in den gehobenen Schichten. Jener

---

84 Hunger, Heinz: Jüdische Psychoanalyse und deutsche Seelsorge. In: Walter Grundmann (Hg.): Germanentum, Judentum und Christentum. Bd. 2, Leipzig 1942, Seite 339/340.

85 Hunger, a. a. O., Seite 331/332.

schände das arische Blut durch den Geschlechtsverkehr, dieser trage das »jüdische Untermenschentum« durch die Einflüsterungen bei der psychoanalytischen Behandlung in seine Patienten hinein. Hunger schreibt:

»Ich meine, es bedarf keines besonderen Nachweises dafür, welche verheerenden Folgen im Sinne einer Verjudung bei den von jüdischen Psychoanalytikern behandelten Patienten angerichtet werden konnten, denn mittels der künstlichen Motivbildung wurde vom Juden nichts anderes als jüdisches Untermenschentum eingetragen, und zwar, das muß man sich noch besonders vor Augen halten, bei Menschen, die krank waren und deshalb ärztlich-seelsorgerlichen Beistand suchten. Diese seelisch angekränkelten und gebrochenen Menschen suchte der Jude an sich zu binden und seelisch zu verjuden. Auf diese gemeine Art suchte er mit der ›jewish science‹ der Psychoanalyse Einfluß ›auf die Geisteswissenschaften‹, d. h. auf das Kulturleben zu nehmen, denn das ist eine weitere Eigenart der von der Psychoanalyse behandelten neurotischen Störungen, daß sie weniger bei den unteren Volksschichten vorkommen, sondern vorzüglich bei den gehobenen, also den Menschen, die sich ›in bezug auf Produktivität und Aufnahmefähigkeit in künstlerischer, wissenschaftlicher und allgemein kultureller Beziehung‹ auszeichnen. Es ist durch die jüdische Zersetzungsarbeit der Psychoanalyse nicht, was schließlich weniger schlimm gewesen wäre, das Seelenleben von irgendwelchen unbedeutenden oder gar unheilbaren Kranken geschädigt worden, sondern das wertvollster Kulturträger und -gestalter.«[86]

Für den Zuhörer und Leser, den diese Argumente noch nicht überzeugten, mußte das »Stigma: Geilheit« herhalten, das Alfred Rosenberg, wie schon gesagt, als anthropologisches Grundphänomen der jüdischen Rasse definiert hatte. In bezug auf die Psychoanalyse allgemein heißt es dementsprechend:

». . . ist es nicht bezeichnend, daß der Jude Freud sich ausgerechnet auf den gerade bei Juden oft hemmungslosen Sexualtrieb und der Jude Adler auf den wiederum bei Juden besonders ausgeprägten Geltungstrieb stürzen?«[87]

Und in bezug auf eine Freudsche Fallschilderung:

»Die erwähnte neunzehnjährige Dame Freuds wäre mit ihrem obszönen Schlafzeremoniell vielleicht durch ein paar Wochen Arbeitsdienst geheilt worden, ohne daß ihre wüste Phantasie – oder besser die Freuds – derart hätte aufgegeilt werden müssen!«[88]

---

86 Hunger, a. a. O., Seite 323/324.
87 ebd., Seite 323.
88 Hunger, a. a. O., Seite 335.

Hier schließt sich der Kreis, der die Niederungen der »Stürmer«-Argumente und die akademischen Disputationen gleichermaßen umfaßt.

Das Sexualverhalten Adolf Hitlers

Wie bisher gezeigt, spielte Hitler virtuos auf dem Instrument des sexuellen Ressentiments. Es war Bestandteil seiner »Politik« und diente dazu, seine Macht zu festigen. Versuchen seiner Gegner, ihn selbst und sein Regime mit Argumenten aus dem Sexualbereich zu bekämpfen, war kein – zumindest kein meßbarer – Erfolg beschieden. Sie gehörten überdies auch nicht zu den bevorzugten Mitteln des aktiven politischen Widerstands.

Da gibt es aber ehemalige Weggenossen Hitlers, die »auspacken« wollten und persönliche Gründe hatten, sich zu revanchieren; da gibt es Hitler-Darstellungen und -Biographien, da gibt es das Hitler-Psychogramm zum Zweck der psychologischen Kriegführung und schließlich auch die Spottgedichte und Flüsterwitze im Dritten Reich. Letztere hatten sicherlich eine Entlastungsfunktion gegenüber dem menschenverachtenden totalitären Staat, können aber doch auch als eine Widerstandsform angesehen werden.

Wenn ich diese Bemühungen dokumentiere, geht es nicht mehr darum, anhand von Begriffen wie Stigmatisierung, Verleumdung oder Diffamierung Mechanismen aufzuzeigen. Ich will ausschließlich zeigen, daß der Versuch, die Person Hitler und sein politisches Handeln mit einer sexualneurotischen Disposition zu erklären, keinen Aufschluß über die nationalsozialistischen Verbrechen geben kann und daß der Versuch einer Psychiatrisierung Hitlers ein verfehlter Ansatz der Faschismusanalyse war und ist.

Hitler und die Frauen

Je bekannter Hitler wurde, desto mehr geriet auch sein Privatleben zum Gegenstand öffentlichen Interesses. Seine Biographen haben später versucht, auch seine sexuelle Entwicklung nachzuzeichnen. Nach dem Zeugnis seines Jugendfreundes Kubitzek[1] gab es in seiner Jugend und in der Wiener Zeit keine sexuellen Erlebnisse mit einer Partnerin. Wie die meisten Jugendlichen der damaligen Zeit lebte er seine Sexualität nur in der sublimierten Form, die die Gesellschaft den Heranwachsenden und Unverheirateten gestattete.

Das änderte sich in der Zeit nach 1918 wohl so sehr, daß die sozialdemokratische »Münchner Post« ihn als »Frauenheld« charakterisieren konnte, als »König von München«, dem die wohlhabendsten und schönsten Frauen »zu Füßen« liegen.[2]

Hitler hatte wechselnde Liebschaften und mannigfaltigen Umgang mit Frauen, die sowohl sexuelle und erotisch sublimierte als auch »platonische« Interessen für ihn hegten. Zu ihnen zählten auch verheiratete Frauen, die ein »mütterliches« Interesse bekundeten. Helene Bechstein, die Frau des Pianofabrikanten Carl Bechstein, Viktoria von Dirksen (die »Mutter der Revolution«), Erna Hanfstaengl, die Verlegersgattin Elsa Bruckmann, Jenny Haug (die Schwester seines Chauffeurs), Eleonora Bauer (eine ehemalige Nonne), Maria Reiter-Kubisch, Lady Unity Mitford (die Schwägerin des englischen Faschistenführers Sir Oswald Mosley), Inga Ley (die spätere Frau des Reichsorganisationsleiters Robert Ley), seine Nichte Geli Raubal und viele andere.[3] Die erotische Wirkung Hitlers auf die Frauen muß erheblich gewesen sein. Mehr als einmal war seine Person Anlaß für Selbstmordversuche aus Liebeskummer. Auch finanzielle Unterstützung für seine politischen Ziele kamen in den ersten Jahren von vielen Frauen, so daß die »Münchner Post« neidvoll von den »in Hitler verschossenen Weibern«[4] schreiben konnte. Hitler selbst kannte seine Wirkung auf Frauen und nutzte die Beziehungen auch für die Unterstützung der Partei aus.

Im Umgang mit dem weiblichen Geschlecht entwickelte Hitler patriarchalischen Charme. Er machte Komplimente, bewunderte Schönheit, bekundete Verehrung. Höflich soll auch der Umgang mit seinen »Schreibdamen« gewesen sein. Er küßte ihnen die Hand und betitelte sie mit »meine Schöne« oder »schönes Kind«. Frauen in seiner Umgebung war es sogar gestattet, Kritik zu üben, ohne daß der »Führer« mit Unwillen und Wutausbrüchen reagierte.

---

1 Kubitzek, August: Adolf Hitler – mein Jugendfreund. Graz und Göttingen 1953, S. 78 ff.

2 Münchner Post vom 3. 4. 1923, zit. nach Maser, Werner: Adolf Hitler. Legende, Mythos und Wirklichkeit. 6. Aufl., München und Esslingen 1974, S. 311.

3 Vgl. Maser, a. a. O., S. 312 ff.

4 Münchner Post vom 3. 4. 1923, zit. nach Maser, a. a. O., Seite 313.

Diese Verhaltensweisen waren freilich nur so etwas wie die verzukkerte Seite einer Frauenverachtung. Da er das weibliche Geschlecht nicht ernstnahm, vermochte er auch eine Kritik von dieser Seite nur als kindliche Unbedarftheit zu werten, die er mit Erheiterung zur Kenntnis nahm. In seinen privaten Tischgesprächen, die eigentlich besser Tischmonologe heißen sollten, hat Hitler nicht selten seine Geringschätzung gegenüber den Frauen zum Ausdruck gebracht. Frauen und Rationalität galten ihm als Widerspruch. Modesucht, Koketterie und eifersüchtige Tändeleien waren nach Hitler Elemente weiblicher Wesensart, gegen die anzugehen vergebliche Mühe sei.

»Lassen wir doch diese kleinen Schwächen! Wenn man damit schon eine Frau glücklich machen kann, ausgezeichnet! Tausendmal besser, eine Frau beschäftigt sich damit, als sie fängt mit metaphysischen Sachen an.
Wenn eine Frau in den Sachen des Daseins zu denken beginnt, das ist schlimm. Ah, da können sie einem auf die Nerven gehen!«[5]

Psychoanalytiker haben aus solchen Äußerungen, die Hitler in vertrauter Männerrunde äußerte, einen abgrundtiefen Frauenhaß herausgelesen, der in einer tiefverwurzelten Furcht vor dem weiblichen Geschlecht seine Ursache habe.

Das mag nun stimmen oder nicht, jedenfalls ist diese Position auf keinen Fall als »anormal« zu bezeichnen. Vielmehr gehören solche Äußerungen zum besten »Hausschatz« patriarchalischer Gesinnung. Daß Einstellungen dieser Art auch eine festverankerte Angst vor dem »Dämon Weib« signalisieren können – wie neuerdings auch Klaus Theweleit in seiner Studie über »Männerphantasien« postuliert[6] –, mag ja richtig sein. Das trifft dann aber für die meisten Männer der patriarchalischen Gesellschaft zu.

Zumindest zwei Frauen haben im Leben Adolf Hitlers eine starke Rolle gespielt: Geli Raubal und Eva Braun. Das Verhältnis zu ihnen paßt nicht zu der oft gemachten Behauptung, daß Hitler keiner festen Beziehung und tieferer Zuneigung, sprich Liebe, fähig gewesen sein soll.[7] Geli Raubal war die Tochter seiner verwitweten Stiefschwester Angela Raubal. Zusammen mit ihrer Mutter und Schwester, Friedl Raubal, kam sie 1925 auf den Obersalzberg, den Landsitz Hitlers, wo Angela Raubal Hitler den Haushalt führte. Geli Raubal war damals 17

5 Picker, Henry: Hitlers Tischgespräche im Führerhauptquartier. 3. Auflage, Stuttgart 1976, Seite 117.

6 Vgl. Theweleit, Klaus: Männerphantasien. Bd. 1 und Bd. 2. 2. Auflage, Reinbek 1980.

7 Vgl. u. a. Bullock, a. a. O., Seite 378.

Jahre alt. In den folgenden sechs Jahren war sie Hitlers Gefährtin. Als Hitler sich eine Wohnung in München einrichtete, verbrachte sie ihre Zeit teils dort, teils auf dem Obersalzberg. Ob Hitler mit ihr auch ein sexuelles Verhältnis unterhielt, ist nicht bekannt. Die Beziehung endete unter dramatischen Umständen. Am 17. September 1931. Nachdem sich Hitler in München von Geli Raubal verabschiedet hatte, um nach Hamburg zu reisen, erreichte ihn unterwegs in Nürnberg die Nachricht, daß sie sich nach seiner Abreise in der Münchener Wohnung erschossen habe. Über die Ursache ihres Selbstmords hat es nur Spekulationen gegeben.

Eva Braun, die andere Frau im Leben Hitlers, hatte er 1929 bei seinem späteren »Hofphotographen« Heinrich Hoffmann kennengelernt. Auch sie war über zwanzig Jahre jünger als er. Hitler machte sie Anfang 1932 zu seiner Geliebten. Eva Braun zog in die Münchner Wohnung und war von dieser Zeit an Gast auf dem Obersalzberg, wo sie nach Auseinandersetzungen mit Hitlers Schwester Angela schließlich obsiegte und die Haushaltsführung übernahm. Hitler schreckte vor einer Legalisierung seines Verhältnisses zurück. Er, der für das Volk die Frühehe propagierte, Eheschließung und Kinderreichtum honorierte, nahm für sich eine Ausnahmeregelung in Anspruch:

»Es ist ein Glück für manche führenden Persönlichkeiten, daß sie nicht geheiratet haben: Das wäre eine Katastrophe geworden ...
Das ist das Schlimme an der Ehe: sie schafft Rechtsansprüche! Da ist es schon viel richtiger, eine Geliebte zu haben. Die Last fällt weg, und alles bleibt ein Geschenk. Das gilt natürlich nur für hervorragende Männer ...
Daß ein Mann wie ich noch heiraten wird, glaube ich nicht. Er hat sich – intellektuell – ein Idealbild geschaffen, in dem er von der einen den Wuchs, von der anderen das Haar, von der dritten den Geist, von einer vierten die Augen genommen hat, und mit dieser Sonde geht er an jedes neue Geschöpf heran. So etwas gibt es aber nicht. Man muß froh sein, wenn ein Mädel etwas Nettes hat! Es gibt doch nichts Schöneres, als sich ein junges Ding zu erziehen: ein Mädel mit 18, 20 Jahren ist biegsam wie Wachs. Einem Mann muß es möglich sein, jedem Mädchen seinen Stempel aufzudrücken. Die Frau will auch nichts anderes!«[8]

Der »Führer« hat so gesprochen und nach diesem Konzept auch gelebt. Eva Brauns Besuche in Berlin waren relativ selten, wohl auch aus dem Grunde, um Gerede zu vermeiden. Auch bei offiziellen Empfängen und Diners blieb sie in ihrem Zimmer zurückgezogen. Das änderte sich erst, als ihre Schwester, Gretl Braun, Himmlers persönlichen Vertreter

8 Picker, a. a. O., Seite 88/89.

beim »Führer«, Hermann Fegelein, geheiratet hatte. Ab dieser Zeit war Eva Braun auch auf offiziellen Empfängen zu sehen. Sie wurde als Schwägerin des Herrn Fegelein vorgestellt; der »gute Ruf« des »Führers« wurde dadurch nicht berührt.

Mehr als zwölf Jahre währte die Verbindung. Am letzten Tag seines Lebens ließ Hitler Eva Braun noch eine »Geste« zuteil werden. Er heiratete sie und erklärte seine Handlungsweise als Belohnung für die »vielen Jahre echter Freundschaft«. Danach gingen sie gemeinsam in den Tod.

War Hitler homosexuell?

Nach allem, was wir über Hitlers Sexualleben wissen, überwiegen die Hinweise, die für eine »normale« heterosexuelle Orientierung und ein entsprechendes Verhalten sprechen. Für ein »abweichendes« Sexualverhalten, das ihm häufig unterstellt wurde, gibt es keinen stichhaltigen Hinweis. Natürlich kann man sich darüber unterhalten, ob nicht die rigorose Askeseforderung, die die Erziehung um 1900 an die Jugendlichen richtete, zu psychischen Deformierungen führen mußte, ob das patriarchalische Denken und Handeln Hitlers auch Ausdruck psychischer Intaktheit gewesen sein mögen. Da aber Hitlers Einstellungen im Sinne von statistischer Häufigkeit seinerzeit üblich waren, wären hier individual-psychologische Überlegungen völlig fehl am Platze.

Es ist bekannt, daß auch heftigst betriebene heterosexuelle Aktivitäten homosexuelle Neigungen nicht ausschließen. Aus sexuologischen Forschungen ist hinlänglich bekannt, daß viele homosexuell disponierte Menschen verheiratet sind und auch Kinder haben. Das »Coming out«, das Bewußtwerden und Bejahen der eigenen Homosexualität, ist bei vielen Menschen ein Prozeß, der Jahre, wenn nicht Jahrzehnte dauern kann.[9]

Auch belegt die Sexualwissenschaft, daß es falsch ist, zwischen Homosexualität und Heterosexualität starre Abgrenzungen vorzuneh-

9 Siehe hierzu die Arbeiten von Dannecker, Martin und Reimut Reiche: Der gewöhnliche Homosexuelle. Eine soziologische Untersuchung über männliche Homosexuelle in der Bundesrepublik. 2. Auflage, Frankfurt 1974. – Ähnlich schwierig verläuft auch der Prozeß der sexuellen Sozialisation bei Frauen. Vgl. hierzu: Schaefer, Sigrid: Sexuelle Probleme und soziale Probleme von Lesbierinnen in der BRD. In Schorsch, Eberhard und Gunter Schmidt (Hrsg.): Ergebnisse zur Sexualforschung. Köln 1975, Seite 299 ff.; v. Paczensky, Susanne: Verschwiegene Liebe. Zur Situation lesbischer Frauen in der Gesellschaft. München 1981.

men, wie dies im Alltag noch gang und gäbe ist. Aber sexuelle Abqualifizierung arbeitet kaum mit sexuologischen Erkenntnissen, sondern mit Maßstäben, die das »gesunde Volksempfinden« diktiert.

Man muß nicht lange suchen, um in der Hitlerliteratur auf Hinweise zu stoßen, die die »Normalität« des Führers in Frage stellen und ihm homosexuelle Neigungen nachsagen. Diesbezügliche Bemerkungen befinden sich in Biographien[10], wissenschaftlichen Abhandlungen[11], meist aus dem Bereich der Psychoanalyse, in Äußerungen von Zeitgenossen Adolf Hitlers oder auch in der politischen Karikatur des Auslands. Die Historiker widmen diesen Hinweisen keine Aufmerksamkeit, oder aber sie erwähnen Vermutungen dieser Art nur mit wenigen Zeilen.

»Das Adolf-Hitler-Psychogramm«, eine Auftragsarbeit, die der Chef der psychologischen Kriegsführung in Amerika, Oberst William Donovan, dem deutschstämmigen Psychiater und Psychoanalytiker Dr. Walter C. Langer[12] als Geheimauftrag gegeben hat, sollte die bei den führenden Politikern der Vereinigten Staaten herrschenden Meinungsverschiedenheiten über Hitler und seine politischen Absichten klären: Die unterschiedlichen Einschätzungen Hitlers und seines Charakters beruhten auf dem widersprüchlichen und uneinheitlichen Material von deutscher Propaganda, Berichten der Auslandskorrespondenten und Emigrantenpresse.

> »Was wir brauchen, sagte der General, ist eine realistische Einschätzung der deutschen Situation. Hitler ist der unbestrittene Führer, aber was ist er für ein Mensch? Was sind seine Ambitionen? Wie sieht ihn das deutsche Volk? Wie verhält er sich zu seinen Mitarbeitern? Wie steht es mit seiner Vergangenheit? Vor allem aber wollen wir soviel wie möglich über seinen psychischen Zustand erfahren. Was sind seine Triebkräfte? Außerdem möchten wir wissen, was er tun könnte, falls der Lauf der Dinge sich gegen ihn zu wenden beginnt. Glauben Sie, Sie könnten uns auf diesem Gebiet irgend etwas liefern?«[13]

Langer und seine Mitarbeiter machten sich ans Werk. Sie studierten die einschlägige Literatur in der New York Public Library, sie stellten Listen von Emigranten zusammen, die Hitler früher nahegestanden hatten. Sie flogen kreuz und quer durch die Staaten und Kanada, um

---

10 Vgl. Maser, a. a. O., Seite 308.

11 Waite, Robert G.: The psychopathic God Adolf Hitler. New York 1977, Seite 234 ff.

12 Langer, Walter C.: Das Adolf-Hitler-Psychogramm. Eine Analyse seiner Person und seines Verhaltens, verfaßt 1943 für die psychologische Kriegsführung der USA. Wien, München, Zürich 1973.

13 Ebd., Seite 23.

Interviews zu führen und Recherchen anzustellen über Hitlers Verhalten, sein Wesen, über alltägliche und besondere Begebenheiten. Das Rohmaterial umfaßte schließlich eintausendeinhundert eng beschriebene Manuskriptseiten, die von Psychoanalytikern gesichtet und gewichtet wurden.

Richtlinie für die Auswahl des umfangreichen Materials war die Freudsche Theorie der Persönlichkeitsstruktur, die den Versuch macht, die Charakterentwicklung im Zusammenhang mit den frühkindlichen emotionalen Erlebnissen und ihren späteren kulturellen Einflüssen zu deuten. Grundthese war, daß es sich bei Hitler um einen neurotischen Psychopathen handele, der mit den Begriffen der klinischen Psychologie beschrieben werden könne.[14]

Im Sommer 1943 wurde das Projekt abgeschlossen und dem Office of Strategic Services als ›Top-Secret‹ übergeben. Welche Auswirkungen die Studie für die psychologische Kriegsführung gehabt hat, ist unbekannt, man ließ den Projektleiter jedoch wissen, daß die Studie bei ihren Auftraggebern auf Befriedigung gestoßen sei.[15]

Bei dem Versuch, die Politik Hitlers als Ausdruck sexualneurotischen Verhaltens darzustellen, spielt die Homosexualität eine zentrale Rolle.

So mißt Langers Studie dem »Feminismus« in der Charakterstruktur des »Führers« eine große Bedeutung zu. Hitler habe sich nicht mit dem charakterlich labilen Vater identifizieren können. Dadurch seien in frühester Kindheit Weichen gestellt worden, die eine anormale Entwicklung verursacht hätten. Eine Identifizierung mit der Mutter sei die Folge gewesen. Hitler sei sich dieser femininen Entwicklung wohl bewußt und versuche daher, seine Weiblichkeit durch die übertriebene Darstellung von Männlichkeit zu kompensieren. Hitler rede sich ein, daß »der Führer sein wirkliches Selbst« sei, und lasse nichts unversucht, um es auch dem deutschen Volk einzureden. »Doch dieser Führer ist ein künstliches Produkt, die grobe und verzerrte Übertreibung dessen, was Hitler unter Männlichkeit versteht. Seine Führer-Persönlichkeit trägt alle Merkmale einer unbewußten Reaktion auf Tendenzen und Instinkte, die tiefer in ihm liegen und die er verachtet.«[16]

In der Kindheit sei die Identifikation mit der Mutter leicht gewesen,

---

14 Vgl. ebd., Seite 33.
15 Vgl. ebd., Seite 35.
16 Langer, a. a. O., S. 147.

da »sein ganzer Körper eine starke weibliche Komponente« aufweise.[17] Weiblich wie sein Körper sei die Psychostruktur. Im Laufe seiner Entwicklung habe Hitler stets versucht, »sich der Umwelt in passiver, sentimentaler, demütiger und unterwürfiger Weise anzupassen«. Auch später seien »immer wieder« feminine Merkmale in der Charakterisierung seiner Person hervorgehoben worden, so etwa seine Art zu gehen. – Seine Hände seien nicht männlich, sondern weiblich, auch seine Denkweise sei feminin. Seine Schriftzüge schließlich seien nicht die kraftvollen Züge eines Mannes, sondern »eine typisch weibliche Handschrift«.[18] Die große »Sentimentalität und Gefühlsseligkeit«, die Hitler oft in seinen Reden zeige und »seine gelegentliche Sanftheit« verrieten weibliche Gefühlsdispositionen, wie auch die »Tränen, die er (sogar noch) als Kanzler vergoß«[19].

Ein weiterer »Beweis« in dieser Argumentationskette für die »weibliche« Charakterstruktur Hitlers: seine diensteifrige Unterwerfung als Gefreiter gegenüber den Offizieren während des ersten Weltkrieges. »Er meldete sich freiwillig, um ihre Wäsche zu waschen, ihre Kleider zu reinigen. Dieses Verhalten zeigt ihn deutlich in der Rolle der Frau.«[20] Langer hat während seiner Recherchen zu seinem Hitler-Psychogramm auch Otto Strasser besucht, der bis 1930 dem linken Flügel der NSDAP angehörte und danach in der sogenannten »Schwarzen Front« den Nationalsozialismus Hitlerscher Prägung bekämpfte. Strasser, der 1943 in Montreal lebte, hatte in seinen Publikationen ausgiebig auf die »weibliche Wesensart« Hitlers verwiesen, begründete diese jedoch nicht psychoanalytisch, sondern schilderte sie im Zusammenhang mit den politischen Auseinandersetzungen. Nach Otto Strasser bildet »das Wissen um Hitlers ausgesprochen feminine Art den Schlüssel zum Verständnis seines Wesens und seiner Handlungen.«[21] Ein englischer Diplomat, dessen Name nicht genannt wird, soll ihm gegenüber die Behauptung gemacht haben: »Hitler ist doch kein Politiker, er ist die Frau eines Politikers.«[22]

»Seine schwankenden Stimmungen, die der Kamarilla um ihn einen so furchtbaren Einfluß einräumen; seine Angst vor allen Entscheidungen, die gerade grotesk ist; seine entwaffnende Unlogik, die ihn befähigt, alle seine eigenen

---

17 Langer, a. a. O., S. 189.
18 Ebd., S. 190.
19 Ebd., S. 190.
20 Ebd., S. 190.
21 Strasser, Otto: Die deutsche Bartholomäusnacht. 7. Aufl., Prag, Zürich, Brüssel 1938, S. 73.
22 Ebd., S. 75.

Worte mit der Sicherheit des guten Gewissens abzuleugnen; seine geistige Abhängigkeit von irgendeiner noch so unzulänglichen, aber gerade infolge seiner Halbbildung kritiklos übernommenen Lehre oder Anschauung; seine Abneigung gegen alle innerlich gefestigten, selbstsicheren Menschen und dementsprechend seine Vorliebe für labile, unausgeglichene, ja verbrecherische Menschen – all das findet in dem femininen Wesen Hitlers seine Begründung – wie nicht minder auch sein Einfühlungsvermögen, seine Phantasie, seine Gefühlskraft, seine geradezu medialen Fähigkeiten, die sowohl passiver wie aktiver Natur sind.«[23]

Weibliches Verhalten beinhaltet nach Strasser »Manieriertheit«[24], innere Unsicherheit, Abhängigkeit, Entschlußlosigkeit, Wankelmütigkeit, Unberechenbarkeit, Unbeständigkeit, Treulosigkeit, Unlogik, Unzuverlässigkeit, Unwahrhaftigkeit[25], »aalglatte Wendigkeit«, »Vieldeutigkeit«[26]. (Eine den Kontrahenten gemeinsame sexistische Haltung ist hier nicht übersehbar.)

Daily Worker - 1933

B. Partridge
Punch · 1937

Nach Strasser sind darüber hinaus die Verhaltensunsicherheiten des »Führers« nicht nur mit seiner sozial niedrigen Herkunft zu erklären, sondern »zweifellos auch in sexueller Ungelöstheit« zu suchen.[27]

23 Ebd., S. 74.
24 Langer, S. 190.
25 Strasser, S. 77.
26 Ebd., S. 75.
27 Ebd., S. 74.

Auch Langer läßt sich ausgiebig über das Hitlersche Sexualverhalten aus. Der Tenor seiner Ausführungen kreist um die These, daß Hitler nicht in der Lage gewesen sei, in sexuellen Handlungen den »aktiven Part des Mannes« zu übernehmen, sondern daß Passivität, Hingabe und Weichheit das sexuelle Verhalten Hitlers bestimmten. (Die Studie zur psychologischen Kriegsführung der USA beläßt es nicht bei individualpsychologischen Überlegungen zur Figur des »Führers«. Nach Langer haben die Recherchen seines Teams Anhaltspunkte dafür gegeben, »daß Feminismus in Deutschland stark verbreitet ist. Sollte die weitere Forschung uns recht geben, dann dürfte diese Erkenntnis für die psychologische Kriegsführung von großer Bedeutung sein.«[28])

Die Suche nach einer starken Führung sei für Hitler als Kind vergeblich gewesen, was sich in der späteren Orientierung an großen Männern wie Caesar, Napoleon und Friedrich dem Großen niedergeschlagen habe. Die Bereitschaft, »sich kraftvoller Männlichkeit zu unterwerfen«, habe in dieser frühkindlichen Entwicklung ihren Ursprung. Hier liege seine *Disponierung zur Homosexualität.* Entscheidend für diese Disponierung aber sei auch sein Verhältnis zur Mutter. Alles deute darauf hin, daß zwischen Mutter und Sohn eine starke Beziehung bestanden habe, die über die »übliche Zuneigung« hinaus durch libidinöse Zärtlichkeit gekennzeichnet gewesen sei. Die Phase des Ödipuskomplexes müsse besonders problematisch gewesen sein, da der Junge zugleich der Launenhaftigkeit des Vaters und der verschwenderischen Liebe der Mutter ausgesetzt gewesen sei. Für die Einstellung Hitlers gegenüber Frauen macht Langer einen Umstand verantwortlich, den er nicht mehr als Vermutung ausgibt, sondern zum Tatbestand erklärt. Langer schreibt von

»... der Tatsache, daß Adolf seine Eltern während eines Beischlafs überrascht haben muß. Die Prüfung aller Angaben führt fast unweigerlich zu diesem Schluß, zudem ist es angesichts von Charakter und Vergangenheit des Vaters durchaus wahrscheinlich. Die Gefühle des Kindes dürften dabei wohl sehr gemischt gewesen sein: einerseits Empörung über den Vater, der – wie es dem Kind erscheinen mußte – die Mutter brutal überfiel; andererseits aber auch Empörung über die Mutter, die sich so willig zu unterwerfen schien ... So verlor der Junge den Respekt vor dem weiblichen Geschlecht.«[29]

In den Ausführungen, die Langer als »die symbolische Form seiner frühen Konflikte« bezeichnet, beschreibt er die Bewältigungsversuche

28 Langer, a. a. O., S. 190.
29 Langer, a. a. O., Seite 168.

des späteren Hitler so, daß er die Gefühle, »die einst seiner Mutter galten, auf Deutschland« übertragen habe.[30]

Die Studie für die psychologische Kriegführung gegen das Nazi-Deutschland erwähnt mehrfach, daß Hitler als Homosexueller gelte, belegt das aber an keiner Stelle, während andere Vermutungen belegt werden. Als Tatsachenmaterial gelten hier Beispiele wie:

- Die in seinen Reden häufig verwendeten Metaphern wie »von hinten überfallen« oder »Dolchstoß in den Rücken« deuten auf eine Symbolik, die Rückschlüsse auf homosexuelle Neigungen zulassen.
- Hitler habe den Danziger Gauleiter Forster, der als Homosexueller galt, bei einem Treffen mit »Bubi« angeredet. »Bubi« sei ein in Homosexuellenkreisen häufiger Spitzname.
- Die Partei habe, namentlich in ihrer Anfangszeit, sehr viele homosexuelle Mitglieder gehabt.
- Hitler fühle sich offensichtlich in der Gesellschaft von Homosexuellen wohler als in der von »normalen Männern«.[31]
- Es bereite Hitler »sexuellen Genuß, den männlichen Körper zu sehen und mit Homosexuellen zusammenzusitzen.«[32]

Langer versteigt sich schließlich dazu, Ursprünge und Ziele der Nationalsozialistischen Bewegung als dem Wesen der Homosexuellen entgegenkommend zu charakterisieren, da sich Homosexualität und Gesellschaftsveränderung entsprächen. Eine abstruse Theorie, die nicht nur an den damals schon bekannten Erkenntnissen über Homosexualität vorbeigeht, sondern auch eine beträchtliche Ignoranz in der Einschätzung der »nationalsozialistischen Bewegung« verrät:

> »Da sich die Homosexuellen im Grunde als Ausgestoßene fühlen, bilden sie eine Art von Gemeinschaft, halten sich für etwas Besonderes, ja sogar für auserwählt, eine neue Ordnung einzuführen. Und da die normale Gesellschaft sie ächtet, sind sie um so empfänglicher für neue soziale Lehren. Sie sind die Benachteiligten der Zivilisation und haben wenig zu verlieren: also nehmen sie die Gefahren einer neuen Bewegung leichter auf sich, als es andere tun können. Das erklärt die starke Beteiligung von Homosexuellen am aufsteigenden Nationalsozialismus.«[33]

Freilich erkennt Dr. Langer die Unzulänglichkeit seiner Beweisführung. Er läßt jedoch die These von der Homosexualität Hitlers nicht fallen, sondern entscheidet sich für eine Variante. Er behauptet nicht,

---

30 Vgl. ebd., Seite 170.
31 Vgl. Langer, a. a. O., Seite 191.
32 Ebd.
33 Ebd.

daß Hitler ein praktizierender Homosexueller sei, sondern er klassifiziert ihn als einen *latent Homosexuellen* mit der Möglichkeit, daß er früher einmal homosexuelle Beziehungen gehabt haben könnte. »Wir können aber vermuten, daß es Hitler gelungen ist, seinen Hang zur Homosexualität zu unterdrücken.«[34]

Eine Psychiatrisierung Hitlers, die zwischen »normaler« oder »anormaler« Sexualität unterscheidet und die Befunde mit seinen politischen Handlungen in Verbindung bringt, ist ein irreführender Ansatz für die Analyse des deutschen Faschismus.

Die Aufarbeitung der nationalsozialistischen Vergangenheit erfolgte in der Bundesrepublik lange nach dem personalisierenden Ansatz, d. h. Entstehung, Verlauf und Ende des Faschismus wurden in erster Linie dem »Führer« und seiner »Clique« angelastet. Diese Betrachtungsweise hat Tradition in der Geschichtsschreibung. Unter der Prämisse von Anschaulichkeit wurden ganze Epochen auf die Einzelleistung großer Herrscherpersönlichkeiten zugeschnitten. Noch gegenwärtig weisen Geschichtsbücher eine ungebrochene Tradition des Richtsatzes auf, nach dem sich historische Ereignisse für die Nachkommen nur durch das Leitbild des großen Mannes veranschaulichen lassen sollen. »Karl der Große unterwirft die Sachsen« oder »Friedrich II. kämpft um Schlesien und die Größe Preußens« sind Überschriften, die sich noch heute ohne Mühe in Geschichtsbüchern auffinden lassen.[35] Ein beträchtlicher Anekdotenschatz gehört zu dem Instrumentarium eines solchen Verständnisses von Geschichte und ihrer Vermittlung.

Er erfüllte die Aufgabe, den Herrscher als »Menschen« nahezubringen, seine Güte und seine Strenge. Entsprechend verfügen pädagogische Kompendien über eine lange Tradition in der Systematisierung der Erziehungsgeschichte durch Abschnitte über große Erzieherpersönlichkeiten. Glaubt man den gängigen Geschichtsbüchern der Pädagogik, so muß man den Eindruck gewinnen, daß das Rad der Geschichte von den Tugenden der Erzieher und ihren Schriften bewegt worden sei.

In der Aufarbeitung des deutschen Faschismus spiegelt sich dieselbe Tendenz. Die Negativ-Figur Adolf Hitlers muß für das Verständnis der nationalsozialistischen Epoche herhalten. Die individualisierende Be-

---

34 Langer, a. a. O., Seite 192.

35 Zit. nach Tienken, Ernst: Die Persönlichkeit im Geschichtsbuch. In: Hoffacker, Helmut und Klaus Hildebrandt (Hg.): Bestandsaufnahme Geschichtsunterricht. Stuttgart 1973, Seite 179.

trachtungsweise beschränkt die Deutung des Nationalsozialismus auf eine Person, bzw. auf eine relativ kleine Verschwörerclique, welche – die Gunst des Augenblicks nutzend – die Macht an sich reißt und die Menschheit ins Verderben stürzt.

Diese personalisierende Erklärungsweise, die nicht nur eine didaktische Vereinfachung in Schulbüchern war, sondern die fast die gesamte Auseinandersetzung repräsentierte, zentriert das »Phänomen« der »Machtergreifung« auf die dämonische Suggestionskraft Hitlers und auf die raffinierten Verführungskünste seiner Agitatoren. Verbunden ist diese Beschreibung mit der Erteilung von zahlreichen persönlichen Tadeln, unter denen der Vorwurf der Maßlosigkeit und Selbstherrlichkeit nur eine Auswahl aus dem Katalog der Betragensrügen darstellt. Eine kritische Aufarbeitung der jüngsten Vergangenheit mußte bei dieser Grundannahme verkommen. Politische Prozesse sind nicht allein durch Personengeschichte erklärbar. Die individualisierende Betrachtungsweise lenkt von gesellschaftlichen Gruppen ab, verengt die Sicht auf lichte Gestalten oder finstere Dämonen und verhindert die

Schem
Le Petit Bleu - 1939

Frage nach den Hintermännern, die ein Interesse an der Herrschaft dieser »großen Männer« haben.

Dieser Vorwurf kann auch den psychoanalytischen Studien über Hitler nicht erspart bleiben. Der Versuch, die politischen Aktivitäten Hitlers im Zusammenhang mit seiner frühkindlichen Entwicklungsgeschichte zu erklären, ist ein erweiterter Ansatz der personalisierenden Geschichtsschreibung. Zwar erheben die neueren Arbeiten nicht den Anspruch, die Komplexität der gesamten Zusammenhänge aufzuzeigen, und betonen ausdrücklich ihre eingeschränkte psychoanalytische Sicht. Dennoch geraten Sätze wie bei Alice Miller, die die individuelle Analyse auf den politischen Bereich unzulässig erweitern. »Was hat der Sohn nicht alles unternommen, um das Trauma der väterlichen Schläge zu vergessen: Er hat sich die herrschende Klasse Deutschlands unterworfen, er hat die Massen gewonnen, sich die Regierungen Europas gefügig gemacht.«[36]

Man kann jetzt darüber streiten, ob das politische Handeln Hitlers mit dem Trauma der frühen Schläge zu tun hatte oder nicht. Man kann darüber Seminare und wissenschaftliche Kongresse abhalten. Und man ist bei dieser »Grundsatzfrage« unbemerkt auf der falschen Fährte.

Hitler hat sich *nicht* die Regierungen Europas gefügig gemacht, und er hat sich schon gar nicht die herrschende Klasse untergeordnet. Die Sätze von Alice Miller sind falsch, die Erklärung fragwürdig. Mehr noch: Sie verstellen den Blick auf die Verquickung Hitlers mit den Interessen der Banken und Großindustrie, indem sie das Trauma seiner Kindheit ausbreiten und als Motiv für sein politisches Handeln nahelegen.

36 Miller, Alice: Am Anfang war Erziehung. Frankfurt 1980, Seite 204.

Sexualität in Witzen und Spottgedichten des Dritten Reichs

Impotenz

Zu den Versuchen, die brutale Gewalt des Nationalsozialismus für den Alltag zu mildern, gehören die zahlreichen Flüsterwitze und Spottverse, insbesondere die, die den Machthabern sexuelle Impotenz nachsagen. Die Unterstellung sexuellen Unvermögens ist – von der Antike bis auf den heutigen Tag – ein beliebtes Mittel zur Verspottung.

Es gibt wohl kaum einen Begriff der Sexuologie, der im Sprachgebrauch des Alltags so unreflektiert verwendet wird, wie Impotenz. Die Herkunft des Begriffes aus dem Lateinischen ist ebenso eindeutig wie die wörtliche Übersetzung: »posse« heißt können, die Vorsilbe »im« drückt die Verneinung aus. Nicht können, Unvermögen in dem Bereich des Sexuellen. Was von der Wortgeschichte und der Übersetzung eindeutig erscheint, erweist sich in der wissenschaftlichen Diagnose als höchst komplexer Tatbestand. Zwei Haupttypen gliedern zunächst einmal den unspezifischen Oberbegriff: die sogenannte impotentia coeundi, das ist die Unfähigkeit zur sexuellen Vereinigung, und die sogenannte impotentia generandi, die die Unfähigkeit zur Erzeugung von Kindern beschreibt. Beide Formen der Impotenz wiederum können eine Fülle von Ursachen haben, die ihrerseits wieder geschlechtsspezifisch definiert sein können.

Die Impotenz des Mannes kann durch organische Verletzungen oder angeborene Unzulänglichkeiten der Genitalien bedingt sein, die den sexuellen Verkehr »technisch« unmöglich machen. Außerdem kann sie in der Unfähigkeit zur Erektion bestehen oder in Störungen, die die Ejakulation betreffen. Die Ejakulation kann vorzeitig eintreten oder aber ganz ausbleiben. Die Ursachen für jede dieser Erscheinungen vervielfältigen sich abermals. Erektions- und Ejakulationsstörungen können durch körperliche Vergiftung (Nikotin, Drogen, Alkohol etc.) entstehen oder aber auch das Ergebnis einer langzeitig erzwungenen Enthaltsamkeit sein, die von einer sexualfeindlichen Moral diktiert wurde. Sie kann die Folge eines Hasses auf das andere Geschlecht sein oder sich schlicht in der Angst begründen, unerwünschten Nachwuchs zu erzeugen.

Bei der überwiegenden Mehrzahl von festgestellter und behandelter männlicher Impotenz handelt es sich nicht primär um organische oder körperliche Unzulänglichkeiten, sondern um psychische Faktoren. Angst vor sozialen Bindungen, die mit der Aufnahme sexueller Beziehungen verbunden sein können, ist nicht selten eine psychische Ursache der Unfähigkeit zur Erektion. Impotenz kann selektiv sein, das heißt, nur auf einen bestimmten Partner oder eine bestimmte Partnerin bezogen sein. Oft tritt sie nur als vorübergehende Erscheinung ein, die durch bestimmte soziale Umstände wie beruflichen Streß bedingt ist. In vielen Fällen ist die Angst vor der Impotenz die Erklärung für das sexuelle Unvermögen. Die falsche Einschätzung einer einmaligen »Unfähigkeit«, die Erschütterung eines starren Männlichkeitsideals, kann zu inneren Konflikten führen, die das befürchtete Unvermögen erneut hervorrufen.

Die Tragödie des einzelnen ist die Komödie der Gesellschaft. Kaum ein Schicksalsschlag oder, besser, das, was dafür gehalten wird, ist so sehr Gegenstand der Belustigung und der Verspottung wie die Impotenz. Dieser Umstand wird bereits überdeutlich, wenn man die Fülle der Umschreibungen in Betracht zieht, die der Volksmund für die Impotenz bereit hat. Ernest Borneman, der in akribischer Arbeit den »obszönen Wortschatz der Deutschen«[1] erforscht hat, nennt zahlreiche Begriffe, die die Impotenz in den Bereich der Posse verweisen.[2]

Mangelnde Potenz umschreibt der Volksmund mit: »Munitionsmangel, Stromausfall, Verkehrsstockung.«

Einen Mann mit mangelnder Potenz trifft die volle Wucht der Verachtung. Er heißt im Volksmund: Flasche, Halbsäckel, Schlappsack oder trübe Tasse und vieles mehr.

Der impotente Mann ist, insbesondere im sexuellen Witz,[3] der Lächerlichkeit preisgegeben. Das Trauma des Mannes ist Gegenstand der Belustigung. »Es gibt zwei große Enttäuschungen im Leben eines Mannes: das erste Mal, wenn es das zweite Mal nicht klappt, und das zweite Mal, wenn es das erstemal nicht mehr klappt.«

---

1 Borneman, Ernest: Sex im Volksmund. Der obzöne Wortschatz der Deutschen. Band I und II, 2. Auflage, Reinbek 1974.

2 Ebd., Band II, Seite 64, 19 ff.

3 Vgl. z. B. Röhrich, Lutz: Der Witz. Figuren, Formen, Funktionen. Stuttgart 1977, Seite 153 ff.

Impotenzwitze wie ihre Kehrseite, die Witze, die die sexuelle Protzerei zum Gegenstand haben, verbergen nicht selten die Angst des Erzählers vor der eigenen Impotenz.

Der Begriffsreichtum zum Thema Impotenz wie auch der sexuelle Witz symbolisieren kollektive Urängste der Männergesellschaft. Impotent sein, das bedeutet mehr als sexuelles Versagen. Es stellt die Existenz des Mannes schlechthin infrage, bedeutet Ausgliederung aus der verschworenen Gemeinschaft derer, die sich für potent halten.

Je nach den herrschenden gesellschaftlichen Vorstellungen kann dabei die impotentia generandi eine unterschiedliche Rolle spielen. In der gegenwärtigen Gesellschaft dürfte der Makel, unfähig zur Zeugung zu sein, einen geringeren Stellenwert haben als etwa zur Zeit des Nationalsozialismus, als Kinderreichtum auf breitester Ebene propagandistisch gefordert und honoriert wurde. (Der Schauspieler Curd Jürgens konnte z. B. über Jahrzehnte als ein Prachtexemplar patriarchalischer Sozialisation fungieren, obwohl von ihm bekannt war, daß er als Jüngling bei einem Autounfall zeugungsunfähig geworden war.[4] Es ist sehr die Frage, ob Jürgens in gleicher Weise als Urbild der Männlichkeit, »als normannischer Kleiderschrank« hätte verkauft werden können, wenn von ihm eine chronische Erektionsunfähigkeit bekannt gewesen wäre.)

Soviel zu den Alltagsaspekten der Impotenz.

Nationalsozialistische »Über-Zeugung« und Impotenz

Das Gebot der Stunde hieß im Jahre 1933 »rassische Aufnordung«. Der Nachwuchs hatte zahlreich und »erbtüchtig« zu sein. Für die »Qualität« der Erbtüchtigkeit sollte das »Gesetz zur Verhütung« erbkranken Nachwuchses vom 14. Juli 1933 sorgen, für die Quantität wurden eine Reihe von gesetzgeberischen Maßnahmen getroffen, die die Familiengründung erleichtern sollten. Der »Wiederaufstieg« des deutschen Volkes hatte über die Frühheirat zu erfolgen. Die Frauen wurden von ihren Arbeitsplätzen verdrängt und nachdrücklich auf ihre »natürliche Wesensbestimmung« verwiesen. In der Gesetzgebung wurde das Verlassen des Arbeitsplatzes und die Rückkehr in die Küche mit unverzinslichen Darlehen honoriert. In der Praxis erleichterten Denunziation und Repression der arbeitenden Frau den Entschluß,

4 Vgl. u. a. Jürgens, Curd: ... und kein bißchen weise. Locarno 1976, Seite 86 ff.

ihre außerhäusliche Berufstätigkeit aufzugeben. Verbunden war das Darlehen freilich mit der Bereitschaft der Frau, erbgesunden »deutschblütigen« Nachwuchs zu erzeugen. Die Adoption eines Waisenkindes hob diese Verpflichtung nicht auf; diesem »eingerissenen Mißbrauch« schob ein weiteres Gesetz vom 23. 11. 1933 schnell einen Riegel vor.[5] Das bevölkerungspolitische Programm der Nazis polemisierte gegen Kinderlose, gegen die Einkind-Familie und gegen jene Eheleute, die es mit zwei Kindern genug sein ließen.

Die »Erfolge« ließen nicht lange auf sich warten. Schon in den ersten Jahren nach der »Machtergreifung« konnte ein »erfreuliche Tendenz« registriert werden. Mit Genugtuung konnte Hitler bereits im Jahre 1935 eine Erntedankfeier besonderer Art begehen. Wir wollen »noch für eine besondere Ernte danken: Wir wollen in dieser Stunde den Hunderttausenden und Hunderttausenden deutscher Frauen danken, die uns wieder das Schönste gegeben haben, das sie uns schenken konnten: viel Hunderttausende kleine Kinder.«[6]

Es darf vermutet werden, daß die Politiker an den Ansprüchen kritisch gemessen wurden, die diese an das Volk stellten. Diese Vermutung liegt deshalb besonders nahe, weil führende nationalsozialistische Politiker unverheiratet, kinderlos waren oder »nur« ein einziges Kind hatten, dabei aber nicht müde wurden, den Kinderreichtum als größten Segen der Menschheit zu propagieren. Daß diese Kluft zwischen Reden und Handeln Anlaß zu Witzeleien über die mögliche Impotenz der Naziführer geboten hat, liegt auf der Hand.

Wo die Freiheit der Presse aufgehoben ist, wo die Künste zensiert werden und die Rede einer strengen Kontrolle unterliegt, dort entfaltet sich der Witz, der die Herrschenden und ihre gesellschaftlichen Zielvorstellungen aufs Korn nimmt. Dieser Witz ist politisch, denn er versucht die Anordnungen der Herrschenden ad absurdum zu führen, indem er sie der Lächerlichkeit preisgibt. Das organisierte Denk- und Meinungsverbot ist gegen den Flüsterwitz machtlos. Es können einzelne Witzeerzähler verfolgt und unschädlich gemacht werden, nicht aber der Witz. Er lebt von der Mund-zu-Mund-Propaganda und entzieht sich der Verfolgung. Der Nationalsozialismus bot für diese Form der Auseinandersetzung ein weites Feld. Die Aufhebung der bürgerlichen Freiheiten und das Pathos der Machthaber forderten zu dem Gebrauch der subversiven Waffe des Witzes heraus.

---

5 Vgl. Pfundtner, Hans (Hg.): Der Wilhelm Frick und sein Ministerium. München 1937, Seite 32 ff.

6 Domarus, Bd. 1, a. a. O., Seite 531.

»Die lauteste Propaganda, die gängigste Phrase, die raffinierteste Lüge: – ein treffender Witz, und sie werden lächerlich, das Schlimmste, was ihnen passieren kann!« schreibt der deutsche Kabarettist Werner Finck, der nach 1933 politische Witze machte und dafür von der Gestapo verfolgt wurde.[7]

Es gab kaum einen Bereich, der von den Flüsterwitzen und Spottgedichten ausgelassen wurde: Themen waren die NS-Propaganda, der »deutsche Gruß«, der Alltag im »Dritten Reich«, der Krieg mit seinen arg überzogenen Siegesreportagen, die Diplomatie, die Juden und die Rassepolitik, die Ideologie der Nazis und, last not least, die Bevölkerungspolitik und die Führer des »Großdeutschen Reiches«.[8]

Über die Geburtenpolitik wurde gewitzelt:

»Ein begeisterter Nazi ist an Über-Zeugung gestorben. – Er hat die Aufforderung, möglichst zur Vermehrung des gesunden deutschen Volkstums beizutragen, zu wörtlich genommen und eine zu große Anzahl von Kindern für den Führer gezeugt.«

Oder man schrieb Adolf Hitler folgende Anordnung zu:

»In Anbetracht unserer hohen Verluste im Kampf gegen die bolschewistischen Untermenschen habe ich mich entschlossen, die Schwangerschaftsdauer im gesamten Großdeutschen Reich mit sofortiger Wirkung von neun auf sechs Monate herabzusetzen.«

Nachfolgender Witz kritisiert die Geburtenpolitik ebenso wie die nationalsozialistische Titelsucht:

»Der Staat führte einige Sondertitel ein. Wer z. B. fünf Kinder hatte, erhielt den Titel Erzeugungsrat. Hatte jemand ein uneheliches Kind, so erhielt er den Titel Geheimer Erzeugungsrat, und hatte er ein uneheliches Kind, ohne Alimente zahlen zu müssen, wurde er zum Wirklichen Geheimen Erzeugungsrat ernannt.«

Die sexuelle Potenz oder Impotenz der Nazigrößen war während des Dritten Reiches und später ein unerschöpfliches Reservoir von Witze-

---

7 Finck, Werner: Vorwort zu Dor Milo und Reinhard Federmann: Der politische Witz, München 1964, Seite 7.

8 Vgl. Danimann, Franz: Flüsterwitze und Spottgedichte unterm Hakenkreuz. Wien 1983.
Dor, Milo und Reinhard Federmann: Der politische Witz. München 1964.
Gamm, Hans-Jochen: Der Flüsterwitz im Dritten Reich. 2. Aufl. München 1966.
Hartmann, Rudi (Hg.): Flüsterwitze aus dem Tausendjährigen Reich. München 1983.
Röhrich, Lutz: Der Witz. Figuren, Formen, Funktionen. Stuttgart 1977, Seite 206 ff.

leien und Spekulationen. Hitler wurde häufig Impotenz nachgesagt. Mal wurde sie als psychische Störung begründet, mal indem man ihm masochistische Neigungen nachsagte[9], die nicht auf die koitale Vereinigung abzielten; andere nahmen die rhetorischen Feldzüge gegen die Syphilis in »Mein Kampf« zum Anlaß, ihm Impotenz nachzusagen, die durch syphilitische Beschwerden begründet sei.[10] Wieder andere behaupteten, bei der Untersuchung seiner Leiche habe der linke Hoden gefehlt[11], und er sei dadurch unfähig gewesen, mit Frauen sexuell zu verkehren (was sexuologisch falsch ist).

Es wurden Hitler von Geburt an verschrumpelte Genitalien nachgesagt[12], oder er sei durch eine Gasvergiftung im ersten Weltkrieg impotent geworden[13] bzw. durch eine Genitalverletzung.[14]

Otto Strasser, der frühe Mitkämpfer und spätere Gegner Hitlers, behauptete, Geli Raubal habe ihm über Hitlers sexuelle Wünsche Dinge berichtet, »die die Phantasie eines gesunden Mannes kaum für wahr halten kann.«[15]

Hitler sei impotent im masochistischen Sinne gewesen. Eine körperliche Vereinigung mit einer Frau sei ihm dadurch unmöglich gewesen.

Nach Strasser litt Hitler an einer »Perversion, die nur von wenigen erkannt worden ist: an einer extremen Form von Masochismus, in welcher der Mann dadurch sexuelle Befriedigung gewinnt, daß die Frau auf ihn uriniert oder ihre Defäkation vornimmt.«[16]

Wieder andere wollten wissen, daß Hitler »im medizinischen Sinne impotent« gewesen[17] sei bzw. »sexuell frigide«, er habe an Hyposexualität, einem extrem geringen Sexualempfinden, gelitten.[18] All diese Spekulationen boten Anlaß für Spott. Ähnlich verhält es sich bei Göring. Ihm wurde Morphiumabhängigkeit nachgesagt und alkoholbe-

---

9 Vgl. Langer, a. a. O., Seite 182 und Seite 188.

10 Vgl. u. a. Bullock, a. a. O., Seite 374 ff. Maser, a. a. O., Seite 308.

11 Vgl. Maser, a. a. O., Seite 319 ff.

12 Vgl. Charlier, Jean-Michel und Jacques de Leonay: Eva Hitler geb. Braun. Die führenden Frauen des Dritten Reiches. Stuttgart 1977, Seite 48/49.

13 Vgl. Langer, a. a. O., Seite 182.

14 Vgl. Langer, a. a. O., Seite 182.

15 Strasser, Otto: Hitler und ich. Konstanz 1948, Seite 97.

16 Langer, a. a. O., Seite 151.

17 Hanfstaengl, Zwischen Weißem Haus und Braunem Haus, a. a. O., Seite 61.

18 Vgl. Recktenwald, Johann: Woran hat Adolf Hitler gelitten? Eine neuropsychiatrische Deutung. München und Basel 1963, Seite 57 ff.
Kelley, Douglas M.: 22 Männer um Hitler. Erinnerungen des amerikanischen Armeearztes und Psychiaters am Nürnberger Gefängnis. Olten und Bern 1947, Seite 225.

dingte Impotenz. Besonders aber seine außerordentliche Fettleibigkeit schien die Phantasie der »Volksgenossen« zu strapazieren, wenn sie sich den Minister beim Geschlechtsverkehr vorstellten.

In den Flüsterwitzen und Spottgedichten des Dritten Reiches werden die impotentia generandi und die impotentia coeundi gleichermaßen bemüht, um die Nazigrößen lächerlich zu machen.

Bei Hitler wurde die Kinderlosigkeit zur Grundlage der Impotenzwitze:

»Wie muß ein Nazi sein? Wahrheitsliebend wie Goebbels, bescheiden wie Göring, nüchtern wie Ley, treu wie Heß und kinderreich wie Hitler.«

Nachstehendes Spottgedicht unterstellt die Zeugungsunfähigkeit:

»Wer italienisch grüßt,
deutsche Mädchen Kinder kriegen läßt,
aber selber keine Kinder machen kann.
Das ist ein deutscher Mann.«

Ein österreichischer Witz signalisiert, daß der »Führer des Großdeutschen Reiches« ein Kastrat sei:

»Der Berliner Zoo wurde ausgebombt. Übriggeblieben ist ein hatscherter Hund, eine fette Sau und ein kastrierter Hahn.«
(Goebbels, Göring, Hitler).

Um die Unfähigkeit des »Führers« im Umgang mit dem weiblichen Geschlecht gehen diese Sprüche aus der Nazizeit:

»Hitler kommt in den Himmel, und weil er nicht gleich vorgelassen wird, so zieht er schnell dem Großen Bären das Fell ab, von der Waage montiert er das Eisen ab, die Milchstraße entrahmt er, nur die Jungfrau hat er unberührt gelassen.«

oder

»Hitler und Mussolini beim Baden, der eine mit, der andere ohne Badehose: Adolf will hinter der Badehose den letzten Arbeitslosen verbergen, Benito aber herabschauen können auf den letzten Rebell.«

»Der Hitler ohne Frau,
der Schlächter ohne Sau,
der Bäcker ohne Teig,
Das ist das Dritte Reich.«

Ähnlich liegen die Vermutungen bei Hermann Göring, dem Ministerpräsidenten und Reichsminister für Luftfahrt, der bei Kriegsausbruch zum »Führer-Stellvertreter« ernannt worden war. Als Göring die

Schauspielerin Emmy Sonnemann heiratete, bezweifelte der Volkswitz, daß es dem »fetten Hering« Hermann Göring noch möglich sein könnte, mit seiner Emmy den Geschlechtsverkehr zu vollziehen:

»Die Im-Potenz!
Als Hermann mit Emmy Hochzeit feierte, da hatte sie noch gehofft, es würde das eine Hermannschlacht werden, – aber es blieb nur eine stille Heldengedenkfeier.«

Nicht weniger stand daher im Zweifel, daß der »dicke Hermann« seinen Beitrag zur weiteren »Aufnordung« des deutschen Volkes ohne fremde Hilfe leisten könnte.

»Wille und Glaube!
Wenn Emmy von Hermann ein Kind bekommt, was ist das:
Ein Triumph des Willens.[19]
Und wenn Hermann glaubt, das Kind sei von ihm, was ist das:
Ein Triumph des Glaubens!«

Gleichwohl mußte das deutsche Volk im Jahre 1938 zur Kenntnis nehmen, daß im Hause Göring ein freudiges Ereignis bevorstand. Der Volksmund spöttelte nunmehr:

»Adjutantenritte!
Man bespricht im Reichsluftfahrtministerium die geplanten Feierlichkeiten anläßlich der bevorstehenden Niederkunft Emmy Görings. General Milch bittet Hermann um seine Vorschläge:
›Was gedenken Excellenz zu tun, wenn es ein Mädel wird?‹
›Dann werden hundert Flieger über Berlin kreisen!‹
›Und wenn es ein Junge wird?‹
›Tausend Flieger über Berlin!‹
›Und wenn gar nichts kommt?‹
›Dann fliegt mein Adjutant!‹«

Eine Kurzfassung dieses Witzes ist die »geheime Bedeutung« des Namens Edda, den das Ehepaar Göring seiner Tochter gab:

»Edda = Emmy dankt dem Adjutanten! oder
Ewig Dank dem Adjutanten!«

Auch sexuelle Überaktivität war Gegenstand im politischen Sexualwitz. Joseph Goebbels, der Reichsminister für Volksaufklärung und Propaganda, war auch zuständig für das nationalsozialistische Film-

19 ›Triumph des Willens‹ war der Titel des Films über den Reichsparteitag (1934) von Leni Riefenstahl.

und Theaterschaffen. In der Wahrnehmung dieser Funktion zeigte er sich oft mit den Filmdivas des Dritten Reiches in der Öffentlichkeit. Die intime Beziehung zu der tschechischen Schauspielerin Lida Baarova gewann Publizität. Der Flüsterwitz ernannte darauf Goebbels zum »Ritter Bock von Babelsberg« (in Babelsberg befanden sich die Ufa-Filmateliers).

Man nannte ihn den »keuschen Joseph« oder, zur Zeit der Olympiade 1936 in Berlin, den »Weltmeister im Seitensprung«.

»Der keusche Joseph!
›Haben Sie schon gehört, daß die Siegessäule jetzt erhöht werden soll?‹
›Warum denn?‹
›Weil dort die letzte Jungfrau in Berlin steht, an die Goebbels nicht herankommen soll!‹«

»Der Nachtjäger!
In Berlin müssen Frauen und Mädchen jetzt um 10 Uhr abends von der Straße verschwunden sein.
Warum das denn?
Joseph ist als Nachtjäger eingesetzt worden.«

»›Kennst Du schon Josephs neuen Spitznamen?‹
???
›Kaulquappe!‹
???
›Besteht nur aus Kopf und Schwanz!‹«

Im übrigen war man sich im Volksmund nicht einig, ob Goebbels mit hypersexuellen Aktivitäten lächerlich gemacht werden sollte oder eher mit Eigenschaften, die im Volksverständnis auf Mickrigkeit und Impotenz hindeuteten, wozu seine relativ kleine Körpergröße Anlaß gab:

»Sonniger Maitag in Berlin-Grunewald. Die bekannte Filmkünstlerin Lida Baarova tritt aus ihrer Villa und geht in Begleitung ihrer Zofe zum Maxbach, der vor dem Gartentor wartet, um sie ins Filmatelier zu bringen.
Da zieht eine dunkelblaue Wolke über die strahlende Sonne – es sieht nach Regen aus. Lida Baarova wendet sich zur Zofe:
›Ach Elsie; ich habe ganz meinen Knirps vergessen; laufen Sie doch schnell hinein und holen sie ihn! Er liegt auf dem Bett!‹
Die Zofe huscht die Stufen zur Haustür empor. Nach einer Minute kommt sie aber schon – ohne Schirm – wieder zurück und meldet:
›Der Herr Propagandaminister liegt noch im Bett!‹«

Die Angst des »Führers« vor den Witzen

Der politische Witz war eine Waffe, mit der sich die Bevölkerung des »Dritten Reiches« gegen die Zumutungen ihrer Machthaber gewehrt hat. Diese Einschätzung wird von allen Autoren geteilt, die das Thema bearbeitet haben. Es stellt sich freilich die Frage, ob neben der psychologischen Entlastungsfunktion in den Witzen und Spottgedichten wirklich ein Potential steckte, das den politischen Widerstand stärken konnte. Anhaltspunkte dafür, daß das Ausmaß der Verbreitung und die subversive Kraft zur Kenntnis genommen wurden, zeigt ein Bericht des Sicherheitsdienstes »aus dem Reich – geheim – persönlich« vom 8. Juli 1943:

»Das Erzählen von staatsabträglichen und gemeinen Witzen selbst über die Person des Führers (hat) seit Stalingrad erheblich zugenommen ... Das Gefühl dafür, daß das Anhören und Weitererzählen politischer Witze eines gewissen Schlages für den anständigen Deutschen und Nationalsozialisten einfach eine Unmöglichkeit ist, (ist) weiten Kreisen der Bevölkerung und auch einem Teil der Parteigenossenschaft offenbar abhanden gekommen ...«[20]

Erzähler und Zuhörer von Flüsterwitzen, Schmäh- und Spottgedichten gehörten zu der Gilde der »Miesmacher, Meckerer und Unruhestifter«, gegen die die nationalsozialistischen Machthaber nicht nur rhetorisch vorgingen. Bereits im Jahre 1934 beschloß die Reichsregierung das »Gesetz gegen heimtückische Angriffe auf Staat und Partei und zum Schutz der Parteiuniformen«. § 2 dieses – sogenannten »Heimtückegesetzes« – traf die »Volksschädlinge«, die mit Flüsterwitzen eine »defätistische« Stimmung verbreiteten:

§ 2
»(1) Wer öffentlich gehässige, hetzerische oder von niedriger Gesinnung zeugende Äußerungen über leitende Persönlichkeiten des Staates oder der NSDAP, über ihre Anordnungen oder die von ihnen geschaffenen Einrichtungen macht, die geeignet sind, das Vertrauen des Volkes zur politischen Führung zu untergraben, wird mit Gefängnis bestraft.

(2) Der öffentlichen Äußerungen stehen nichtöffentliche böswillige Äußerungen gleich, wenn der Täter damit rechnet oder damit rechnen muß, daß die Äußerung in die Öffentlichkeit dringen werde.«[21]

Das Gesetz eröffnete Spitzeln und Denunzianten ein weites Betätigungsfeld. Die Beschuldigten wurden polizeilich und gerichtlich ohne

---

20 Zit. nach Danimann, a. a. O., Seite 8.
21 Danimann, a. a. O., Seite 168.

Nachsicht verfolgt. Hohe Gefängnisstrafen wurden verhängt[22], und mit den zunehmenden Anzeichen des Zusammenbruchs der NS-Herrschaft galt auch die Todesstrafe als geeignetes Mittel, dem Volke eine Meinungsäußerung zu verbieten. Der Flüsterwitz quittierte seinerseits die Maßnahme:

»Was gibt's für einen neuen Witz?
Ein Jahr Dachau.«

»Was ist Brudermord?
Wenn Hermann Göring ein Schwein schlachtet.
Und was ist Selbstmord?
Wenn man diesen Witz in der Öffentlichkeit erzählt.«

Ein Runderlaß bestätigte 1944, was in den Jahren zuvor bereits gängige Praxis war. Ehrenpflicht aller Nazis war, den »Meckerer und Defätisten« auf frischer Tat dingfest zu machen und in die nächste Polizeidienststelle zu zerren:

»Jeder Volksgenosse hat nach § 127 der Strafprozeßordnung das Recht, einen auf frischer Tat betroffenen Täter, gleichgültig, welchen Verbrechens oder Vergehens er sich schuldig gemacht hat, anzuhalten, seine Personalien festzustellen und ihn, falls dies nicht möglich ist, vorläufig festzunehmen. Jeder Volksgenosse und jeder Parteigenosse ist damit auch befugt, gegen Meckerer und Defaitisten auf frischer Tat entsprechend vorzugehen.«[23]

---

22 Vgl. Danimann, a. a. O., Seite 150 ff.

23 Zitiert nach Danimann, a. a. O., Seite 179.

Sexuelle Denunziation in der Bundesrepublik Deutschland

Die menschenverachtende sexuelle Diskriminierung der politischen Opfer in der Ära des Nationalsozialismus war schrankenlos, und die Hoffnung, daß ähnliches hierzulande nicht mehr stattfinden könnte, ist sicherlich berechtigt. Doch die Annahme, daß diese »Technik« der politischen Manipulation in den Auseinandersetzungen der Gegenwart keine nennenswerte Rolle mehr spielte, wäre sicherlich falsch. Das betrifft zunächst zahlreiche Alltagsaspekte der sexuellen Diskriminierung. Der Männlichkeitswahn wurde in den letzten Jahrzehnten nicht aufgehoben. Die Abqualifizierung eines Mannes als weich, unmännlich oder weibisch ist nach wie vor aktuell.[1] Die Besetzung der Sexualität mit Leistungsansprüchen hat nicht aufgehört, sondern scheint eher zuzunehmen[2], wodurch die Stigmatisierung derjenigen, die vor den Erwartungen kapitulieren, begünstigt wird.

Empfängnisverhütung und Geburtenplanung werden nach wie vor – namentlich von der katholischen Kirche – stigmatisiert, freilich mit anderen Argumenten als es die Nationalsozialisten taten. Auch Frauenemanzipation ist immer noch ein Bereich, gegen den sich gegenwärtig wieder zunehmender Widerstand entwickelt, dessen Ursachen zum einen in der wachsenden Konkurrenz um die Arbeitsplätze, zum anderen nach wie vor in konservativen Überzeugungen zu sehen sind. Zahllos waren auch in der jüngsten Vergangenheit die Konflikte um die schulische Sexualerziehung, die oft nicht mehr waren als der Versuch, politisch mißliebige Lehrer/innen in Bedrängnis zu bringen oder aus dem Amt zu entfernen.[3] Sexuell abweichendes Verhalten, etwa die lesbische Liebe, ist weiterhin tabuiert,[4] ganz zu Schweigen von der Homosexualität unter Männern. Die Alltagsaspekte von sexueller Tabuierung ließen sich beliebig vermehren.

Da Sexualtabu und sexuelle Diffamierung in enger Beziehung stehen, hat auch die sexuelle Denunziation im politischen Bereich weiterhin Bedeutung. Mit Beispielen aus dem politischen Alltag unserer Republik soll im folgenden diese Behauptung belegt werden.

---

1 Vgl. Pross, Helge: Die Männer. Eine repräsentative Untersuchung über die Selbstbilder von Männern und ihre Bilder von der Frau. Reinbek 1978, Seite 153ff.

2 Dieser Eindruck wird am deutlichsten im Bereich der Pornographie vermittelt. Vgl. Guha, Anton-Andreas: Sexualität und Pornographie. Die organisierte Entmündigung, Frankfurt 1971.

3 Vgl. Amendt, Günter: Zur sexualpolitischen Entwicklung nach der antiautoritären Schüler- und Studentenbewegung. In: Gamm, Hans-Jochen und Friedrich Koch (Hg.) a. a. O., Seite 17ff., hier Seite 20.

4 Vgl. von Paczensky, Susanne: Verschwiegene Liebe. Zur Situation der lesbischen Frau in der Gesellschaft. München 1981.

Wenn ich diese These analog zu den Ausführungen des nationalsozialistischen Kapitels strukturiere, erfordert das freilich eine Anmerkung. Es gibt in der Bundesrepublik gewisse Animositäten, die einerseits die Zukunft unserer Republik, andererseits ihr Verhältnis zur nationalsozialistischen Vergangenheit betreffen. Die eine ist die Gleichsetzung der Bundesrepublik mit der Weimarer Republik und die andere die Assoziierung bundesrepublikanischer Verhältnisse mit nationalsozialistischen Machtstrukturen, Personen oder politischen Entscheidungen. Die erste Verdächtigung wird von den etablierten Parteien mit bemerkenswertem Schulterschluß, »Bonn ist nicht Weimar«, zurückgewiesen. Die andere wird in den sich stets aufs neue belebenden parlamentarischen Gemetzeln sichtbar, in denen sich die Abgeordneten je nach politischem Standort Nazi- bzw. Kommunistenideologie vorwerfen, die sozialistische Herrschaft vor den Toren sehen oder sich bereits mit dem nackten Faschismus konfrontiert wähnen. Ich vertrete keine dieser Behauptungen.

Trennungslinien zwischen faschistischer Ideologie und konservativem Gedankengut, selbst dann, wenn dieses reichlich nach rechts tendiert, bestehen offensichtlich, und nach der Lektüre des »Stürmer« komme ich auch nicht in Versuchung, ihn mit der Bildzeitung oder anderen Boulevardblättern gleichzusetzen.

Das gilt auch für den sexuellen Bereich. Als ich vor einigen Jahren in der Hamburger U-Bahn eine Gruppe von homosexuellen Männern sah, die sich Rosa-Winkel-Plaketten an die Jacken geheftet hatten, erschien mir das als eine Verhöhnung der Leiden von Homosexuellen in den KZ's.

Sexuelle Denunziation hat aber ohne Zweifel so etwas wie Tradition in diesem Lande, was bisher weder problematisiert noch systematisch aufgearbeitet wurde. Sexuelle Denunziation erscheint heute sicherlich in einem anderen sprachlichen Gewand. Dennoch: Sie ist präsent und buhlt um Wirksamkeit.

Stigma: Die zerrüttete Ehe und Familie

Bei dem derzeitigen Stand der politischen Kultur in unserer Republik scheint es von unschätzbarem Wert zu sein, wenn man dem politischen Gegner Unregelmäßigkeiten in der Ehe- und Familienführung nachsagen kann. Denn – so wird suggeriert – wer nicht in der Lage ist, in seinem eigenen Heim die rechte Ordnung der Dinge herzustellen, wie soll dem die Ordnung der Gesellschaft und des Staates anvertraut werden? Die glückliche Ehe und die heile Familie scheinen für die Karriere eines Politikers Vorbedingung zu sein.

Bei den Amerikanern haben wir die Techniken der modernen Wahlkampfführung gelernt. Zu ihnen gehört die »Aufwertung« der Politiker-Gattin, der Frau an seiner Seite, die voll im Wahlkampf zum Einsatz kommt. Mag eine eheliche Beziehung noch so zerrüttet sein, nicht die Problematisierung von Konflikten ist gefragt, sondern der eiserne Schulterschluß, die Wahrung des harmonischen Scheins. Keep smiling, Darling – wenigstens so lange, bis der Wahltag zur Neige geht. Wehe dem Politiker, dem die Gattin in der heißen Phase des Wahlkampfs die Gefolgschaft kündigt. Wehe dem Kandidaten, dem die politischen Gegner unbotmäßige Beziehungen zu einer anderen Frau – oder gar zu mehreren – nachsagen können. Unzuverlässigkeit und charakterliche Haltlosigkeit sind die Begleitprädikate, die das Stigma Ehe- und Familienzerrüttung vervollständigen.

Natürlich läßt sich das Modell der amerikanischen Gouverneurs- und Präsidentschaftswahlen nicht vorbehaltslos auf die Verhältnisse der Bundesrepublik Deutschland übertragen. Nicht jeder Kandidat stellt hier so ungeniert seine Familienphotos in der Öffentlichkeit zur Schau wie Ernst Albrecht oder Johannes Rau. Die überlebensgroßen Poster von dem heilen Familienleben fungieren als der augenfällige Beweis für die Harmonie der ehelichen Zweierbeziehung und des Familienlebens. Das Wahlvolk – so die Annahme – erwartet von seinen Politikern famos funktionierende Partner- und Familienbeziehungen. Besteht auch nur der Anschein, daß dieser Erwartung nicht entsprochen werden kann, so hält der politische Gegner eine Trumpfkarte in der Hand, die er im günstigsten Augenblick ausspielen lassen kann.

In der Geschichte der Bundesrepublik gibt es für diese Form der sexuellen Denunziation einige ebenso charakteristische wie spektakuläre Beispiele, die in ihren politischen Zusammenhängen darzustellen sind.

Mir liegt nicht daran, in diesem Abschnitt Enthüllungen über das Intimleben unserer Politiker auszubreiten, sondern daran, die politische Funktion der sexuellen Denunziation zu beschreiben. Das tatsächliche Verhalten eines Menschen hat wenig oder gar nichts mit seinen denunziatorischen Aufbereitungen zu tun. Die Denunziation lebt von Gerüchten, die eine Eigendynamik entwickeln.

Niedersachsen: Landtags-Wahlkampf 1978

Landtags-Wahlkampf 1985

Hans-Ulrich Klose

Im Frühjahr 1974 hatte die Hamburger SPD ein miserables Tief in der Gunst des Wahlvolks. Der amtierende Bürgermeister Peter Schulz hatte gegenüber der Wahl von 1970, die noch sein Vorgänger Herbert Weichmann führte, ein Minus von 10,4% zu verzeichnen. Ein solcher Einbruch in der traditionellen SPD-Hochburg Hamburg war nur schwer zu verkraften. Zwar konnten die Sozialdemokraten mit Hilfe der Freien Demokraten weiterhin an der Macht bleiben, ein langfristiges Verbleiben von Schulz im Amte des Ersten Bürgermeisters jedoch war nicht denkbar.

Im November 1974 war es soweit. Schulz trat zurück. Die SPD nominierte Hans-Ulrich Klose, seit einem Jahr Innensenator im Hamburger Senat. Als »jung und dynamisch« charakterisierte ihn die Hamburger WELT.[1] Klose war erst 37 Jahre alt, dynamisch war seine Karriere verlaufen. Der studierte Jurist war 1964 in die SPD eingetreten, bereits 4 Jahre später stellvertretender Landesvorsitzender und

1 Die Welt vom 1. 11. 74, Seite 19.

weitere 4 Jahre später Fraktionsvorsitzender seiner Partei in der Hamburger Bürgerschaft. Im Oktober 1973 hatte er das Amt des Innensenators übernommen. »Klose gilt als zielbewußt«, rühmte die BILD-Zeitung.[2] Das betraf nicht nur die Karriere des Mannes, der der jüngste Bürgermeister (im Range eines Ministerpräsidenten) werden sollte, sondern auch das forsche Vorgehen, das ihn als Parteiführer, als Fraktionsvorsitzenden und als Innensenator gekennzeichnet hatte. Klose galt als Macher, als Technokrat, der mehr als einmal die Gemüter links von der Mitte in Wallung gebracht hatte. Er war ohne Skrupel bei der Durchführung des »Radikalenerlasses«, der die Unvereinbarkeit von Verbeamtung und Mitgliedschaft in einer radikalen Partei formuliert hatte; er hatte federführend an dem Hamburger »Positionspapier« mitgearbeitet, das die Unvereinbarkeit sozialdemokratischer Politik mit kommunistischen Initiativen und mit der Sozialisierung von Produktionsmitteln herausstellte.[3]

Mit der Nachwuchsorganisation seiner Partei, den Jungsozialisten (Jusos), stand er ebenso auf Kriegsfuß wie mit den Jungdemokraten (Judos). Das hatte ihm den Beifall der Rechten eingebracht.

Springers WELT lobte:

»... in der jahrelangen innerparteilichen Auseinandersetzung brillierte Klose als ein Politiker, der in Theorie-Diskussionen die Jungsozialisten mühelos in die Ecke manövriert.«[4]

Klose kam mit einer breiten Mehrheit der Hamburger Bürgerschaft ins Amt. Der »Prototyp des anpassungsfähigen Karriere-Politikers«[5] kam auch in dieser Position zurecht. Er gab sich als Mann der Mitte, der jedoch im Ernstfall mit den Waffen der Rechten stritt. Er wies die Freien Demokraten, die in Hamburg zu jener Zeit eher links angesiedelt waren, in die Schranken und war sich einer guten (Springer-) Presse sicher. Seine Beliebtheit bei den Bürgerinnen und Bürgern der Hansestadt war groß, Meinungsfragen wiesen ihm positive Plätze in der Gunst der Bevölkerung zu. Als er dann im März 1978 seiner Partei die absolute Mehrheit zurückgewann, mit 51,5%, und gleichzeitig die ›linken‹ Freien Demokraten aus der Bürgerschaft verdrängte, sahen nicht nur SPD-Genossen den jüngsten »Landesherren« der Bundesrepublik als möglichen Nachfolger des amtierenden Bundeskanzlers Hel-

2 BILD vom 1. 11. 74, Seite 5.
3 Vgl. Der Spiegel Nr. 46/1974, Seite 100.
4 Die Welt vom 1. 11. 74, Seite 19.
5 Der Spiegel Nr. 23/1981, Seite 29.

mut Schmidt. Hans-Ulrich Klose war der Musterenkel Hamburger SPD-Bürgermeister von Max Brauer bis Herbert Weichmann, »Uns Ulli« war der »Hans im Glück«.

Der Wahlsieg von 1978 hatte freilich auch Trends enthüllt, die über den Tag hinaus Anlaß zur Sorge boten. 20% der Jungwähler, so ergaben die Wahlanalysen, konnten sich mit den traditionellen Parteien nicht identifizieren und hatten sich für die grün-bunte Alternative entschieden. Klose begann über seinen Sieg nachdenklich zu werden. Er stellte überlieferte Gewißheiten in Frage, die er kurz zuvor noch mit Überzeugung verteidigt hatte; er rüttelte an festgefahrenen Positionen, die orthodoxe Genossen längst als nicht mehr diskutabel ad acta gelegt hatten. Zu ihnen zählte der sogenannte Radikalenerlaß, der am 28. Januar 1972 in Hamburg durch die Regierungschefs des Bundes und der Länder verabschiedet worden war. Dieses Papier bekräftigte, daß nur ein Bewerber in das Beamtenverhältnis berufen werden kann, der

»›die Gewähr dafür bietet, daß er jederzeit für die freiheitliche demokratische Grundordnung im Sinne des Grundgesetzes‹ eintrete ...«[6]

Was als Maßnahme zur Sicherung der freiheitlich-demokratischen Grundordnung gedacht war, erwies sich in der Praxis als Bumerang, der die demokratischen Prinzipien an ihrem Lebensnerv traf. Gesinnungsschnüffelei, peinliche Anhörungen, Herumstochern in frühen Studenten-Aktivitäten, die oft zehn Jahre zurücklagen, erzeugten ein Klima der Verdächtigung und Verunsicherung unter der akademischen Jugend, die dem beabsichtigten Schutz des Grundgesetzes Hohn sprachen. Der Extremistenbeschluß brachte persönliche Verunglimpfungen, Ungerechtigkeiten und ein Ausmaß von Diffamierungen und persönlichem Leid, das für demokratisch gesonnene Staatsbürger nicht mehr tragbar war.[7]

Klose, der als Innensenator manches Presselob für die Radikalen-Verfolgung genießen durfte, begann umzudenken. Er forderte die Abschaffung der Regelanfrage beim Verfassungsschutz, der Zehntausende von jungen Bewerbern katalogisiert hatte.[8] »Wir müssen die schreckliche Extremistenpraxis beenden und den Eindruck der planmäßigen, systematischen Gesinnungsschnüffelei ausräumen« – »lieber

6 Komitee für Grundrechte und Demokratie (Hg.): Ohne Zweifel für den Staat. Die Praxis zehn Jahre nach dem Radikalenerlaß. Reinbek 1982, Seite 40.

7 Vgl. ebd. – Zu der persönlichen Betroffenheit siehe den authentischen Bericht von Peter de Lorent: Die Hexenjagd. Berufsverboteroman. Dortmund 1980.

8 Vgl. Der Spiegel Nr. 41/1978, Seite 22 ff.

stelle ich 20 Kommunisten ein, als daß ich 200000 junge Menschen verunsichere.«[9]

Das Presse-Echo auf die Vorschläge Kloses war verheerend. Über Nacht wurde sein Image vom technokratischen Macher der Rechten ummodelliert in die Figur eines linksextremen Chaoten, der die Schule den Radikalen öffne und die unschuldigen Kinder den Kommunisten in die Arme treibe. Nicht nur die CDU fand in diesen Äußerungen ein willkommenes Argument für die just bevorstehende Hessen-Wahl, sondern auch die Genossen im eigenen Lager reagierten mit Unwillen.[10]

Klose bot noch weiteren Anlaß für die Rechten, die Gefahr der kommunistischen Weltverschwörung an seiner Person festzumachen. Ausgangs des Jahres 1978 dachte er über das Verhältnis des Staats zu privatwirtschaftlichen Unternehmungen nach. Die Rolle des Staates bei der Subventionierung von privaten Unternehmensgründungen und die Finanzspritzen für Betriebe, die in Schwierigkeiten geraten sind, standen im Mittelpunkt. Der Staat als »Reparaturbetrieb« war das Thema, das Ziel der Überlegungen die Frage, wie der Mißbrauch staatlicher Hilfe besser unter Kontrolle zu bringen sei und wie die Reparaturfunktion des Staates funktionabler gestaltet werden könne. Die Überlegungen Kloses, nicht gerade revolutionär, sondern eher systemimmanent, fanden jedoch in der linken Zeitschrift KONKRET statt und waren unter diesem Gesichtspunkt schon einmal suspekt.

Das »Verwerfliche« an den Gedanken Kloses war, daß ein Wort in seine Überlegungen einfloß, das einen hohen Reizwert hat: STAMOKAP. Der Begriff ist die Abkürzung für »staatsmonopolistischer Kapitalismus« und bezeichnet »das Entwicklungsstadium des Kapitalismus, in dem sich die entwickelten westlichen Staaten heute befinden und das durch die Verbindung (bzw. Verschmelzung) der Macht der Monopole mit der Macht des Staates zu einem (einheitlichen) Machtmechanismus gekennzeichnet ist.«[11]

Darüber könnte man zweifellos diskutieren. Die Denkbarriere freilich besteht in dem Umstand, daß der Begriff von Lenin stammt und zu Beginn der siebziger Jahre von den Jusos in die politische Diskussion

9 Der Spiegel Nr. 23/1981, Seite 29.
10 Der Spiegel Nr. 41/1978, Seite 22.
11 Artikel: Staatsmonopolistischer Kapitalismus. In: Meyers Enzyklopäd. Lexikon in 25 Bänden, Bd. 22, Seite 395.

der Bundesrepublik eingebracht wurde.[12] Klose sagte in dem KONKRET-Gespräch:

»Ich würde heute nicht mehr ohne weiteres bereit sein, die Analyse von Stamokap als ganz und gar falsch zurückzuweisen. Ich halte die Therapie-Vorschläge von Stamokap nach wie vor nicht für richtig, aber mindestens Teile der Analyse finden – wenn ich das vorsichtig formuliere – eine gewisse Entsprechung in der Wirklichkeit.«[13]

Wieder war die Reaktion verheerend. Die Bürger wurden – mit Hilfe der aufklärenden Kommentare der Rechtspresse, versteht sich – irritiert, Unternehmer – nach einem Statement des FDP-Generalsekretärs Günter Verheugen – verunsichert. Laut BILD hatte Klose nach seinem Anlauf gegen den Radikalenerlaß und nach dem Gebrauch des Wörtchens Stamokap bereits ein Viertel seiner Wähler aus dem Frühjahr 1978 verloren.[14]

Klose galt in der Rechtspresse fortan als Radikalenfreund. Die heftigste Kontroverse entwickelte sich freilich um den Bau des Atomkraftwerks in Brokdorf an der Elbe. Klose, der das Projekt zunächst unterstützt hatte, waren im Laufe der Jahre zunehmend Zweifel gekommen, ob das Milliardenbauwerk noch im öffentlichen Interesse liege. Die Strombedarfsrechnungen gaben zur Skepsis Anlaß und wiesen das Projekt eher als eine Anlage im Interesse des Atomkartells aus, das zu Beginn des Jahres 1981 bereits an die 300 Millionen Mark in den Bau investiert hatte. Für eine sinnvollere Energie-, Arbeitsmarkt- und nicht zuletzt Sicherheitspolitik hielt Klose nunmehr den Bau von Kohlekraftwerken, die mit Fernwärmenetzen verbunden sein sollten.[15]

Kloses Umdenken verursachte einen regelrechten Aufruhr in der Atomlobby, die mit der Gefährdung des Brokdorfer Projektes einen exemplarischen Durchbruch der Atomkraftgegner befürchten mußte. »Jagd auf Aussteiger«[16] war eine milde Umschreibung des Kesseltreibens, das nunmehr gegen Klose einsetzte.

Was macht man mit einem Ersten Bürgermeister, der beim Großteil der eigenen etablierten Parteigänger Mißtrauen und Unbehagen verursacht? Der mit der Bundesregierung auf Konfrontationskurs liegt; der bei der marktbeherrschenden Springer-Presse seinen Kredit verloren

---

12 Vgl. Der Thesenstreit um ›Stamokap‹ Die Dokumente zur Grundsatzdiskussion der Jungsozialisten. Reinbek 1973.

13 Konkret Nr. 12/1978, Seite 8/9.

14 Vgl. Der Spiegel Nr. 52/1978, Seite 36.

15 Vgl. Der Spiegel Nr. 4/1981, Seite 42.

16 Der Spiegel Nr. 5/1981, Seite 53.

hat und der nach Meinungsumfragen kaum noch in der Lage ist, seiner Partei die nächste Wahl zu gewinnen?

Man kann ihn als »Linken« oder »Roten« qualifizieren[17], man kann ihm finanzielle Mißwirtschaft anlasten, indem man Schadensersatzansprüche der Atomkraftbetreiber in Aussicht stellt.[18] Man denkt unter Parteifreunden laut – am besten mit BILD – über einen personellen Neubeginn nach, oder man schiebt ihm die Schuld für sinkende Mitgliederzahlen in seiner Partei zu. Man qualifiziert ihn als »Hafen-Hamlet«, um damit zu zeigen, er sei ein »zögernder Weichling«, man signalisiert seine Unmündigkeit durch die Empfehlung, ihn »so lange in den Dreck (zu) stoßen, bis er erwachsen ist« – so – laut SPIEGEL – der Rat von Helmut Schmidt.[19]

Die Aufzählung der Kampagnen gegen Ulrich Klose wäre jedoch unvollständig ohne jene Technik, die das Thema dieses Buches ist: die sexuelle Denunziation.

In Kloses guten Tagen hatte die Spinger-Presse ihm das Prädikat erteilt, zu jenen netten jungen Männern zu zählen, mit denen jede Mutter ihre Tochter bedenkenlos ausgehen lassen würde. Diese Einschätzung änderte sich, als Klose sich von einem technokratischen Macher zu einem kritischen Politiker entwickelte, der über die Opportunität des Augenblicks hinaus Fragen stellte.

Die denunziatorische Kampagne begann im November 1980. Die Illustrierte QUICK veröffentlichte in ihrer Rubrik »Leute im Gespräch« eine Kurznotiz von 21 Zeilen, in denen behauptet wurde, die Ehefrau des Hamburger Bürgermeisters beabsichtige die Scheidung von ihrem Mann, weil sie politisch nicht mit ihm einer Meinung sei und weil sie die »Eskapaden« ihres Mannes nicht länger hinzunehmen bereit sei. Es wird von »Kloses Neue(r)« gemunkelt und das Ganze betitelt mit: »Zerstörtes Familienglück«. Die Meldung von QUICK hatte folgenden Wortlaut:

»Zerstörtes Familienglück
Elke Klose, 38, die Ehefrau des Hamburger Bürgermeisters Hans-Ulrich Klose, will die Scheidung. Zwar präsentierte sich die hanseatische First Lady mit Ehemann und Kindern noch vor einigen Wochen als eine glückliche Politiker-Familie, doch ging sie jetzt zum Anwalt, um die Ehe trennen zu lassen. Als Gründe dafür nennen Freunde des Paares unterschiedliche politische Auffassungen sowie die Eskapaden des Stadtoberhauptes. Und auch

17 Vgl. Der Spiegel Nr. 49/1978, Seite 57.
18 Vgl. Der Spiegel Nr. 9/1981, Seite 51 ff.
19 Der Spiegel Nr. 23/1981, Seite 29.

Informationen über Kloses Neue werden hinter vorgehaltener Hand bereits weitergegeben: Sie ist 34 Jahre alt und eine Kollegin von ihm, sie arbeitet beim Hamburger Senat.«[20]

Darunter befindet sich ein Bild, das ein heiteres Ehepaar Klose mit seinen zwei Kleinkindern zeigt. Die Bildbeschriftung warnt die Leserschaft noch einmal vor falschen Schlüssen: »Der Schein vom trauten Heim trügt.«

Durch diese Kurznotiz eingestimmt, wird die Leserschaft von QUICK in der darauffolgenden Nummer mit einem großen Bericht bedacht: »Hans-Ulrich Klose: Ein Mann am Scheideweg.«[21] Klose werden in diesem Bericht noch einmal alle Punkte vorgerechnet, die ihm innerparteiliche und außerparteiliche Schwierigkeiten bereitet haben. Dabei werden ausführlich Anmerkungen über mögliche Nachfolger gestreut, die mit Bild und Kurzbiographie vorgestellt werden: Alfons Pawelczyk, Anke Fuchs, Karl Wilhelm Berkhan und der amtierende Bundesverteidigungsminister Hans Apel. Die politischen Argumente sind mit der Streuung von Gerüchten um die Ehe Kloses eng vermischt. Der Bericht erinnert an die noble Haltung Paul Nevermanns, der um seiner Freundin willen 1965 zurücktrat, und stellt die »Absicht« Kloses heraus, sein Amt nicht aufzugeben.

Zerstörtes Familienglück

Elke Klose, 38, die Ehefrau des Hamburger Bürgermeisters Hans-Ulrich Klose, will die Scheidung. Zwar präsentierte sich die hanseatische First Lady mit Ehemann und Kindern noch vor wenigen Wochen als eine glückliche Politiker-Familie, doch ging sie jetzt zum Anwalt, um die Ehe trennen zu lassen. Als Gründe dafür nennen Freunde des Paares unterschiedliche politische Auffassungen sowie die Eskapaden des Stadtoberhauptes. Und auch Informationen über Kloses Neue werden hinter vorgehaltener Hand bereits weitergegeben: Sie ist 34 Jahre alt und eine Kollegin von ihm, sie arbeitet beim Hamburger Senat.

FOTO DPA

Elke Klose mit Familie: Der Schein vom trauten Heim trügt

Hans-Ulrich Klose: **Ein Mann am Scheideweg**

Die Ehe des Ersten Hamburger Bürgermeisters ist ins Gerede gekommen. Aber er und seine Parteifreunde wollen Veröffentlichungen darüber mit allen Mitteln verhindern. Anders als bei Willy Brandt und Hans-Jochen Vogel, deren Ehen in die Brüche gingen, ohne daß sie politischen Schaden nahmen, soll bei Hans-Ulrich Klose eine Mauer des Schweigens aufgebaut werden. Auch die Hamburger Presse schweigt. Das ist ein einmaliger Vorgang. QUICK berichtet

20 Quick Nr. 46/1980, Seite 9.
21 Quick Nr. 47/1980, Seite 168.

»... im Gegensatz zu Paul Nevermann ist Hans-Ulrich Klose (43), seit sechs Jahren erster Mann im Stadtstaate, fest entschlossen, Bürgermeister zu bleiben.
Daß das nicht mehr ganz so einfach sein dürfte, pfeifen die Spatzen inzwischen von allen Patrizierdächern zwischen Michel und St. Peter. Denn Hans-Ulrich Kloses Privatleben ist ins Gerede gekommen, und das kann im sittenstrengen Hamburg für die politische Karriere tödlich sein. Zumal dann, wenn es Gruppierungen innerhalb der hanseatischen Sozialdemokraten gibt, die seit langem darauf warten, ›uns Ulli‹ endlich jenen Knüppel zwischen die Beine werfen zu können, über den er zu Fall gebracht werden kann.«[22]

QUICK geht sogar so weit, der Hamburger Presse, und das heißt ja zum allergrößten Teil der Springer-Presse, Komplizentum vorzuwerfen, indem sie unterstellt, sie verschweige bewußt die Tatsachen um das Privatleben ihres Bürgermeisters. Der QUICK-Bericht beginnt im Fettdruck mit folgender Einleitung.

»Die Ehe des Ersten Hamburger Bürgermeisters ist ins Gerede gekommen. Aber er und seine Parteifreunde wollen Veröffentlichungen mit allen Mitteln verhindern. Anders als bei Willy Brandt und Hans-Jochen Vogel, deren Ehen in die Brüche gingen, ohne daß sie politischen Schaden nahmen, soll bei Hans-Ulrich Klose eine Mauer des Schweigens aufgebaut werden. Auch die Hamburger Presse schweigt. Das ist ein einmaliger Vorgang. QUICK berichtet.«

Klose ließ die Meldung umgehend durch seinen Senatssprecher dementieren. Gegen QUICK erwirkte er eine einstweilige Verfügung, ihre Behauptung zu wiederholen.[23]

Fast vier Monate gingen ins Land, bis gerichtlich geklärt war, daß die Behauptungen der Grundlage entbehrten. Eine lange Zeit, in der Gerüchte ihre Runde machen können und die Denunziation ihre Wirkung ausüben kann. Ende Februar sah sich QUICK genötigt, die Anschuldigungen in allen Punkten zurückzunehmen.

»Kloses Ehe: Keine Scheidung ...
QUICK hat sich inzwischen davon überzeugt, daß diese Behauptungen nicht zutreffen, und Herrn Bürgermeister Hans-Ulrich Klose versichert, sie nicht erneut zu verbreiten. Die Redaktion.«[24]

Juristisch war mit dem Abdruck des Dementis der Vorwurf zurückgewiesen. Bekanntlicherweise kann aber, nach dem Motto »Irgendwas

22 Quick Nr. 47/1980, Seite 168.
23 Vgl. Quick Nr. 48/1980, Seite 9.
24 Quick Nr. 10/1981, Seite 9.

bleibt schon hängen«, eine Denunziation vom Urheber auch widerrufen werden, ohne damit ihre Wirksamkeit einzubüßen.

Im Falle von Hans-Ulrich Klose war die QUICK-Ausgabe mit dem Widerruf gerade auf dem Markt, als gegen den Bürgermeister eine neue sexuelle Diskriminierung von noch weiterreichendem Ausmaß in Gang gesetzt wurde.

Der politische Hintergrund war die Auseinandersetzung um die Schülerzeitungen, die Ende 1980 bundesweit Aufsehen erregten. In allen Teilen der Bundesrepublik hatten die Redakteurinnen und Redakteure der Schülerzeitungen Bereiche aufgegriffen, die die sexuelle Sozialisation zum Gegenstand hatten. Themen waren die Benachteiligung von Mädchen, die typische Erziehung des Jungen zum Mann, Probleme der Empfängnisverhütung, Impotenz, Frigidität, Schwangerschaftsabbruch, Homosexualität, Selbstbefriedigung oder Geschlechtsverkehr. Die Behandlung dieser Themen stand – auf den ersten Blick – in der Tradition der Schüler- und Studentenbewegung von 1968.[25] Auch damals beunruhigten die Jugendlichen die Amtsautoritäten mit der Enttabuisierung des Sexualbereichs, indem sie Fragebögen zur sexuellen Entwicklung und zur Sexualerziehung veröffentlichten und den gewohnten Schultrott in Unordnung brachten. Der Anspruch der Studentenbewegung ausgangs der sechziger Jahre reichte jedoch wesentlich weiter. Die Studenten hofften mit der Enttabuisierung des Sexualbereichs schulische und gesellschaftliche Autoritäten so stark zu erschüttern, daß dadurch eine Umgestaltung der gesellschaftlichen Verhältnisse möglich würde. Wenig später sahen sie jedoch ein, daß sich über die Enttabuisierung der Sexualität keine revolutionären Veränderungen herbeiführen ließen.[26]

Der Anspruch der Schülerzeitungen von 1980/81 war weitaus geringer. Man beklagte die nach wie vor bestehende autoritäre Bevormundung in den Schulen, kritisierte den Leistungs- und Konkurrenzdruck und das Fehlen einer Sexualerziehung, die auf die Bedürfnisse der Schülerinnen und Schüler eingehe. Die sexuellen Themen betonten weitgehend den individuellen Aspekt. Die Schülerinnen und Schüler beschrieben ihre Ängste und Befürchtungen, ihre ersten sexuellen Erlebnisse und die Widerstände, die ihrem persönlichen Glückserleben im Wege stünden.

---

25 Vgl. Amendt, Günter (Hg.): Kinderkreuzzug oder Beginnt die Revolution in den Schulen? 49.–55. Tsd., Reinbek 1971.

26 Siehe Koch, Friedrich: Sexualpädagogik und politische Erziehung, a. a. O., insbes. Seite 178 ff.

Wieder reagierten Elternräte, Schulleiter und Behördenvertreter in einer Form, die jedes pädagogische Verständnis vermissen ließ. Man sprach von Jugendgefährdung, Pornographie und Obszönität; man versuchte in allen Teilen der Bundesrepublik, die Schülerredakteurinnen und -redakteure durch massiven Druck zu disziplinieren. Man verbot den Verkauf der Schülerzeitungen auf dem Schulhofgelände und versuchte mit der Androhung von Strafanzeigen, die Aktivitäten einzudämmen. Die Betroffenen wehrten sich. Mit spektakulären Aktionen versuchten sie, die Öffentlichkeit auf ihre Probleme aufmerksam zu machen. In Hamburg ließen sich ein rundes Dutzend Schülerinnen und Schüler in winterlicher Kälte vor ihrem Schulgebäude splitternackt von der Presse ablichten und veranstalteten ein »Knutsch-in« vor der Schulbehörde.

Die Behandlung von sexuellen Problemen in den Schülerzeitungen und die Verteilungsverbote durch die Schulleitung hatte eine grundsätzliche Frage aufgeworfen, die den rechtlichen Status der Schülerzeitungen betraf. Es ging in der Auseinandersetzung nicht darum, daß die sexuellen Erfahrungsberichte der Schülerinnen und Schüler großmütig toleriert würden.

In Hamburg forderten die Schülerinnen und Schüler die Abschaffung der Richtlinien für Schülerzeitungen vom 12. 12. 1979, nach denen die Schulleitung berechtigt ist, ein Vertriebsverbot zu verhängen, wenn sie der Überzeugung ist, daß gegen gültige Gesetze verstoßen werde. Die Vertreter der Schülerpresse wollten nicht mehr – aber auch nicht weniger – als die laut Grundgesetz und allgemeinem Presserecht garantierte Pressefreiheit.

Hans-Ulrich Klose lud die Vertreter der Hamburger Schülerpresse zu einem Gespräch in den Kaisersaal des Hamburger Rathauses ein. Rund zweihundert Mädchen und Jungen waren erschienen, um mit dem Bürgermeister die fragwürdige Praxis der Schülerzeitungsverbote zu diskutieren und unbequeme Fragen zu stellen.

Das Gespräch hatte noch nicht recht begonnen, als sich plötzlich sieben Jugendliche von ihren Plätzen erhoben, sich ihrer Kleidung entledigten und splitternackt durch den altehrwürdigen Kaisersaal hüpften. Ein Pärchen begann zu schmusen, ein Mädchen imitierte Selbstbefriedigung vor dem Mikrophon, ein anderes setzte sich auf den Tisch, an dem der Bürgermeister mit seinem Pressesprecher Platz genommen hatte.

Sexuelle Provokationen dieser Art waren zur Zeit der Schüler- und Studentenbewegung von 1968 durchaus im Schwange. Sie hatten damals das Ziel, politische Autoritäten und Machtinstanzen von Schule und Universität zu schocken, sie zu unüberlegten Reaktionen und Handlungen zu provozieren und sie damit noch angreifbarer zu machen. Zu der Zeit, als Sexualität und Nacktheit in der Öffentlichkeit noch mit starkem Tabu belegt waren, gelangen solche Provokationen. Die Autoritäten der Politik, die Professoren und Magnifizenzen reagierten zur Zeit der Studentenbewegung tatsächlich so mimosenhaft, wie es beabsichtigt war. Akademische Veranstaltungen und politische Debatten endeten durch sexuelle Provokation in Chaos und homerischem Gelächter.

Ähnlich mag auch die Kalkulation einer Minderheit unter den geladenen Schülerinnen und Schülern gewesen sein, als sie im Februar 1981 der Einladung des Bürgermeisters Klose folgten. Nur hatten sie es bei Klose nicht mit einem autoritären Professor von 1968 zu tun, sondern mit einem Mann, der aus der 68er Bewegung die beabsichtigten Mechanismen der sexuellen Provokation noch recht gut in Erinnerung hatte.

Klose blieb gelassen, verließ nicht verbiestert oder angeekelt den Kaisersaal, lächelte – wenngleich etwas verkrampft – und wartete ab, bis der Spuk vorbei war. Seine Geduld wurde auf keine allzu große Probe gestellt. Nach wenigen Minuten, in denen die Pressefotographen ihre Sternstunde hatten, schlüpften die Provokateure in ihre Jeans und Lederjacken und verließen mit einer Minderheit das Rathaus. Das Gespräch mit über 140 Schülerinnen und Schülern konnte fortgesetzt werden.

Hätte sich dieser Vorfall in der ersten Amtsphase Kloses zugetragen, so wäre dem Bürgermeister zweifellos ein hohes Maß an Souveränität in einer »heiklen« Situation bescheinigt worden.

Der Vorfall fiel jedoch in die Zeit der härtesten Auseinandersetzungen um das Atomkraftwerk Brokdorf, in eine Phase also, als das »Establishment« Hans-Ulrich Kloses Rücktritt für außerordentlich wünschenswert hielt.

Die BILD-Zeitung widmete der Reportage über das kontroverse Gespräch, das der Bürgermeister mit den Jugendlichen über ihre Probleme führte, nur marginal ein paar Sätze und legte den Hauptakzent des Berichtes auf eine ausführliche Beschreibung der sexuellen Provokation. »Sexspiele vor Klose: Nackter Mädchenpo neben der Pfeifentasche.«[27] Die Veranstaltung wurde als ein einziges »Tohuwabohu« beschrieben. Die Beurteilung der Reaktionen Kloses erfolgte

27 BILD vom 25. 2. 81, Seite 6.

Seite 6 • BILD • Hamburg, 25. Februar 1981

BILD-Hamburg

Kurz vor fünf gestern nachmittag im Kaisersaal: Die Schüler halten Klose und seinem Sprecher Bissinger ihr Protestplakat vor die Nase

Das Ende der Pressekonferenz mit den Schülern: Der Teppich vom Kaisersaal übersät mit Zeitungsfetzen „Das Parlament" und „wir hamburger"

Sexspiele vor Klose: Nackter Mädchenpo neben der Pfeifentasche

Von JOACHIM TJADEN

Hamburg, 25. Februar

Vor den großen Hamburger Bürgermeistern an den Wänden des ehrwürdigen Kaisersaals wußte gestern ihr jüngster Kollege auf einmal nicht, wie ihm geschah. Hans-Ulrich Klose (43) stellte sich rund 200 Mädchen und Jungen von Hamburger Schülerzeitungen zu einer Pressekonferenz — und erlebte ein Tohuwabohu.

Einer fragte über Mikrofon: „Hast du schon mal onaniert, Uli?" Da brach ein großes Gejohle aus. Trillerpfeifen schrillten los. Seifenblasen schwebten dem Bürgermeister um die Nase. Eine Jungenstimme rief: „Du Schwein."

Bunte Lederjacken

(bis auf ein Mädchen) in die Erbe und führten Bürgermeister Klose Sexspiele vor.

Auf Kloses Tisch, direkt vor seiner Pfeifentasche, hockte sich ein nackter Mädchenpo, auf der rechten Backe ein großes A im roten Kreis gemalt, das Emblem der Atomgegner. Das A-Mädchen schmuste mit dem Slip-Mädchen.

Kloses Tisch den Mikrofonständer und imitierte Selbstbefriedigung.

Irgendwann in dem Trubel fragte ein Schüler den Bürgermeister: „Warum grinst der blöde Karl so oben (?) ihnen?"

Gemeint war Kloses Senatssprecher Bissinger. Klose böse: „Das geht Sie einen feuchten Kehricht an."

Ratsdiener griff ein

Unter dem Gemälde von Bürgermeister Mönckeberg (1870 bis 1908) auf einmal eine Balgerei. Die blaue Uniform eines Ratsdieners dazwischen.

Schüler-Redakteur: „Herr Klose, wie finden Sie das?"

Der Bürgermeister mit steinernem Gesicht: „Über Geschmack läßt sich streiten."

Während eine Hälfte befriedigt aus dem Rathaus zog, diskutierten die anderen mit dem Bürgermeister die eigentlichen Schülerprobleme.

Sind Sie dafür, daß Schüler streiken dürfen? Klose: „Nein, das wäre eine Beleidigung für Arbeitnehmer, denen sollte dieses Recht vorbehalten bleiben."

Klose börse sich an, daß die Gymnasiasten Kantinen fordern.

Mit verschränkten Armen Klose hinter seinem Tisch. Ihm gegenüber ein Slip-Mädchen, das sich den Mikrofonständer vors Höschen hält

Fotos: Bernd Bohm

Wenig Unterricht! Schüler wollen streiken

Von UTE DAUM-STÜMMER

Hamburg, 25. Februar

„Bei meiner 12jährigen Tochter Ines fallen jede Woche 11 Stunden aus. Sie ist in der 6. Klasse der Volks- und Realschule Arnkielstraße. Grund genug zu streiken!" Mutter Sigrid Schober aus Altona (32 Jahre, verheiratet mit einem Friedhofsangestellten) ist empört.

Frau Schober: „Ich habe drei schulpflichtige Kinder. Bei meiner 17jährigen Ina gab's 13 Wochen weder Mathe noch Sport. Und bei meinem 15jährigen Ingo, der wie Ina die Realschule Theodor-Haubach-Straße besucht, fallen auch vier Stunden die Woche aus. So können die Kinder doch nichts lernen!"

Die Schober-Kinder wollen morgen beim Schulstreik mitmachen, zu dem die Schülerkammer aufgerufen hat: gegen Unterrichtsausfall, Schulschließungen, Schulentwicklungsplan. Mutti Schober will auch mit: „Was die wollen, ist richtig!"

Um 10 Uhr in die Markthalle

Die Schülerkammer hat alle 240 000 Hamburger Schüler (176 Schulen) aufgefordert, morgen nicht zur Schule zu gehen, sondern um 10 Uhr eine Informationsveranstaltung mit Musik in der Markthalle zu besuchen.

Schulsenator Grolle: Das ist rechtswidrig! Landesschulrat Neckel: Flugblätter, die zum Boykott auffordern, dürfen nicht in Schulen verteilt werden. Wer wegen Streiks nicht an einer Klassenarbeit teilnimmt, bekommt eine Sechs.

Die Schüler-Union (1500 Mitglieder) lehnt den Streik ab.

Die 17jährige Ines (links) und die 17jährige Ina Schober wollen am Streik teilnehmen

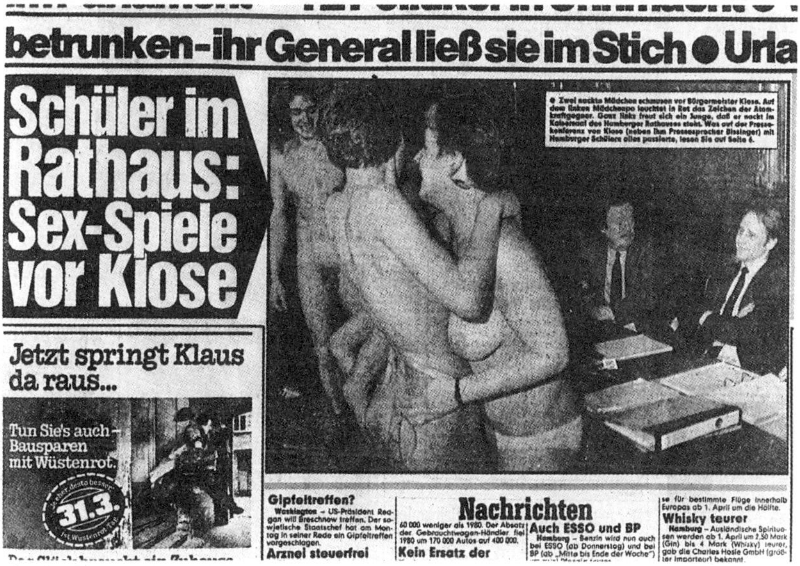

betrunken - ihr General ließ sie im Stich ● Urla

Schüler im Rathaus: Sex-Spiele vor Klose

● Zwei nackte Mädchen schmusen vor Bürgermeister Klose. Auf dem linken Mädchenpo leuchtet in Rot das Zeichen der Atomkraftgegner. Ganz links freut sich ein Junge, daß er nackt im Kaisersaal des Hamburger Rathauses steht. Was auf der Pressekonferenz von Klose (neben ihm Pressesprecher Bissinger) mit Hamburger Schülern alles passierte, lesen Sie auf Seite 6.

Jetzt springt Klaus da raus...

Tun Sie's auch – Bausparen mit Wüstenrot.

31.3.

Gipfeltreffen?

Washington – US-Präsident Reagan will Breschnew treffen. Der sowjetische Staatschef hat am Montag in seiner Rede ein Gipfeltreffen vorgeschlagen.

Arznei steuerfrei

Nachrichten

60 000 weniger als 1980. Der Absatz der Gebrauchtwagen-Händler fiel 1980 um 170 000 Autos auf 400 000.

Kein Ersatz der

Auch ESSO und BP

Hamburg – Benzin wird nun auch bei ESSO (ab Donnerstag) und bei BP (ab „Mitte bis Ende der Woche")

se für bestimmte Flüge innerhalb Europas ab 1. April um die Hälfte.

Whisky teurer

Hamburg – Ausländische Spirituosen werden ab 1. April um 2,50 Mark (Gin) bis 4 Mark (Whisky) teurer, gab die Charles Hosie GmbH (größter Importeur) bekannt.

zunächst noch mit Zurückhaltung, jedoch läßt der Bericht bereits erkennen, daß der Bürgermeister sich recht ratlos und hilflos gegeben habe. Klose wußte »auf einmal nicht, wie ihm geschah« und sei dem Treiben der Provokateure ausgeliefert gewesen.

Der entscheidende Schlag kam erst einen Tag später. »Hamburger Eltern empört über Sexspiele im Rathaus. Viele fragen: warum sah Klose tatenlos zu?« – »Herr Bürgermeister, wie soll ich das meinen Kindern erklären?«[28] lauten jetzt die BILD-Überschriften, die den Bürgermeister voll ins Visier nehmen. Eltern, Jugendliche, Rentner – alle sind – laut BILD – empört über das Verhalten Kloses, der den »Sexspielen« als Hausherr und als Bürgermeister tatenlos zusah. »Die Jugendlichen – zügellose Freiheit, provokatorische Pornographie.« Statt die Provokateure »in den Griff zu nehmen«, zeigen Klose und sein Pressesprecher nur »ratloses Erstaunen und lähmendes Entsetzen«, darf sich eine Rentnerin ereifern. Oppositionschef Perschau (CDU) klagte, daß der Bürgermeister eine ungenehmigte Demonstration im Rathaus gestattet habe. Das Bannmeilen-Gesetz sei dadurch mit seiner Billigung verletzt worden. »Wir sind schon soweit, daß sich Klose sogar im Rathaus nicht mehr gegen Chaoten zur Wehr setzt, sondern sich von ihnen sogar noch verkaspern läßt.« Ein ratloser Vater ringt die Hände: »O weh, Herr Bürgermeister, wie soll ich das meinen beiden Kindern erklären?! Ich weiß gar nicht mehr, wie ich die jetzt noch zur Moral erziehen soll, wenn der Bürgermeister einfach sitzen bleibt und sich das Spektakel ansieht.«

Klose, dessen Ruf als Gatte und treusorgender Familienvater bereits durch die Regenbogenpresse reichlich ramponiert worden war, wurde unversehens zum Verderber der Jugend. Gertrud W. (77) aus Lokstedt darf es in BILD ausformulieren! »Wenn der Klose sich sowas auch noch ansieht, verdirbt er doch so indirekt unsere ganze Jugend. Der muß die doch rausschmeißen!« Ein offener Brief des Hamburger Rechtsanwalts Hans F. Gelbke (»Familienvater!«) an Klose nennt den Bürgermeister einen »Voyeur«, der schmunzelnd zuschaue, und bringt den Vorfall in jene politische Dimension, die ihn überhaupt erst zum »Sexualskandal« macht:

> »Ein Bürgermeister, der sich und seine Stadt schon in Sachen Brokdorf lächerlich gemacht hat, sollte es den Bürgern dieser Stadt ersparen, in dieser Form erneut Aufmerksamkeit zu erregen.«

---

28 BILD vom 26.2.81, Seite 3.

HAMBURG heute früh

BILD-Hamburg

Hamburger Eltern empört über Sexspiele im Rathaus.

Viele fragen: Warum sah Klose tatenlos zu!

„Aktion war fehl am Platze"

Perschau: Klarer Verstoß gegen das Gesetz

Vater Schultz aus Neugraben „Herr Bürgermeister, wie soll ich das meinen Kindern erklären?"

15000 Schüler streiken heute

„Der muß die doch rausschmeißen"

Offener Brief des Hamburger Rechtsanwalts Hans-F. Gelpcke (44, Familienvater) an Bürgermeister Klose:

So äußerte sich Bürgermeister Klose gestern im NDR zu den Sexspielen

Psychologe: Jugendliche immer grenzenloser

Klose hatte in diesen Tagen reichlich Mühe, sein Verhalten zu rechtfertigen und zu verdeutlichen. In einem offenen Brief[29] stellt er seine Position dar, in Rundfunk und Zeitungsinterviews versucht er, die Vorwürfe zu entkräften.[30]

Bei seinen politischen Widersachern dürfte Kloses Mahnung zu mehr Gelassenheit und das Aufzeigen von Widersprüchen zwischen dem kommerzialisierten Sex und den Bedürfnissen der Schüler auf taube Ohren gestoßen sein. Wer sexuelle Denunziation in seine politische Argumentation aufnimmt, kann kein Interesse an sachlicher Aufklärung haben.

Drei Monate später, am 25. Mai 1981, kapitulierte Klose vor den

29 Vgl. u. a. den offenen Brief Kloses in der Morgenpost vom 27. 2. 81, Seite 3.

30 Meine Toleranz erträgt viel. Bürgermeister Klose zum Schülertumult im Rathaus. In: Hamburger Abendblatt vom 26. 2. 1981, Seite 3.

persönlichen Anfeindungen, mit denen die politischen Konflikte überlagert waren. Die sexuelle Denunziation seiner Person machte nur einen kleinen Bereich in der allgemeinen Strategie der Diffamierung aus. Dennoch war sie von Gewicht. Klose selbst schrieb ihr große Bedeutung für die Erzeugung des Unmuts gegen ihn zu:

»Erheblichen Einfluß haben aber auch ganz andere Dinge gehabt, etwa die Tatsache, daß ich bei einer Schüler-Pressekonferenz, bei der sich ein paar Teilnehmer ausgezogen haben, nicht voller Ekel und Bestürzung den Saal verlassen habe. Im übrigen hat es in all den Jahren tatsächlich eine Vielzahl von Tiefschlägen, auch aus den eigenen Reihen, gegeben ...«[31]

Paul Nevermann

Der »Fall Klose« ist des öfteren mit dem »Fall Nevermann« verglichen worden.[1] Dr. Paul Nevermann war zwanzig Jahre lang führend in der Politik Hamburgs. Nach dem Kriege war er bis 1953 (und wieder 1957–1960) Bausenator und erwarb sich große Verdienste um den Wiederaufbau Hamburgs, das 1945 gut zur Hälfte in Trümmern lag. Von 1953–1957, als in Hamburg die CDU, FDP und DP mit einer Einheitsliste eine knappe Mehrheit hatten, war Nevermann Fraktionsvorsitzender der SPD. Ende 1960 trat er die Nachfolge Max Brauers an. Bis 1965 war er Erster Bürgermeister und Präsident des Senats von Hamburg.

Nevermann bot von seiner Erscheinung und von seinem Werdegang Identifikationsmöglichkeiten für breite Schichten des Volkes. Er verkörperte den Typ des »noblen Hanseaten«, ließ dabei jedoch nicht vergessen, daß er der Sohn eines Arbeiters war, selbst eine Lehre als »Metaller« abgeschlossen hatte und sich danach zum Dr. jur. hochgearbeitet hatte.

Zwanzig Jahre lang war Nevermann in der politischen Szene eine makellose Figur. Dann wurde er zum »Fall«, sein Privatleben zu einer »Affaire«.

Der Vergleich mit Hans-Ulrich Klose ist jedoch nur bedingt zulässig. Klose wurde sexuell denunziert, weil seine Politik mißliebig wurde. Bei Nevermann waren die Umstände anders.

Im Mai 1965 stattete Elisabeth II. von England, zusammen mit dem

31 Der Spiegel Nr. 23/1981, Seite 45.
1 Vgl. u. a. Quick Nr. 47/1980, Seite 168.

Prinzgemahl Philipp, der Bundesrepublik und West-Berlin einen Staatsbesuch ab. Über verschiedene Stationen führte der Weg schließlich nach Hamburg, das sich am 28. Mai für elf Stunden im »Queen-Fieber«[2] befand, bevor die Monarchin die Reise zurück in die Heimat antrat.

Der prunkvolle Staatsbesuch war zugleich das Ende Paul Nevermanns im Bürgermeisteramt.

Der Erste Bürgermeister hatte sich bereits vor etlichen Monaten – nach 35jähriger Ehe – von seiner Frau, Grete Nevermann, getrennt. Der Anlaß der Trennung, der in der publizistischen Darstellung oft mit der Ursache gleichgesetzt wird, war die Freundschaft mit einer 42jährigen Industriellengattin aus Hannover, die sich gleichfalls von ihrem Partner getrennt und sich in Hamburg-Eppendorf niedergelassen hatte.

Das alles war bei den Hamburger Regierungsparteien SPD und FDP und in den Reihen der Opposition (CDU) seit langem bekannt.

Die Hamburger Genossen hatten dringend geraten, von einer spektakulären Trennung der Ehe Abstand zu nehmen. Die Sozialdemokraten, die sich für die bevorstehende Bundestagswahl im Herbst 1965 und erst recht für die Wahl zur Hamburger Bürgerschaft im Frühjahr 1966 gute Chancen ausrechneten, waren um ein gutbürgerliches Image bemüht, das sie nicht durch Scheidungs- und Beziehungsaffairen gefährdet sehen wollten.

Man versuchte ein Agreement zu treffen, nach dem Grete Nevermann weiterhin bei offiziellen Anlässen ihren Repräsentationsaufgaben nachkommen sollte, während der Bürgermeister sich Zurückhaltung in bezug auf seine Freundin auferlegen sollte.

Der Kompromiß scheiterte.

Nevermann fuhr mit seiner Freundin in den Urlaub und zeigte sich mit ihr auch in der Senatsloge des Deutschen Schauspielhauses. Grete Nevermann fand es unter diesen Bedingungen nicht mehr zumutbar, die Farce als »First Lady« weiterzuspielen und zog ihre Zusage für die Repräsentationsfeierlichkeiten anläßlich des Queen-Besuches »aus persönlichen Gründen« zurück. Die Presse-Berichte hierüber blieben knapp, DIE WELT erläuterte jedoch: »Die Gründe sind Unstimmigkeiten in der Ehe des Ersten Bürgermeisters.«[3] Die oppositionelle CDU beschloß eine Empfehlung, nach der sich auch Nevermann von

2 Hamburger Abendecho vom 29. 5. 1965, Seite 14/15.
3 Die Welt vom 24. 6. 1965, Seite 9.

den Empfängen fernhalten und die Amtspflichten dem (zweiten) Bürgermeister Engelhard und seiner Frau Ilse übertragen sollte.[4]

Die SPD löste das Problem anders. Die Aufgaben Grete Nevermanns wurden bei dem Staatsbesuch durch Ilse Engelhard wahrgenommen, während Paul Nevermann seinen Pflichten als Erster Bürgermeister der Hansestadt nachkam.

Die Königin befand sich noch auf der Bahnreise in die Hansestadt, als die BILD-Zeitung am Ankunftstag des hohen Gastes mit der Schlagzeile »Die Affaire Nevermann« aufwartete[5], »Im Hamburger Rathaus stehen die Zeichen auf Sturm.«[6]

Die 60 000 Hamburger Bürgerinnen und Bürger, die der Königin auf dem Rathausmarkt zujubelten, erlebten einen Ersten Bürgermeister an ihrer Seite, den politisch bereits der Todesstoß erreicht hatte. Die BILD-Zeitung hatte ihre Leser unter den Jubelnden gründlich infor-

LIEBHERR

Freitag, den 28. Mai 1965: 10 Pf

HAMBURG-AUSGABE

Bild ZEITUNG

Die Affäre Nevermann

Bericht über die politische Krisenstimmung im Hamburger Rathaus auf S. 4

Sich selbst was Gutes tun: HANDELSGOLD rauchen

HANDELSGOLD

Zigarren, Zigarillos immer an der Spitze!

Wir sind eure Freunde und Beschützer!

Elizabeth an die Berliner

Heute ist die Queen in Hamburg

Von KURT DITTRICH

Berlin, 28. Mai

„Nirgends tritt die Tragödie einer geteilten Welt deutlicher zutage als in dieser Stadt. Um so mehr sind der Mut und

4 Vgl. BILD vom 31. 5. 1965, Seite 3.

5 BILD vom 28. 5. 1965, Seite 1.

6 Ebd., Seite 4.

Die Affäre Nevermann

Krisenstimmung im Rathaus

Von HEINZ MAENZ, Korrespondent der amerikanischen Nachrichtenagentur Associated Press

Hamburg, 28. Mai

Im Hamburger Rathaus stehen die Zeichen auf Sturm. Um die Person des Ersten Bürgermeisters der Hansestadt, den 63jährigen Dr. Paul Nevermann (SPD), ist es auf Grund einer „privaten Affäre" zu einer offenen Krise gekommen. In politischen Kreisen der Hansestadt haben sich die Diskussionen auf die Frage eines Rücktritts Nevermanns sowie seiner Nachfolge zugespitzt.

Das ist die neue Endstation

Fünf Kinder mußten bei Nachbarn betteln...

Gnadenfrist für die Mutter

Knobel-Klub mit Würfelschinken

IN UND UM HAMBURG

Bierfah

Panzer

Liebe auf Ton

miert: Ihr Erster Bürgermeister sei in eine »Affaire« verwickelt und sein Sturz stünde bevor.

Nach dem Besuch konterte die SPD-Presse. Nach dem HAMBURGER ABENDECHO war es BILD-Chef Peter Boenisch, der »unmittelbar vor dem Queen-Besuch den Stolperdraht spannte, in dem sich der Bürgermeister verfangen sollte.«[7] Der Chefredakteur der HAMBURGER MORGENPOST:

»Das Ziel der Kampagne ist klar: Ein tüchtiger Mann, der sich für die Aufgaben eines Ersten Bürgermeisters als besonders geeignet erwiesen hat, soll abgeschossen werden! Von der Leistung her wäre es schlecht möglich, also versucht man es von der Privatsphäre.«[8]

Nunmehr gab auch die Oppositionspartei der Hamburger Bürgerschaft ihre Zurückhaltung auf. »Die CDU erwartet«, – so der Fraktionschef Dr. Witten – »daß die SPD die Dinge im eigenen Haus so regelt, daß

7 Hamburger Abendecho vom 2. 6. 1965, Seite 1.

8 Heinrich Braune: Schüsse auf den Bürgermeister. In: Hamburger Morgenpost 31. 5. 1965, Seite 2.

der Erste Bürgermeister der uneingeschränkte Repräsentant der Hansestadt sein kann.«[9]

Den Rest besorgten Partei-›Freunde‹ aus den eigenen Reihen. Sie stellten Nevermann vor die Alternative, seine außereheliche Beziehung »einfrieren zu lassen«[10] oder aber sein Amt zu quittieren. Nevermann machte dem Feilschen um mögliche Verluste vor und nach dem Komma bei den anstehenden Wahlen ein schnelles Ende. Er entschied sich für sein Privatleben und machte den Weg frei für Herbert Weichmann, der sein Nachfolger im Amte des Ersten Bürgermeisters wurde.

Mag auch der »Fall« Nevermann »bis zur Unkenntlichkeit eingehüllt in Schwulst und Verlogenheit«[11] gewesen sein – wie Hans Gressmann in der ZEIT kommentierte –, so dürfte doch sehr deutlich sein, daß der Fall ganz anders lag als bei Hans-Ulrich Klose. Im Falle Kloses hatte die sexuelle Denunziation die Funktion, Hilfestellung zu leisten, einen Bürgermeister abzusägen, der durch seine politischen Entscheidungen nicht mehr tragbar erschien. Im Falle Dr. Nevermanns hatten sich vergleichbare Kluften zwischen Regierungspartei und Opposition zu keinem Zeitpunkt aufgetan. Die Hamburger SPD – innerhalb der Parteienlandschaft der Bundes-Sozialdemokratie eher rechts angesiedelt – wies zu Nevermanns Zeiten nicht die Konturen gegenüber der CDU auf wie zu Kloses späterer Zeit. Entsprechend war die Position Nevermanns, als er das Regierungsamt ausübte. Er war eine »farblose, aber makellose Figur«, wie DER SPIEGEL bei Nevermanns Abgang kommentierte.[12] Dennoch hatte die Hamburger CDU Schwierigkeiten, politisch und personell Profil zu gewinnen. Die Angst davor, daß sich dieser Umstand durch das Privatleben ihres Bürgermeisters ändern könnte, veranlaßte die Hamburger Sozialdemokraten, Nevermann in eine Situation zu treiben, in der ihm nur noch der Rücktritt übrig blieb.

Willy Brandt

Kaum ein Politiker der Bundesrepublik ist über Jahrzehnte so nachhaltig persönlich diffamiert worden wie Willy Brandt. Namentlich die Ultra-Rechts-Presse, etwa die »Nationalzeitung«, wurde über Jahrzehnte nicht müde, den führenden Sozialdemokraten politisch und persönlich abzuqualifizieren.

---

9 Hamburger Abendecho vom 31. 5. 1965, Seite 2.
10 Der Spiegel 19. Jg. 1965, Nr. 24, Seite 23.
11 Die Zeit vom 4. 6. 1965, Seite 1.
12 Der Spiegel Nr. 24/1965, Seite 24.

Gegenstand der Diffamierung war zunächst seine Tätigkeit in der Emigration.

Brandt, damals noch Herbert Ernst Karl Frahm, war 1933 über Kopenhagen nach Norwegen emigriert, wo er Geschichte studierte und später als Journalist arbeitete. Von den Behörden Nazi-Deutschlands ausgebürgert, nahm er 1938 die norwegische Staatsangehörigkeit an und floh 1940, als die deutschen Truppen in Norwegen einmarschierten, nach Schweden. 1945 kehrte er als Korrespondent skandinavischer Zeitungen nach Deutschland zurück und wurde 1947 Presseattaché der norwegischen Militärkommission in Berlin.

Brandt war 1930 der SPD beigetreten, wechselte jedoch ein Jahr später zur Sozialistischen Arbeiterpartei (SAP), die sich 1931 von der SPD abspaltete und politisch zwischen der SPD und der KPD angesiedelt war.

Dieser Parteienwechsel bildete die Grundlage dafür, ihn später als Kommunisten und moskauhörigen Politiker verächtlich zu machen.

1947 – nach seiner Wiedereinbürgerung – trat er unter seinem Schriftstellernamen Willy Brandt erneut der SPD bei. 1948/49 war er Vertreter des SPD-Parteivorstandes in Berlin und 1949–1957 (und erneut seit 1969) Mitglied des Bundestages. 1957 wurde Brandt Nachfolger Otto Suhrs im Amt des Regierenden Bürgermeister von Berlin.[1] In dieser Position setzte er sich nachhaltig für die Interessen der Stadt ein und wurde weit über die Grenzen Deutschlands hinaus bekannt.

Bis zu diesem Zeitpunkt blieb die Karriere Brandts frei von sexuellen Denunziationen.

Das änderte sich im Jahre 1961, als Willy Brandt als Kanzlerkandidat für die SPD in den Bundestagswahlkampf zog. Zwei Wochen vor dem Wahltag erschien in München unter dem Pseudonym Claire Mortensen ein Buch mit dem Titel: ». . . da war auch ein Mädchen«. Das Buch hatte sich zum Ziel gesetzt, »das verschwiegene Leben« das Kanzlerkandidaten der SPD aufzudecken.[2] Verleger des Werkes war ein Hans Frederick, der von den Sozialdemokraten als ein Mittelsmann des Passauer Verlegers und Duz-Freundes von Franz Josef Strauß, Dr. Hans Kapfinger, ausgemacht wurde.[3] Die Idee zu dem »Aufklärungswerk« wurde Ewald Zweig, einem ehemaligen Gestapo-Spitzel und CSU-Journalisten, und dem damaligen CSU-Generalsekretär (und

1 Angaben nach: Meyers Enzyklopädisches Lexikon. Bd. 4, Mannheim, Wien, Zürich 1972, S. 617/618.

2 Mortensen, Claire: . . . da war auch ein Mädchen. München 1961.

3 Vgl. Der Spiegel Nr. 39/1961, Seite 36.

späterem Bundesinnenminister) Dr. Friedrich Zimmermann zugeschrieben.[4]

Die Herren waren im Verlauf der Wahlkampfvorbereitungen auf eine ehemalige Freundin Willy Brandts aufmerksam geworden, die es sich zur Aufgabe gemacht hatte, das deutsche Volk über das Privatleben des Kanzlerkandidaten der SPD aufzuklären.

Ziel des Buches war es, den Kanzler-Kandidaten der SPD als charakterlich haltlosen Menschen vorzustellen, seine Zuverlässigkeit und Beständigkeit in Zweifel zu ziehen, um ihn als untauglich für das Amt des Bundeskanzlers zu qualifizieren.

Um dieses Ziel zu erreichen, begab sich die Schrift in die Niederungen »einer in der Bundesrepublik bisher unentdeckten Tiefebene politischer Auseinandersetzungen«.[5]

Es wurde in Brandts erster Ehe herumgestochert, und es wurden Vermutungen über die zweite gestreut. Die erste Ehe sei erst geschlossen worden, nachdem bereits seine Tochter geboren worden sei[6]; die Beziehung zu seiner zweiten Frau hätte bereits begonnen, als er noch mit seiner ersten Frau verheiratet gewesen sei.[7]

Auf diesem Niveau wurde die Diffamierung auf fast zweihundert Seiten betrieben. Belanglosigkeiten, Tratsch, Gerüchte und Vermutungen wurden als schwerwiegende Tatsachen vorgeführt, die den Eindruck erwecken sollten, daß es sich bei dem Kandidaten der SPD um einen labilen Unhold handelte, der zu jeder Zeit wisse, »wie man was bei hübschen Mädchen erreicht«.[8]

Ein Gipfel der Denunziation: Brandt habe durch das Bekenntnis, seinen Vater nicht gekannt zu haben, die Vermutung nahegelegt, »daß auch seiner Mutter nicht einmal die Person des Vaters bekannt gewesen sei«.[9]

Das war bestes Kulturgut aus der Ära Adenauer, uneheliche Kinder als Menschen zweiter Klasse zu behandeln und unverheiratete Mütter Belastungen und Benachteiligungen auszusetzen, die den Forderungen des Grundgesetzes Hohn sprachen. Neben ökonomischen Benachteiligungen trafen die unverheiratete Mutter und das uneheliche Kind die unnachsichtige Verachtung der Gesellschaft.

---

4 Vgl. Der Spiegel Nr. 21/1974, Seite 72.
5 Der Spiegel Nr. 39/1961, Seite 36.
6 Mortensen, a. a. O., Seite 25 ff.
7 Ebd., Seite 35 ff.
8 Ebd., Seite 15.
9 Ebd., Seite 11.

Im Falle des Willy Brandt wurde das Stigma, unehelich zu sein, nicht nur in der Schmähschrift von »Claire Mortensen« für die politische Auseinandersetzung genutzt.

Selbst Konrad Adenauer, der christlichste aller Kanzler, mochte im Wahlkampf 1961 nicht darauf verzichten, dem deutschen Volke klarzumachen, wer als »Herr Brandt alias Frahm«[10] frevelhaft die Macht anstrebte.

Die sexuelle Denunziation der »Claire Mortensen« verfehlte ihre Wirkung. Wenige Tage nach dem Erscheinen des Buches erließ die 16. Kammer des Landgerichts Berlin eine Einstweilige Verfügung, nach der die weitere Verbreitung des Buches verboten wurde. Das Berliner Amtsgericht Tiergarten ordnete die Beschlagnahme an, da das Buch zahlreiche falsche Tatsachenbehauptungen enthielt.[11]

Als maßgebliche Zuarbeiterin der Schmähschrift gilt die Journalistin Susanne Sievers, mit der der Bundestagsabgeordnete Willy Brandt 1951 befreundet war. Sie stellte auch Briefe, die Brandt an sie geschrieben hatte, für das Buch zur Verfügung.[12] Susanne Sievers soll kurzfristig für die DDR Spionagedienste geleistet haben, wurde aber im Dezember 1952 in der DDR wegen angeblicher Spionage für das Ostbüro der SPD zu acht Jahren Zuchthaus verurteilt, von denen sie vier Jahre absaß.

Nach ihrer Rückkehr in den Westen mißlangen ihre Kontaktversuche zur SPD, wohl aber fand sie in den Reihen der CSU offene Arme. Auch nach dem Fehlschlag von 1961 blieb sie in dem Schutz ihrer CSU-Freunde. Mit der Hilfe von Friedrich Zimmermann wurde Susanne Sievers Mitarbeiterin des Bundesnachrichtendienstes.

Sie blieb auch Agentin, als sie ihrem Freund, Major Alfred Sagner, ehemals Leiter des Ministerialbüros bei Verteidigungsminister Franz Josef Strauß, nach Seoul und später nach Saigon folgte. 1967 – Frau Sievers lebte inzwischen bei ihrer Tochter in Hongkong – wurde sie zur BND-Mitarbeiterin auf Lebenszeit ernannt.

Die Effektivität der Agentin blieb jedoch gering. Mit der Zeit stellte sich heraus, daß sie lediglich Presseberichte umformulierte, die ohne jeden Nutzen waren. Als die BND-Führung 1970 ihren Apparat gründlich durchforstete, wurde schließlich auch die Stelle von Susanne Sievers gestrichen. Da sie jedoch eine Lebenszeit-Stelle bekleidete,

---

10 Vgl. u. a. Hamburger Echo vom 15. 8. 1961, Seite 1/2, Hamburger Morgenpost vom 15. 8. 1961, Seite 2.

11 Vgl. Der Spiegel, 15. Jg. 1961, Nr. 39, Seite 36.

12 Mortensen, a. a. O., Seite 111 ff.

erstritt der Münchner Rechtsanwalt Rudolf Nörr, ein Sozius Dr. Friedrich Zimmermanns, eine Abfindungssumme von 320 000 Mark.

Die Kenntnis dieser Umstände ist wichtig, um die zweite große Phase der sexuellen Denunziation zu verstehen, der Willy Brandt im Frühjahr 1974 ausgesetzt war.

Zur Erinnerung: In der Nacht vom 24. zum 25. April 1974 wurden Günter und Christel Guillaume in Bonn wegen des dringenden Verdachts der Spionage für die DDR verhaftet.

Die darauf folgenden eineinhalb Wochen brachten eine Fülle von Verdächtigungen und Angriffen gegen die sozialliberale Regierung und insbesondere gegen den Bundeskanzler Willy Brandt. Guillaume war Mitarbeiter im Bundeskanzleramt gewesen und hatte sich längere Zeit in der unmittelbaren Umgebung des Kanzlers aufgehalten, unter anderem auch auf Wahlreisen. Der Verdacht gegen ihn war nicht neu; die Befunde der Sicherheitsdienste erhärteten sich bereits im Mai 1973. Zu diesem Zeitpunkt wurde auch Brandt auf die Recherchen um Guillaume aufmerksam gemacht. Brandt entsprach jedoch der Bitte des damaligen Bundesinnenministers Hans-Dietrich Genscher, Guillaume auf seinem Posten zu belassen, damit die Observierungen fortgesetzt werden könnten, ohne daß Guillaume sich entdeckt fühlte.

Eine Reihe von Nachlässigkeiten und Pannen führten in der Folgezeit dazu, daß Guillaume Einsicht in geheime Dokumente enthielt, als er 1973 Brandt in den Urlaub nach Norwegen begleiten durfte.

Auf dem Höhepunkt der persönlichen und politischen Auseinandersetzungen, bei denen sich der eigentliche Verantwortliche für die Sicherheitsangelegenheiten, nämlich der Innenminister Genscher klug im Hintergrund hielt, erklärte Brandt in der Nacht vom 6. zum 7. Mai, daß er die politische Verantwortung für die Fahrlässigkeiten im Zusammenhang mit der Agentenaffäre Guillaume übernehme und gab seinen Rücktritt vom Amt des Bundeskanzlers bekannt.

In dieser Etappe des politischen Weges von Willy Brandt setzte eine zweite große Phase der sexuellen Denunziation ein. Sie läßt sich schwerpunktmäßig unter drei Aspekten gliedern:

1) Die Diskriminierung aus dem Jahre 1961 wurde wiederbelebt.
2) Es wurden wilde Gerüchte über die »wahren« Motive gestreut, die Brandt zum Rücktritt veranlaßt haben sollten.
3) Die Persönlichkeit Willy Brandts wurde in engen Zusammenhang mit der des Agenten Guillaume gebracht, wobei der sexuelle Bereich besonders hervorgehoben wurde.

Dreizehn Jahre nach dem Erscheinen des denunziatorischen Machwerks von »Claire Mortensen« aus dem Jahre 1961 und dreiundzwanzig Jahre nach der Episode Sievers-Brandt wärmte die Illustrierte QUICK die Erinnerung auf. In großer Aufmachung erschien ein Bericht (Natürlich war da auch ein Mädchen ...)[13], in dem behauptet wurde, Susanne Sievers (der Name wird nicht genannt) habe – damit sie ihre Erlebnisse mit Willy Brandt nicht ausplaudere – »aus Steuergeldern – versteht sich – eine hübsche sechsstellige Summe« erhalten.

Die BILD-Zeitung stieß nach und brachte die in CDU/CSU Kreisen längst bekannten wahren Ereignisse in Zusammenhang mit dem Kanzlerrücktritt:

»Brandts Sturz: Opposition will die ganze Wahrheit wissen: 300 000 Mark Schweigegeld für eine Frau?« lautet die Schlagzeile. Darunter: »Die Hintergründe des Rücktritts von Bundeskanzler Brandt kommen tröpfchenweise ans Licht.«[14]

Braun sixtant 6007
Meistgekauft in Deutschland.
BRAUN

Freitag, 10. Mai 1974 - 30 Pf
HAMBURG-AUSGABE

Bild
HAMBURG

Bundesliga-Aufstiegsrunde
St. Pauli – Augsburg 2:3

... und so spielten die anderen
Saarbrücken – Wacker 04 0:1

Brandts Sturz:
Opposition will ganze Wahrheit wissen
300000 Mark Schweigegeld für eine Frau?

AGFACHROME
Verblüffende Farben! Schöner! Brillanter!
Testen Sie ihn!

Mehr Freiheit in Portugal

Autobahn Hamburg–Lübeck: Wie Sie das Chaos umgehen

Hamburg: 82jährige Ladendiebin starb vor

Von HANS-ERICH BILGES

Die Hintergründe des Rücktritts von Bundeskanzler

---

13 Quick Nr. 20/1974, Seite 20 ff.
14 BILD vom 10. 5. 1974, Seite 1.

Der Parlamentarische Geschäftsführer der CDU/CSU-Bundestagsfraktion, Reddemann, formulierte den »Verdacht, daß so viel Geld für andere als für geleistete geheimdienstliche Arbeit gezahlt« worden sei, und forderte Brandt auf, eine gerichtliche Klärung herbeizuführen.[15]

Die SPD ihrerseits bemühte sich, die Vorfälle so darzustellen, wie sie sich ereignet hatten, und kehrte dabei die Rolle der CSU hervor.

Hiernach verstummte die Diskussion um den »Fall«. Der Schuß auf Willy Brandt war in die falsche Richtung gegangen. Strauß hatte erkannt, daß die künstlich aufgeputschte Affäre keine andere Partei mehr bloßstellte als die CSU. Die Assoziierung der Affäre Sievers mit dem Brandt-Rücktritt wurde von Strauß nunmehr als »nackter Blödsinn« bezeichnet.[16]

Der Fraktionschef der SPD, Herbert Wehner, stellte in einem Interview mit dem Norddeutschen Rundfunk die historische Dimension der sexuellen Denunziation heraus und verwies auf die Motive der sexuellen Diffamierung:

> »Wenn Sie nach Weimar fragen, da könnte ich Ihnen eine ganze Reihe solcher schließlich bis zur Perfektion durch die Assistenten des Herrn Goebbels entwickelten sogenannten Skandale zeigen, bei denen Menschen um ihren Ruf gebracht wurden, obwohl es in Wirklichkeit darum ging, sie politisch auszuschalten.«[17]

Freilich: Brandt hatte als Bundeskanzler bereits seinen Abschied genommen und den Weg für Helmut Schmidt frei gemacht; aber es ging jetzt um mehr als um die Person Willy Brandts. Es ging um die Position der SPD, deren Vorsitzender Brandt blieb und bleiben wollte. Die Angriffe zielten jetzt darauf ab, die gesamte Partei zu denunzieren, sie wie zu Adenauers Zeiten als »nicht gesellschaftsfähig« zu stigmatisieren.[18] Das erschien der Opposition um so wichtiger, als der Rücktritt Willy Brandts wenige Wochen vor der Wahl zum niedersächsischen Landtag erfolgte, bei der die CDU sich die absolute Mehrheit erhoffte.

Der Rücktritt Brandts hatte in weiten Teilen der Bevölkerung eine Art »Mitleidswelle« hervorgerufen. Das »Charisma des Mißerfolgs«[19] drohte die für die SPD negativen Auswirkungen in Frage zu stellen. (Tatsächlich kam dann die SPD in Niedersachsen mit einem blauen

---

15 Vgl. Süddeutsche Zeitung vom 11./12. 5. 1974, Seite 1.
16 Der Spiegel 21/1974, Seite 68.
17 Süddeutsche Zeitung vom 11./12. 5. 1974, Seite 2.
18 Vgl. Der Spiegel Nr. 20/1974, Seite 30.
19 Vgl. Die Welt vom 11. 5. 1974, Seite 4.

Auge davon und konnte noch einmal – zusammen mit der FDP – eine Regierung mit einer hauchdünnen Mehrheit bilden.)

Brandt wurde als Weichling dargestellt[20], der in verantwortungsloser Weise »alles stehen und liegen läßt«[21]. Sein Rücktritt durfte nicht der eines »Märtyrers« sein, sondern mußte als »Szene der Flucht ... aus dem Kanzleramt« beschrieben werden.[22]

Die sexuelle Denunziation sollte helfen, das Bild von der »Haltlosigkeit« dieses Politikers abzurunden.

Die weitere sexuelle Denunziation wurde an Brandts Begründung für seinen Rücktritt geknüpft. Brandt hatte in seinem Rücktrittsgesuch an den Bundespräsidenten von der »politischen Verantwortung für die Fahrlässigkeiten im Zusammenhang mit der Agentenaffäre Guillaume« gesprochen. »Schwerwiegende Zweifel«[23] an diesem Motiv meldete tags darauf die WELT an. Guillaume – so wurde berichtet – habe aus tiefer Enttäuschung darüber, daß Genscher vor dem Bundestag die feste Entschlossenheit bekundet habe, ihn nicht auszutauschen, angekündigt, er werde die Flucht in den »Bereich ›menschlicher Enthüllungen‹ über Brandt« antreten.[24]

In einer Fernseh-Erklärung gab Brandt am 8. 5. drei Punkte an, die ihn zum Rücktritt bewogen haben.

»1. Was immer mir an Ratschlägen gegeben worden war, ich hätte nicht zulassen dürfen, daß während meines Urlaubs in Norwegen im Sommer vergangenen Jahres auch geheime Papiere durch die Hände des Agenten gegangen sind. Mehr darüber zu sagen, verbietet das Sicherheitsinteresse unseres Staates. Doch ich warne davor, durch Indiskretionen und Spekulationen den Schaden zu vergrößern.
2. Als ich mich zum Rücktritt entschloß, war mit entscheidend, daß ich mich für einen Teil der Politik – hier meine ich unser Verhältnis zur DDR und zum Warschauer Pakt – zeitweilig nicht mehr unbefangen genug fühlte.
3. Es gab Anhaltspunkte, daß mein Privatleben in Spekulationen über den Spionagefall gezerrt werden sollte.
Was immer noch darüber geschrieben werden mag, es ist und bleibt grotesk, einen deutschen Bundeskanzler für erpreßbar zu halten. Ich bin es jedenfalls nicht. Ich bleibe Vorsitzender meiner Partei und werde weiter mit aller Kraft für eine Politik arbeiten, die den Menschen und dem Frieden dient.«[25]

---

20 Vgl. Die Welt vom 8. 5. 1974, Seite 4.
21 Vgl. Die Welt vom 8. 5. 1974, Seite 3.
22 Vgl. ebd.
23 Die Welt vom 8. 5. 1974, Seite 1.
24 Ebd., Seite 3.
25 Die Welt vom 9. 5. 1974, Seite 1.

Welche Pocket hat ein neues System zum Öffnen, Schließen, Spannen, Filmtransportieren und Entsichern? Diese und keine andere!

Agfamatic Pocket Sensor

Donnerstag, 9. Mai 1974 - 30 Pf

Bild

HAMBURG

UNABHÄNGIG · ÜBERPARTEILICH

Wilde Gerüchte um Brandt

Was stimmt daran?

Das wäre zu wenig zum Muttertag.

Eine Flasche KELLER-GEISTER ist besser.

KELLER-GEISTER

Aus!

Ehmkes politische Karriere beendet!

Inge Meysel macht eine Verjüngungs-Kur mit Frischzellen

lesen Sie auf der letzten Seite

Die denunziatorische Ausschlachtung der Erklärung zentrierte sich in der Rechtspresse um Punkt 3, um das Privatleben Brandts. »Wilde Gerüchte um Brandt« titelt die BILD-Zeitung am nächsten Tag.[26] Brandt und die Frauen. »Eine von ihnen«, so munkelt BILD, ist »Schwedin, blond, Zigarettenraucherin.«[27]

Nach den Berichten des STERN und des SPIEGEL[28] ist die Angst vor einer Ausweitung der sexuellen Denunziation der eigentliche Anlaß für den endgültigen Entschluß des Kanzlers gewesen zurückzutreten.

Bei der Überwachung Guillaumes durch die Sicherheitsdienste seien auch Aufzeichnungen über das Privatleben Brandts entstanden, die Wehner zum Anlaß genommen habe, Brandt zum Rücktritt zu drängen. Die – zeitweilig – ständige Präsenz Guillaumes in der Nähe des

26 BILD vom 9. 5. 1974, Seite 1.
27 Ebd., Seite 2.
28 Der STERN 19/1974, Seite 18 ff.
Der Spiegel 20/1974, Seite 27 ff., sowie Baring, Arnulf: Machtwechsel. Die Ära Brandt-Scheel. Stuttgart 1982, Seite 748 ff.

Kanzlers ließ keinen anderen Schluß zu, als daß Guillaume auch ausführlich über das Intimleben Brandts informiert sei. Aus diesem Umstand und aus der Befürchtung, daß die Spekulationen und die sexuellen Denunziationen erst in der Anfangsphase stecken könnten, habe Wehner den sofortigen Rücktritt gefordert.

Den Spekulationen um das Sexualleben Brandts wurde bereits vor dem Rücktritt der Boden bereitet. Guillaume wurde als leidenschaftlicher Porno-Konsument und als Porno-Photograph herausgestellt, der seine Photos gerne in seiner Umgebung herumzeige.

Nach BILD bestand nicht nur die Gefahr, daß der Agent staatstragende Geheimnisse an den Osten weitergegeben habe, nein: »Es kann sein, daß er in den Jahren im Kanzleramt soviel Intimes ausspionierte und photografierte, daß aus dem heute noch verhältnismäßig einfachen Fall Guillaume ein peinlicher Skandal ohne Ende wird.«[29]

Kukident – das Richtige für dritte Zähne

Sonnabend, 4. Mai 1974 · 30 Pf

Bild HAMBURG

Machte Kanzler-Spion Porno-Fotos?

Nachrichten

Er trug Kamera als Armbanduhr

Brandt: Ich war auch schon besser als im letzten Jahr

... na ja, ich bin über 60!

Aus dem Fotoalbum des Herrn Guillaume

Fortsetzung von Seite 1

29 BILD vom 4. 5. 1974, Seite 2.

Weinkrampf! Liz Taylor zwingt Jet zur Umkehr

Proteststurm im vollbesetzten Linienflugzeug

Sonnabend, 11. Mai 1974 - 30 Pf

Bild

HAMBURG

UNABHÄNGIG · ÜBERPARTEILICH

Die Porno-Fotos des Kanzlerspions

Kanzler-Sturz

Lesen Sie, wie Brandt selbst die Hintergründe sieht (S. 8)

Guillaume machte Nacktbilder und zeigte sie herum – die Spionage-Abwehr erfuhr nichts

Die GRUNDIG Super-Recorder

GRUNDIG

Was unter den Intim-Spionagen und ihrer möglichen Dokumentation verstanden werden sollte, das blieb der Phantasie des BILD-Lesers überlassen. Vom heimlichen Techtelmechtel im Vorzimmer bis zum Gruppensex im Kabinett scheint alles möglich. »Machte der Kanzler-Spion Porno-Photos?« fragte BILD am 4. Mai 1974.[30] – Eine Woche später haben die Recherchen offenbar Erfolg gehabt. »Die Porno-Photos des Kanzler-Spions«[31] lautete jetzt die Schlagzeile. Auf Seite 2 wurden zehn Nacktphotos, angeblich »Aus dem Photoalbum des Herrn Guillaume« gezeigt. Mit solch einem Vertreter also umgab sich der Bundeskanzler!

Die Nacktphotos waren in einen Bericht montiert mit der Überschrift »Brandt: Ich war auch schon besser als im letzten Jahr . . . na ja, ich bin über 60!«

Die optische Montage suggerierte ein freimütiges Geständnis des Ex-Kanzlers über seine sexuelle Potenz. Die Äußerung freilich bezog

30 BILD vom 4. 5. 1974, Seite 2.
31 BILD vom 11. 5. 1974, Seite 1.

sich auf die Leistungen seiner Regierung in der Innen- und Außenpolitik.

Soviel zur sexuellen Denunziation vor und nach dem Rücktritt von Willy Brandt. Natürlich soll auch in diesem Abschnitt nicht der Eindruck erweckt werden, daß die sexuelle Verleumdung alleine die Geschichte gelenkt hat. Brandts Rücktritt war ganz sicher im Jahr 1974 nur noch eine Frage der Zeit.[32] Außenpolitische wie innenpolitische Fragen waren ins Stocken geraten, die Inflationsrate machte Sorgen, und Reformprogramme, die 1969 und 1972 schwungvoll in Angriff genommen worden waren, drohten im Sande zu verlaufen. Im Herbst 1973 wetterte Fraktionschef Wehner bereits massiv gegen den Kanzler – ausgerechnet auf einer Reise durch die Sowjet-Union.[33]

Brandt selbst hatte wiederholt Zeichen der Amtsmüdigkeit gezeigt. Die sexuelle Denunziation war nicht die Ursache, sondern der Anlaß, der den Rücktritt beschleunigte. Die hier angeführten Beispiele mögen jedoch genügen, sich das Ausmaß der Schmutzkampagne vorzustellen, das bei einem Verbleiben im Amte noch möglich gewesen wäre.

34

32 Vgl. auch Baring, a. a. O., Seite 641 ff.

33 Vgl. ebd., Seite 616 ff.

34 Süddeutsche Zeitung vom 13. 5. 1974, Seite 4.

Was den »Rechten« recht ist, ist den »Linken« billig! Helmut Kohl hatte vor seiner Amtsübernahme als Bundeskanzler das Image des braven Biedermannes. Wurde über ihn gewitzelt, so zielten die Pointen eher auf eine vermeintliche Naivität ab, auf Eitelkeit und Selbstgefälligkeit, auf intellektuelle Unbedarftheit oder körperliche Plumpheit. Auch im sexuellen Bereich wurden eher Tölpeligkeit und Dümmlichkeit hervorgehoben. So etwa in dem erfolgreichen Buch BIRNE von Peter Knorr und Hans Traxler, das den Kanzler in Wort und Bild satirisch aufs Korn nimmt.[1]

In Gestalt von Försters Pucki begegneten dem heranwachsenden Knaben schon bald die Gefährdungen des Lebens.[2]

Seit Helmut Kohl mit Hilfe der FDP im Oktober 1982 Bundeskanzler wurde, ist auch er Gegenstand von Gerüchten, die ihn als »Lüstling« darzustellen versuchen. Mit seiner Amtsübernahme zogen – wie das wohl bei keinem Kanzler anders ist – ehemalige Mitarbeiter/innen Kohls in das Palais Schaumburg ein, unter anderen Waldemar Schrekkenberger, der Kanzleramtschef wurde, und seine langjährige Sekretärin, Juliane Weber. Der Spiegel: »Freund Waldemar und Kohl-Sekre-

1 Knorr, Peter und Hans Traxler: BIRNE. Das Buch zum Kanzler. 2. Aufl., Frankfurt 1983.
2 Ebd., Seite 7.

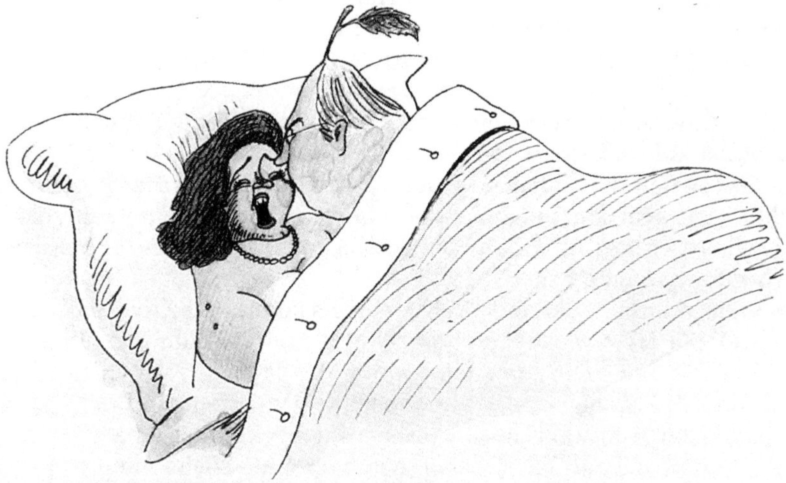

Birne indes kämpfte weiter . . .[3]

tärin Juliane Weber sollen's noch einmal bringen wie einst in den goldigen Siebzigern im goldischen Määnz.«[4]

Besonders Juliane Weber gilt seither »als wichtigste Ratgeberin und Vertraute«. Seit »vielen Jahren in Kohls Vorzimmern«, ist sie »heute zentrale Figur im Vorhof der Macht.«[5]

Im persönlichen Gespräch mit der engen Vertrauten gewinne der Kanzler wichtige Entscheidungshilfen. Freilich dürfte sie nicht immer in seiner Nähe sein. Beim Auftakt des Münchner Oktoberfestes in der Bonner Bayern-Vertretung blieb sie »ausgesperrt«[6]. Bei einem »Abspeck-Urlaub« im Jahre 1984 ließ Kanzler Kohl Frau und Kinder daheim, sogar »seine persönliche Referentin Juliane Weber.«[7] Ende 1983 wurde fast die »ganze Familie« Kohl beim Kaiser Hirohito empfangen. »Nur Frau Juliane Weber, die Vertraute des Kanzlers, hatte draußen bleiben müssen. Die Bonner Botschaft in Tokio war mit Erfolg gegen den Plan angegangen, die persönliche Referentin Kohls

3 Knorr/Traxler, a. a. O., Seite 10.
4 Der Spiegel, Nr. 39/1982, Seite 29.
5 Der Spiegel, Nr. 40/1983. Seite 23.
6 Der Spiegel, Nr. 38/1984, Seite 250.
7 Der Spiegel, Nr. 17/1984, Seite 207.

in die offizielle Delegation aufzunehmen. Dennoch lautete das Motto des Kanzlers: ›Das ist ein fröhlicher Tag‹.«[8]

Die »Vorherrschaft der Kanzlerreferentin«[9] beziehe sich nicht nur auf das Vorzimmer des Kanzlers.

Sie serviere ihm auch den Kaffee. »Sie schlägt ihm auch die Eier auf, weil der Kanzler sie so heiß nicht anfassen mag.«[10]

Das ist nun nicht gleich sexuelle Denunziation. Nur nach Manfred Bissinger, dem Chefredakteur von KONKRET zu der Zeit, sind solche Randglossen des SPIEGEL »Scherz(e) für Insider«, die ausreichend Vorinformationen haben.

»Die Wahrheit schreiben will keiner. Es könnte die Kreise stören.«[11]

KONKRET »wagte« es, die »Wahrheit« zu schreiben. In einer Titelgeschichte »Die (doppelte) Moral des Helmut Kohl« wurde berichtet, daß Kohl bei der Aufnahme seiner Arbeit in Bonn »seine Familie im Bungalow in Oggersheim« zurückgelassen habe. »Seine Sekretärin Juliane Weber aber nahm er mit. Nicht nur ins Büro, sondern auch ins Haus nach Bonn-Pech«, obwohl sie »auch verheiratet ist«.

Gestützt auf Informationen aus der BILD-Zeitung vom 14. Oktober 1982 über die »geheimnisvolle Welt der neuen Nr. 1« in Bonn, konnte KONKRET melden, daß die Gattin des Kanzlers nur selten nach Bonn gekommen sei, »übernachtet hat sie da so gut wie nie«.

KONKRET analysierte für seine Leserschaft die heikle Situation: »Das ging auch schlecht. Für sie war kein Platz da. Sie schlief daheim in Rheinland-Pfalz und kam damit nur schlecht zurecht.«

Als Beleg für den letzten Teil des Zitats wurde eine Äußerung der Kanzler-Gattin herangezogen, die gegenüber einer Journalistin »offenbarte«:

»Man muß vor allem warten können. Nach vier, fünf Stunden echten Wartens kann man nur noch von einem Hund verlangen, daß er sich immer noch freut. Ich hab' von unserem Hund gelernt.«

Nach diesen profunden Recherchen folgte schließlich die Quintessenz der groß aufgemachten Titelgeschichte:

»Wie ein Mann seine Familie behandelt und wie er über die Familie spricht, kann im Gegensatz nicht krasser sein als bei Helmut Kohl.

8 Der Spiegel, Nr. 45/1983, Seite 19.
9 Der Spiegel, Nr. 28/1983, Seite 35.
10 Der Spiegel, Nr. 47/1982, Seite 21.
11 KONKRET 1/1983, Seite 11.

Seine Worte sind scheinheilig und verlogen, wenn man weiß, wie er lebt. In Bonn ist es ein offenes Geheimnis.«[12]

Das Unbehagen an der Methode schlug freilich durch. »Freunde/Freundinnen gehören nicht in die öffentliche Diskussion,« schrieb KONKRET. – Normalerweise! Daß sie im Falle des Kanzlers Helmut Kohl sehr wohl in die öffentliche Diskussion gehörten, mußte ausführlich begründet werden, wenn die Moral des Blattes nicht selbst in Mitleidenschaft geraten sollte.

KONKRET meldete ein öffentliches Interesse an dem Privatleben des Kanzlers an, weil Kohl »persönlichste Verhältnisse vom Staat finanzieren« lasse. Kohl wurde mit Willy Brandt verglichen, der der CDU als »Sicherheitsrisiko« erschienen sei und der wegen »Erpreßbarkeit« durch »galante Abenteuer« habe gehen müssen.[13] Schließlich aber müsse sich Kohl fragen lassen, wie es mit seiner Familie stünde, da er doch »Staat und Gesellschaft nach dem Ebenbilde der Familie gestalten« wolle ...

Namentlich das letzte Argument wurde auch von anderen linken Blättern aufgegriffen.[14]

Diese Begründung mag manchem eingeleuchtet haben. Es ist unbestreitbar das Recht und die Pflicht der demokratischen Presse, auf Dinge zu verweisen, die widersprüchlich und ungereimt erscheinen. Die hochmoralischen Ansprüche des Kanzlers Kohl mögen eine zusätzliche Herausforderung gewesen sein. Keinem anderen Kanzler quoll so der Mund über, wenn es um die Beschwörung von Anstand, Sitte und Tugend ging. Wird die Moral so vollmundig strapaziert, darf man sich freilich nicht wundern, wenn die Öffentlichkeit bereits auf den Anschein eines Widerspruchs empfindlich reagiert. Wird das Privatleben der Politiker mit herangezogen, so droht die Grenze zwischen notwendiger Aufklärung und Denunziation zu verschwimmen. Das muß sicherlich nicht zwangsläufig der Fall sein. Da aber die Gerüchteküche erst zu einer Zeit zu brodeln anfing, als in der Bundesrepublik zur Wahl gebeten wurde (März 1983), kann man getrost davon ausgehen, daß es hier nicht nur um hehre journalistische Motive ging. Das gilt auch für die linke »tageszeitung«, die sich im Falle »Juliane W.« bzw. Helmut Kohl besonders hervortat.

Die Beziehungen Kohls zu Juliane Weber wurden hier in den

12 Ebd.

13 KONKRET 1/1983, Seite 11.

14 Vgl. u. a. Hamburger Rundschau vom 21. 10. 1982.

Zusammenhang mit einem Schwangerschaftsabbruch gebracht, der von einem Schweizer Arzt vorgenommen worden sein soll.

Natürlich läßt sich eine solche Mitteilung nicht als Tatsachenmeldung darstellen, wenn man einstweilige Verfügungen, Anwaltskosten und Prozesse vermeiden will.

Die »tageszeitung« streute die Gerüchte in einer Glosse mit einem Text, der von der West-Berliner Kabarettgruppe »Die 3 Tornados« verfaßt wurde:

»Sehr geehrter Herr Bundeskanzler Dr. Kohl!

...

Mehrfach sind, – unter anderem aus gewöhnlich gut unterrichteten Kreisen – Gerüchte an unsere Ohren gekommen, die Ihren privaten Lebenswandel in ein trübes Licht zu setzen versuchen. Diese Gerüchte behaupten unverfroren, Ihre ehemalige Sekretärin Frau Weber – die Sie jetzt zur Rätin befördert haben, – habe aus einem außerehelichen Verhältnis mit Ihnen ein Kind erwartet, das abgetrieben worden sei ... der *Stern* hätte von der Veröffentlichung nur abgesehen, weil ein in dieser Angelegenheit angeblich tätig gewordener Arzt in der Schweiz eine eidesstattliche Versicherung verweigert habe.

Wir finden es außerordentlich bedauernswert, wie hier interessierte Kreise

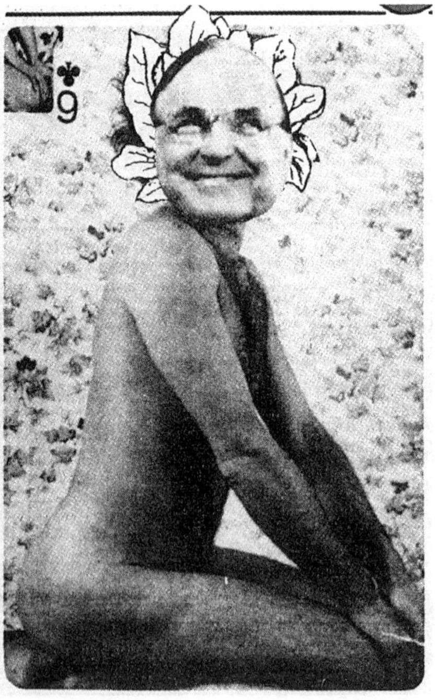

versuchen, durch gezielte Diffamierungskampagnen die sachliche, faire politische Auseinandersetzung zu trüben.

...

Sie können versichert sein, daß wir diesen Mutmaßungen mit aller Entschiedenheit jederzeit öffentlich entgegentreten. ...«[15]

Neben dieser Glosse wurde eine Photomantage wiedergegeben, die den Kopf des Kanzlers auf einem nackten Männerkörper zeigt.

Glossen werden in Zeitungen zumeist auf der letzten Seite oder im Innern des Blattes auf Randspalten abgedruckt. Das ist auch bei der »tageszeitung« so üblich. In diesem Falle jedoch nicht.

Die »Information« war der Redaktion so wichtig, daß sie den offenen Brief und die Photomontage auf Seite 1 brachte, an der Stelle, wo sonst der Leitartikel steht.

Franz Josef Strauß

»Seine Sexaffären, seine Akoholexzesse, alle genüßlich kolportiert, haben ihn nie zum Playboy gemacht – nur zum Biedermann auf Abwegen«[1] schrieb Jürgen Leinemann zur Zeit des Bundestagswahlkampfs 1980, den der Bayerische Ministerpräsident als Kanzlerkandidat der CDU/CSU führte. Nur zu gern hätten politische Gegner den Kanzler-Aspiranten nicht nur als einen Bewerber mit politischen und finanziellen Affären vorgeführt, sondern ihn der Wählerschaft auch als Sittenstrolch präsentiert. Die publik gewordenen Anlässe hierfür blieben freilich dürftig. Nichtsdestoweniger wurden sie über Gebühr ausgeschlachtet. Das sei verdeutlicht an jener »Episode« aus dem Jahre 1971, die schlagzeilenträchtige Auswirkungen haben sollte.

Im März jenen Jahres hielt sich Franz Josef Strauß als Privatmann in New York auf. Nach der Eröffnungsfeier eines Wienerwald-Restaurants und einem Umtrunk im Hotel PLAZA ging Strauß noch ein paar Schritte vors Hotel. Nach wenigen Augenblicken hielt neben ihm ein gelber Wagen, in dem sich zwei Prostituierte befanden. Die eine versuchte Strauß in den Wagen zu locken, die andere unterbreitete den Vorschlag, mit ihm ins Hotel zu gehen. Strauß lehnte ab, machte ein paar Schritte zur Seite, um ins Hotel zu gehen. Die Damen folgten, entwendeten ihm blitzartig wie die »Wildkatzen« Geldbörse und Aus-

15 Die tageszeitung vom 14. 2. 1983, Seite 1.
1 Leinemann, Jürgen: Überlebensgroß Herr Strauß. In: Rudolf Augstein (Hrsg.): Überlebensgroß Herr Strauß. Hamburg 1980, Seite 64.

weispapiere und entflohen in dem gelben Wagen, der zwischenzeitlich um den Häuserblock gefahren war. Ein Taxifahrer, der den Vorfall beobachtet hatte, notierte die Autonummer. Wenige Stunden später gelang es der New Yorker Polizei, die Täterinnen zu stellen. Strauß erhielt seine Barschaft und seine Papiere zurück.

Der Vorfall, der durch die Einschaltung der Polizei und des deutschen Konsulats nicht geheim bleiben konnte, wurde zur Ursache allgemeiner Heiterkeit, in Bonner Regierungskreisen ebenso wie in der Öffentlichkeit und in den Medien, sofern sie nicht dem Politiker nahestanden, und er »spornte Journalisten und Karikaturisten zu Höchstleistungen an«, wie der STERN süffisant registrierte.[2]

Wer den Schaden hat, braucht für den Spott nicht zu sorgen. Unter diesem Gesichtspunkt könnte der Vorfall sein Bewenden haben, wenn nicht auch hier eine subtile Form der sexuellen Denunziation erkennbar geworden wäre. Das zeigt sich sehr deutlich beim Vergleich von Berichten, die politisch unterschiedlich orientierte Presseorgane der Bundesrepublik dem Vorfall widmeten.

Strauß war im PLAZA-Hotel abgestiegen, das am Central Park gelegen ist. Die BILD-Zeitung betonte die Exklusivität des Hauses und seine privilegierte Lage: Das »Prominentenhotel PLAZA« ... »liegt an der Ecke der 59. Straße und Fifth Avenue, in einer der feinsten Wohngegenden Manhattans am Central Park.«[3] Nach der »Süddeutschen Zeitung« ereignete sich der Vorfall »in der Nähe des berüchtigten Central Parks«[4]. Der SPIEGEL gar wußte zu berichten, daß eine der Sraßen vor dem PLAZA-Hotel in der Sprache der New Yorker Polizisten »Prostitutes Promenade« heißt.[5]

Befand sich der Privatmann Strauß auf Freiersfüßen? Rätselhaft jedenfalls mutet dem SPIEGEL das Bedürfnis des Bayern an, zur späten Stunde noch einmal das Hotel zu verlassen: »Rastlos verließ der Bayer das Hotel. Was ihn auf die 59. Straße trieb, weiß nur er selbst.«[6]

Nach der BILD-Zeitung war die Darstellung des Vorfalls von Strauß unbestreitbar, sie wurde »von Zeugen erhärtet und von der Polizei bestätigt.«[7]

Die – 1971 noch – sozialdemokratische Hamburger MORGENPOST

---

2 Der STERN Nr. 14/1971, Seite 242.
3 BILD vom 17. 3. 1971, Seite 24.
4 Süddeutsche Zeitung vom 17. 3. 1971, Seite 1.
5 Der Spiegel 13/1971, Seite 26.
6 Ebd.
7 BILD vom 17. 3. 1971, Seite 1.

hingegen bemühte sich, die Phantasie ihrer Leser zu beflügeln: »Der Raubüberfall auf den CSU-Vorsitzenden Franz Josef Strauß im nächtlichen New York hat in Bonn zahlreiche Spekulationen ausgelöst.« Darüber in dicken Lettern: »»CSU-Chef: Ich war nicht betrunken«‹.[8]

Nach dem Bericht der BILD-Zeitung wehrte Strauß die Anträge der Prostituierten kategorisch ab. Auch nach der Hamburger Morgenpost blieb der Überredungsversuch der Prostituierten erfolglos. Im Dickdruck erschien jedoch der Satz: »Strauß ging mit ihr einige Schritte vom Hoteleingang weg, und dann geschah das Ganze«.[9]

Weiter wußte das sozialdemokratische Blatt differenziert über die Bonner Einschätzung der ›hochdelikaten‹ Episode zu berichten: »In Bonn ist man davon überzeugt, daß Strauß von der ganzen Sache nicht viel Aufhebens gemacht hätte, wenn nicht die New Yorker Polizei sich als besonders diensteifrig und mitteilungsfreudig gezeigt hätte.«[10]

Zwar gibt der Vorfall nicht ausreichend Stoff, um den CSU-Vorsitzenden als notorischen Bordellbesucher zu qualifizieren, aber die Episode wird zum Bestandteil seiner Biographie. Noch nach Jahren, als sich die Bundesrepublik im Wahlkampf befindet, wird der Vorfall als »Taubenfüttern im Central Park« apostrophiert.[10]

Ich betreibe hier keinen Feldzug für meinen Lieblingspolitiker, wenn ich der Ansicht bin, daß die journalistische Aufbereitung dieses Vorfalls nach Maßgabe meines Themas auch sexuelle Denunziation ist.

Die Karriere des Franz Josef Strauß ist durch Skandale und Affären gekennzeichnet wie bei keinem anderen deutschen Politiker der Nachkriegszeit. Die Beschaffung des Starfighters F-104-G geht auf sein Konto, die Fibag- und die SPIEGEL-Affäre. Es gab in seiner Ministerzeit Vorkommnisse, die den Verdacht der Begünstigung im Amt begründeten, es gab Amtsanmaßungen und rechtswidrige Eingriffe in die Justiz.[12] Er gab dem deutschen Parlament auf dessen Anfragen »keine, falsche, höchst unvollständige oder schuldhaft verspätete Antworten«, die Theodor Eschenburg als »schweres Vergehen gegen die parlamentarische Ordnung« gewertet hat.[13]

8 Hamburger Morgenpost vom 17. 3. 1971, Seite 1.

9 Ebd.

10 Vgl. Der Spiegel Nr. 39/1976, Seite 33.

12 Vgl. u. a. Roth, Wolfgang u. a. (Hrsg.): Schwarzbuch: Franz Josef Strauß. Köln 1972; Augstein, Rudolf (Hrsg.): Überlebensgroß Herr Strauß, a. a. O., insbes. Seite 125 ff.; Kuby, Erich: Im Fibag-Wahn oder sein Freund der Herr Minister. Reinbek 1962.

13 Zitiert nach »Wer mir Lüge vorwirft ...« Dr. h. c. Strauß in eigener Sache vor dem Deutschen Bundestag. Zusammenfassende Dokumentation aus den SPIEGEL-Ausgaben 34, 36 und 37/1965. Hamburg o. J., Seite 2.

»Das kannst der New Yorker Polizei erzählen, aber nicht mir!«[11]
Braunschweiger Zeitung

Fragwürdige Vorstellungen von dem Geist der Demokratie hat Strauß in seinen Beurteilungen des faschistischen Regimes in Chile geliefert, in den Einschätzungen der Apartheidpolitik in Süd-Afrika und in der Rhodesien-Frage.[14] Innen- und außenpolitisch zeigte sich Strauß in seinem Handeln wie in seinen Reden oft als Machtpolitiker. Seine politischen Gegner hat er mit »Ratten und Schmeißfliegen« verglichen, in die Nähe der SA und SS gerückt oder schlichtweg als geisteskrank bezeichnet. Was an Diffamierungen möglich ist, hat der CSU-Vorsitzende stets ins Feld geführt, um das reaktionäre Potential seiner Anhängerschaft zu mobilisieren. Die sexuelle Denunziation

11 Der Spiegel Nr. 14/1971, Seite 11.
14 Vgl. u. a. Staeck, Klaus (Hrsg.): Einschlägige Worte des Kandidaten Strauß. 16. Aufl., Göttingen 1983, Seite 79 ff.

blieb in seinen Argumenten nicht ausgespart. Die Reden von Bundeskanzler Helmut Schmidt nannte er »rüpelhaftes Geschwätz im Reeperbahnstil«[15]; die Führer der Sowjetunion galten ihm als Triebverbrecher, die hinter Schloß und Riegel gehören: »Einen Sittlichkeitsverbrecher läßt man auch nicht frei herumlaufen.«[16] Als 1968 die Verbrechen der amerikanischen Armee gegenüber dem vietnamesischen Volk weltweite Empörung hervorriefen und in der Bundesrepublik zum Thema der außerparlamentarischen Opposition wurden, versuchte Strauß mit Hilfe der sexualmoralischen Entrüstung über die begründeten Anklagen gegen die amerikanische Kriegsführung hinwegzutäuschen. Strauß verstieg sich zu einer Anmerkung über ». . . diese verdreckten Vietcong-Anhänger, die da öffentlich Geschlechtsverkehr treiben.«[17]

Schlimm auch seine Bemerkung über Homosexualität: »Ich will lieber ein kalter Krieger sein als ein warmer Bruder.«[18]

15 Frankfurter Rundschau vom 25. 9. 1978, zit. nach Staeck, a. a. O., Seite 146.
16 Vgl. Augstein, Rudolf, a. a. O., Seite 8.
17 Der Spiegel Nr. 31/1968, Seite 94.
18 Die Zeit vom 1. 1. 1971, Seite 2.

Stigma: Allgemeine Zerrüttung moralischer Werte

Eine neue Partei untergräbt Anstand und gute Sitten

Spätestens in der zweiten Legislatur-Periode der sozial-liberalen Koalition in Bonn wurde vielen Bürgerinnen und Bürgern deutlich, daß eine konsequente alternative Politik zu den Vorstellungen der CDU/CSU von der bestehenden Regierung nicht mehr zu erwarten war. Namentlich unter den Wählern der Sozialdemokraten verbreitete sich eine wachsende Enttäuschung über die Erfolglosigkeit des größeren Koalitionspartners und über seine Kompromisse vor allen Dingen in der Energie-, Friedens- und Sicherheitspolitik. Aber auch andere Bereiche, die Benachteiligung der Frauen, die Ausbeutung der Dritten Welt, die Gesundheitspolitik und vor allen Dingen die Umweltpolitik, waren Fragen, die immer mehr Menschen in der Bundesrepublik als von den regierenden Parteien nicht ernstgenommene erkannten.

Seit 1977, als die GRÜNEN erste lokale Wahlerfolge erzielten, wuchs die Zahl derer, denen die überlieferte Orientierung an Wachstum und Profit als einziger Maßstab für erfolgreiche Politik fragwürdig geworden war. 1,3 Millionen Bundesbürger gaben bis Mitte 1982 in zehn Landtagswahlen den Grünen/Bunten/Alternativen ihre Stimme. In sieben Landtagswahlen waren sie bis Ende 1982 erfolgreich angetreten und konnten ihren Einzug in die Parlamente halten. Die Irritation der traditionellen Parteien war von Anfang an erheblich. Die SPD geriet in Bedrängnis, weil sie sehen mußte, daß überall dort, wo die GRÜNEN Erfolge hatten, ihre Wählerschaft zu schrumpfen begann; die Freien Demokraten kamen ins Schleudern, weil der ihnen über Jahrzehnte angestammte Platz der »Dritten Kraft« im Parteiengefüge verloren ging. Die CDU bekam Alpträume bei dem Gedanken an ein Rot-Grünes Bündnis, das ab 1984 in Hessen diskutiert (und Ende 1985 installiert) wurde. Als die GRÜNEN gar bei der vorgezogenen Bundestagswahl am 6. März 1983 allen Widrigkeiten zum Trotz die 5%-Hürde überwanden, fühlten sich viele in der Bundesrepublik zutiefst verletzt. Die jahrzehntelange Einpendelung der Wählergunst auf CDU/CSU, SPD und FDP hatte sich in dem Bewußtsein vieler als Drei- bzw. Vier-Parteien-»System« verfestigt. Der Erfolg der GRÜNEN war unter diesem Gesichtspunkt schon reichlich anstößig. War ihnen doch gelungen, was seit Jahrzehnten keine neue Partei mehr erreicht hatte. Und das bei einem Verhalten, das auf taktische Züge im herkömmlichen Sinne verzichtete und die offene Austragung von Konflikten in den eigenen Reihen bevorzugte.

Die Grün-Alternativen seien

»ein sich leidenschaftlich bekämpfendes Sammelsurium aus Kommunisten, Verrückten, Kriminellen, Weltverbesserern und Naivlingen sowie ausgemachten Dummköpfen.«[1]

Das ist eine Einschätzung aus dem ultrarechten Lager der »Nationaldemokraten«. Sehr viel nuancierter fiel freilich auch nicht die Beurteilung durch die konkurrierenden anderen Parteien aus. In dem Bundestagswahlkampf 1983 hatten die Etablierten die »Gemeinschaft der Demokraten« beschworen. In unsäglichen rhetorischen Kraftanstrengungen hatten sie versucht, die GRÜNEN als Chaoten zu stigmatisieren. Sie seien ohne Konzept und Programm und obendrein kommunistisch unterwandert. Sie hätten fragwürdige Vorstellungen von der Demokratie und ein gebrochenes Verhältnis zum geltenden Recht. Ihr Fanatismus rücke sie in die Nähe der Nationalsozialisten, ihre Versponnenheit, ihr Idealismus mache sie untauglich für das harte Geschäft der realen Politik. Zudem lasse ihr äußeres Erscheinen, ihr Auftreten und ihr Argumentieren oft den guten Geschmack, den Anstand und die Sitte vermissen. »Politikfähigkeit« im erworbenen Konsens aller Demokraten wurde eingeklagt: Wo die etablierten Politiker sich im gepflegten Zwirn um »Ausgewogenheit« nach links und rechts bemühten und ängstlich nach der Macht schielten, argumentierten die GRÜNEN oft in Hemdsärmeln und Latzhosen; empört, wenn sie empört waren, niedergeschlagen, wenn sie niedergeschlagen waren, hilflos, wenn sie hilflos waren. Nicht zuletzt in dem Verzicht auf die Maske selbstgefälliger Souveränität und auf das Taktieren nach allen Seiten mag ihre Überzeugungskraft gelegen haben.

Gegenstand für pauschale Abqualifizierungen und Denunziationen bot u. a. auch die Teilnahme an spektakulären Aktionen wie Hausbesetzungen oder Demonstrationen gegen Atomkraftwerke, bei denen die GRÜNEN oft zu außergewöhnlichen Maßnahmen griffen, um auf

1 Deutsche Nationalzeitung Nr. 4 (34. Jg.) vom 20. 1. 1984, Seite 1.

ihre politischen Belange aufmerksam zu machen. Anfang August 1983 waren für viele Bundesbürger die Grenzen des guten Geschmacks endgültig erreicht. In der Lobby des Hessischen Landtags gab es einen Empfang, an dem der Kommandierende General des V. US-Korps, Paul S. Williams, teilnahm. Während man artig toastete und gepflegt Konversation betrieb, ereignete sich plötzlich ein Vorfall, der die Gemüter der Republik – von links bis rechts – in heftige Erregung bringen sollte. Ein Abgeordneter der GRÜNEN, Frank Schwalba-Hoth, stürzte sich auf den General und bespritzte ihn mit Blut, das er sich selber abgezapft hatte. Dabei stieß er den Ruf aus »Blood for the bloody Army«. Ein demonstratives Happening gegen die amerikanische Militärpolitik, Kritik an der Intervention in Grenada und an der Stationierung der Raketen in der Bundesrepublik. Die öffentlichen Reaktionen auf das »Happening« waren denkbar negativ. Für den Rheinischen Merkur war der Vorfall eine Erinnerung an Zustände von 1933, die auch mit der »Verachtung der Humanität« und der »Zerstörung der menschlichen Würde« begonnen habe.[2]

Klaus Besser betitelt seinen Kommentar für BILD am Sonntag mit »Grüne – wie die Nazis!« und schreibt unter Einbezug der Bundespartei: »Was die Grünen bei dem Empfang für einen mit uns befreundeten General aus den USA taten, wäre einer SA würdig gewesen ...«[3] Die GRÜNEN – das sollte nicht nur den Wählern in Hessen deutlich gemacht werden – seien eine Horde von Individuen ohne Geschmack, Sitte und Anstand, von der sich das Wahlvolk mit Abscheu abwenden solle. Auch fehlte in diesem Großorchester nicht das Instrument der sexuellen Denunziation: Uneheliche Kinder, Scheidung und standesamtlich nicht legitimierte Beziehungen von GRÜNEN wurden den Bürgerinnen und Bürgern vorgeführt, um unterschwellig den Eindruck von der moralischen Haltlosigkeit dieser Volksvertreter zu erwecken. Dafür nur ein Beispiel. Als im April 1984 in der Bonner Fraktion der GRÜNEN eine Frauenliste für den Sprecherrat und für die parlamentarische Geschäftsführung durchgesetzt wurde, stellte die BILD-Zeitung den »Weiberrat«[4] vor. Unter den sechs Vertreterinnen wurde die Abgeordnete Waltraud Schoppe vorgestellt:

»Studienreferendarin aus Bassum, zwei Söhne, geschieden, legt Wert darauf, in ›wilder Ehe‹ zu leben, Sprecherin.«[5]

---

2 Christ und Welt. Rheinischer Merkur Nr. 32/1983, Seite 1.
3 BILD am Sonntag vom 7. 8. 1983, Seite 10.
4 BILD vom 5. April 1984, Seite 10.
5 BILD vom 5. April 1984, Seite 1.

Leserinnen und Leser mit defektem Kurzzeitgedächtnis wurden auf Seite 10 derselben Ausgabe noch einmal erinnert:

»Waltraud Schoppe, die in wilder Ehe lebt: ›Wir müssen die Männer mehr einbeziehen in Hausarbeit und Kindererziehung‹.«[6]

Kurzmeldungen ähnlichen Inhalts sind zahlreich, und oft sind Hinweise dieser Art nur in Nebensätzen oder zwischen den Zeilen erkennbar. Sicherlich sind mit solchen Hinweisen nicht die grünen Politikerinnen und Politiker persönlich zu treffen, da es für sie kein Thema ist, in der Öffentlichkeit Fassaden-Familien zu präsentieren. Doch der Versuch, sie durch solche Hervorhebungen des Personenstands bei den potentiellen Wählern zu desavouieren, wird zweifellos sichtbar.

Die GRÜNEN verachten die Frauen und belästigen sie sexuell am Arbeitsplatz

Den Anlaß für eine großangelegte sexuelle Denunziation ihrer Partei lieferten die GRÜNEN im Sommer 1983 selber. Zu Beginn des Monats August hatte ihr Abgeordneter Klaus Hecker, Spitzenkandidat seiner Partei in Hessen, eine Mitarbeiterin in einer Form belästigt, die die Betroffene als grob sexistische Beleidigung empfinden mußte. Als sie den Abgeordneten am nächsten Tag noch einmal über den Vorgang zur Rede stellte, gab dieser zu erkennen, daß er ihre Beschwerde nicht ernstnahm und nicht einzusehen vermochte, daß er durch die Ausnutzung seiner Stellung »auf das Übelste in die Würde eines anderen Menschen eingegriffen hat«.[7]

Die betroffene Frau beschloß, eine Kollegin, die mit dem Abgeordneten geschäftlich zu tun hatte, vor dem Verhalten Heckers zu warnen. Dabei stellte sich heraus, daß der Abgeordnete auch die Kollegin bereits sexuell belästigt hatte und außerdem mindestens zwei weitere Frauen, die in der Fraktion der GRÜNEN arbeiteten.

Zu der persönlichen Kränkung der Betroffenen kam die Empörung darüber, daß sich die Vorfälle ausgerechnet in jener Partei zutrugen, die mit einem hohen moralischen Anspruch in ihrem Wahlprogramm ausgewiesen war und die die Rechte der Frauen besonders nachhaltig

---

6 BILD vom 5. April 1984, Seite 10.

7 Plogstedt, Sibylle und Kathleen Bode: Übergriffe. Sexuelle Belästigung in Büros und Betrieben. Eine Dokumentation der Grünen Frauen im Bundestag. Reinbek 1984, Seite 137.

gegenüber den Machtansprüchen der Männer wahrzunehmen versprochen hatte. Die belästigten Frauen mußten einmal mehr einsehen, daß sich auch bei den GRÜNEN ähnliche Machtstrukturen auftun wie bei den etablierten Parteien. Die Frauen beschlossen, die sexistischen Übergriffe nicht als Entgleisung eines einzelnen Abgeordneten zu behandeln oder als das Problem einzelner Frauen, sondern ihre Erfahrungen mit dem Abgeordneten in einen übergeordneten Zusammenhang zu stellen: mit dem alltäglichen Sexismus am Arbeitsplatz. Sie schrieben an alle Fraktionsmitglieder ihrer Partei einen Brief. Die Vorfälle wurden beim Namen genannt und als strukturelle Merkmale männlicher Machtausübung beschrieben. Der Brief endete mit dem Aufruf »Friede der Erotik, Kampf dem Sexismus«.[8]

Der Aufruhr in der Fraktion war erheblich. Das als fraktionsinterner Denkanstoß gedachte Schreiben geriet durch eine Indiskretion an die Presse. Wenige Tage zuvor hatte der GRÜNE Abgeordnete Schwalba-Hoth für negative Schlagzeilen gesorgt, jetzt schwappte eine neue

Admiral's-Cup: Deutsche Yachten auf der Siegesfahrt?
7. August 1983 1,40 DM
C 1775 C
Bild am Sonntag
TV-PROGRAMM SEITE 40
HSV 4:3 – aber jetzt ist auch Rolff verletzt!
Werder 1:3! Der Vize-Meister wackelt noch
Wieder ein Grüner!
Sex-Skandal in Bonn!
Flugblatt-Aktion empörter Frauen gegen eigenen Bundestagsabgeordneten!
Sonderberichte Seiten 8–10
Warten auf den Henker: 12 Frauen in der Todeszelle
Seiten 18–20
Gustav Knuth: Ich mache Schluß!
Seite 4
Aus für Marek! Eckhardt (75) zu alt?
Seite 3
D-Mark in Not!
Bonner Sparpläne
Millionen Hausfrauen künftig ohne Rente!

8 Vgl. ebd., Seite 138.

Welle gegen die GRÜNEN, diesmal mit der sexuellen Nuancierung. Am 7. August titelte BILD am Sonntag: »Wieder ein Grüner! Sex-Skandal in Bonn!« Die Schlagzeile spiegelte bereits die Tendenz. Den GRÜNEN Frauen ging es nicht um eine Personalisierung des Problems, sondern sie wollten die Allgegenwart sexueller Gewalt problematisieren. Gewalt, wie sie täglich und überall vorkommt. Die Person Klaus Heckers war sekundär und wurde nicht mit Namen genannt. In BILD am Sonntag wurde der Name preisgegeben. Der Übergriff wurde als Merkmal jener Partei herausgestellt, die bereits in der Vergangenheit Zweifel an Sitte, Moral und gutem Geschmack hatte aufkommen lassen: »Abscheu und Empörung bundesweit über die Grünen: Die Skandalpartei ist auf dem Tiefpunkt ihrer Krisen angekommen.«[9] Sie »geben sich alle Mühe, ... auch noch ihre letzten Reste an Glaubwürdigkeit zu verspielen. Ob Busengrapscher, ob Blutekel, sie kommen nicht mehr aus den negativen Schlagzeilen.«[10] BILD am Sonntag stellte die ihr wichtigste Frage um den Vorfall: »Ist diese Partei noch verfassungsmäßig?«[11]

Der spektakuläre Versuch zur öffentlichen Bewußtseinsbildung wurde von den GRÜNEN teuer erkauft. Er lieferte als erste Reaktion

Die Grünen in der Krise

Die Grünen in der Krise

Ist diese Partei noch verfassungsmäßig?

Schon 14 Tage vorher wurde das Blutattentat generalstabsmäßig geplant

Bonn: Grüner Busengreifer sitzt im Deutschen Bundestag

Wiesbaden: US-Soldaten Freiwild?

Recht und Anstand mit Füßen getreten

Das Flugblatt der Frauen

Auszüge aus dem Protest gegen den grünen „Sexisten"

9 BILD am Sonntag vom 7. 8. 1983, Seite 8.
10 Bayernkurier vom 27. 8. 1983, Seite 3.
11 BILD am Sonntag vom 7. 8. 1983, Seite 8/9.

„Unsere grünen Damen haben jetzt den alternativen Pulli entwickelt“

12

willkommene Munition für die zahlreichen Gegner, die GRÜNEN sexualmoralisch zu liquidieren.

»Blut und Busen« wurde zum »Thema Nummer eins« auf allen Wahlveranstaltungen der GRÜNEN in Hessen.[13] Die Diskussionen liefen »negativ, voll gegen uns«.[14] »Nie wieder grün« war das Fazit, das viele Wählerinnen und Wähler aus den letzten Aktionen gezogen hatten. Die GRÜNEN mußten einsehen, daß sie die Reaktion der Öffentlichkeit falsch eingeschätzt hatten, daß es »sehr schwierig ist, den Leuten so etwas zu vermitteln«.[15]

Der alltägliche Sexismus

Die GRÜNEN begnügten sich freilich nicht mit der einmaligen spektakulären Auseinandersetzung über das Thema der sexuellen Belästigung am Arbeitsplatz. Als einen weiteren Schritt zur Politisierung des Problems regten sie eine Dokumentation über den Alltag an Frauenar-

12 Welt am Sonntag vom 14. 8. 1983, Seite 9.
13 Vgl. Der Spiegel Nr. 35/1983, Seite 59.
14 Vgl. ebd.
15 Vgl. ebd., Seite 61.

beitsplätzen an, die alles erfassen sollte, was zur sexuellen Belästigung der Frauen gehört: anzügliche Bemerkungen, Obszönitäten, latente und manifeste Gewalt. Die Grünen Frauen im Bundestag befragten Institutionen, Organisationen und Verbände und richteten Aufrufe an betroffene Frauen. Sie gaben eine Umfrage bei INFAS in Auftrag und sichteten Briefe von Männern zur Sache.

Die GRÜNEN Frauen erhielten Fallberichte von Betroffenen aus allen betrieblichen Sparten. Ob als Texilarbeiterin, als Putzfrau, als Disponentin, als Technische Zeichnerin, als Arbeiterin in einer Teppichfabrik, als Verkäuferin im Supermarkt, als Werbedame, als Reiseleiterin, als Buchhändlerin, als Kellnerin oder als Küchenhilfe, ob im Büro oder in der Arztpraxis, im Handwerk oder bei der Zeitung, ob im Öffentlichen Dienst oder auf einem Gewerkschaftslehrgang – die Berichte der genötigten Frauen zeigten die »Normalität« der Schamlosigkeit und der Ehrverletzung.[16] Sexuelle Belästigung ist ein Ritual, mit dem sich viele Männer immer wieder ihre »Männlichkeit« beweisen wollen.

Zu dem Zeitpunkt, als sich die Politiker über die GRÜNEN empörten, als die Skandalpresse sich entrüstete, lagen bereits andere wissenschaftliche Untersuchungen in der BRD vor, in denen die sexuelle Belästigung als ein Teilaspekt abgehandelt wurde.

Die Frauenzeitschrift BRIGITTE führte im Mai 1981 eine Untersuchung zur Situation der Frau im Büro durch. 50 Fragen wurden gestellt zu dem Thema »Was ist los in den Büros?« 4200 Frauen schickten den Fragebogen beantwortet zurück. Die meisten (56%) waren zwischen 25 und 40 Jahre alt und waren zu 77% in der Privatwirtschaft beschäftigt. Die Fragen der Untersuchung betrafen auch den Bereich »Sex im Büro«.

Nach der BRIGITTE-Umfrage müssen sich 34% der befragten Frauen am Arbeitsplatz gegen sexuelle Anzüglichkeiten wehren, 13% gegen zudringliche Annäherungsversuche und 11% gegen eindeutige Anträge.[17]

In offen ausgetragenen Konflikten um sexuelle Belästigung oder auch in gerichtlichen Auseinandersetzungen um Vergewaltigung werden den Frauen nicht selten unlautere Motive für die Anzeige unterstellt, und nicht selten wird die Frau, die die Belästigung öffentlich macht, als Schuldige hingestellt. Die häufigste Reaktion der Betroffe-

16 Vgl. ebd., Seite 32 ff.

17 Held, Monika, Beruf: Sekretärin. Reportagen – Protokolle – Analysen. München 1982, Seite 172.

nen, das »Ignorieren«[18], ist für viele Frauen die Strategie des »Überlebens« am Arbeitsplatz.

Die sublime wie die massive Belästigung der Frau spiegelt nur die allgemeine sexuelle Gewalt wieder. Der »Tatort Büro« steht exemplarisch für viele andere Bereiche, vom geheimen Ort der Ehe[19] bis zum unverhüllten öffentlichen Sexismus auf der Straße.[20]

Soviel dürfte im Sommer 1983 klar gewesen sein: Sexuelle Belästigung von Frauen findet in unserer Gesellschaft überall statt, nicht nur bei den GRÜNEN. Ganz abgesehen davon, daß das Problem auch bereits international Aufheben gemacht hatte.[21]

Sexuelle Belästigung der Frauen, das war der Mosaikstein, der noch in dem Bilde fehlte, das die politischen Gegner von der »Sittenwidrigkeit« dieser neuen Partei erstellt hatten.

Nun war das Bild vollständig.

Sexuelle Nötigung, Busengrapscherei, achtloses Verhalten gegenüber dem weiblichen Geschlecht und insbesondere gegenüber abhängigen Angestellten – das mußte als Merkmal derjenigen herhalten, die ausgezogen waren, um die etablierten Parteien das Fürchten zu lehren.

Erst als der Wahlkampf vorbei war, setzte BILD auf das brüchige Gedächtnis seiner Leserschaft. Jetzt ist die sexuelle Belästigung kein Gütezeichen mehr, das ausschließlich die GRÜNEN kennzeichnet. Nunmehr dürfen betroffene Frauen in der BILD-Zeitung ihre Erfahrungen berichten. »Die Busengrapscher. Was Frauen so am Arbeitsplatz erleben. Unterm Frisiertuch werden Männer frech ... Der Kunde hat immer recht ... Wie Männer über Friseusen denken.« lauten jetzt die Überschriften über skandalöse Vorfälle am Arbeitsplatz, und: »Nicht nur im Betrieb, auch in den öffentlichen Verkehrsmitteln müssen sich Frauen von Männern viel gefallen lassen. Unglaublich, was der Hamburgerin Petra D. in der S-Bahn passierte.«[22]

BILD hebt ein Denk-Verbot auf – bis auf weiteres. Sexuelle Belästi-

---

18 Vgl. Höh, Ruth: Was ist los in den Büros? Ergebnisse einer Fragebogenaktion für Sekretärinnen, Schreibkräfte, Typistinnen, Chefassistentinnen, Schreibdienstleiterinnen. Hamburg 1981, Seite 34.

19 Vgl. Benard, Cheryl und Edit Schlaffer. Die ganz gewöhnliche Gewalt in der Ehe. 31.–33. Tsd., Reinbek 1982.

20 Vgl. dies.: Der Mann auf der Straße. 64.–80. Tsd. Reinbek 1982. Siehe hierzu auch: von Paczensky, Susanne und Renate Sadrozinski: Sexuelle Gewalt. Eine subjektive Literaturliste. In: Sexualpädagogik und Familienplanung. Nr. 5/1983, Seite 34.

21 Angaben nach Plogstedt/Bode, a. a. O., Seite 12 ff. u. S. 149 ff.

22 BILD vom 20. Januar 1984, Seite 15.

gung kann überall passieren. Auch dort, wo kein GRÜNER der Kollege, der Kunde oder der Mitreisende ist.

Bei der hessischen Landtagswahl am 25. September 1983 mußten die GRÜNEN Federn lassen. Hatten sie ein Jahr zuvor stolze 8% erreicht, so verloren sie jetzt über ein Viertel ihrer Wählerschaft.

Inwieweit die Kampagne sexueller Denunziation zu den Verlusten beigetragen hat, ist nicht Gegenstand von Wahlanalysen gewesen. Es mag aber sein, daß es speziell diese Diffamierungen waren, die manch potentielle Wählerin und manchen Wähler im letzten Augenblick abgeschreckt haben, dieser Partei ihre Stimme zu geben.

Die sexualmoralische Verdammung einer Regierungsära: Die sozialliberale Koalition

Die Kritik an der Politik der sozialliberalen Koalition, die im Jahre 1969 unter Willy Brandt und Walter Scheel ihre Arbeit aufnahm, hatte von Anfang an den starken Akzent, die Vorhaben und Beschlüsse der neuen Regierung als Verstoß gegen Anstand und Moral zu diskreditieren. Ob in der Außenpolitik oder in der Innenpolitik – stets schwang in der konkreten politischen Debatte seitens der Opposition der moralisierende Unterton mit, der den Beschlüssen des politischen Gegners zusätzlich eine Verletzung der guten Sitten anzukreiden versuchte.

Im Bereich der Familien- und Frauenpolitik, besonders aber auch in der Bildungspolitik trat diese Tendenz kraß zutage. Bemühungen um mehr Demokratie, um Chancengleichheit und Emanzipation waren begleitet von der Beschwörung des moralischen Untergangs und anderen Gespenstern.

Mochten die eingeleiteten Reformen auch noch so halbherzig und unzulänglich sein, vielen genügten sie, um den Bestand des Abendlandes oder die freiheitlich demokratische Grundordnung in Frage gestellt zu sehen. Besonders die emanzipatorischen Ansätze der Pädagogik, die ausgangs der sechziger Jahre entwickelt worden waren, gerieten in eine beispiellose Diffamierungskampagne.[1]

Ganz ähnlich fiel die Einschätzung der gesamten Kulturszene aus. Wolfgang Brezinka, Professor für Erziehungswissenschaft an der Universität Konstanz, schrieb:

»In erheblichem Maße erlebt und verhält sich ein Mensch so, wie es den Bildern entspricht, die er von sich und seiner Gesellschaft hat. Diese Bilder werden heute weitgehend durch Literatur und Film bestimmt. Darin aber überwiegen Triebhaftigkeit, Egoismus, Primitivität und Gewalttätigkeit, arroganter Individualismus, sentimentales Mitleid mit sich selbst, Auflehnung gegen jede Autorität, Verhöhnung aller Tugenden, Feindseligkeit gegen Ge-

1 Siehe hierzu Koch, Friedrich: Gegenaufklärung. Zur Kritik restaurativer Tendenzen in der Gegenwartspädagogik. Bensheim 1979.

sellschaft und Kultur. Die Erscheinungsformen des Bösen, des Krankhaften und des Häßlichen bilden ein zentrales Thema. Es ist die Welt des Wahnsinns, der Verbrechen, der sexuellen Perversitäten, der totalen Lieblosigkeit, der Grausamkeit, der Verzweiflung, des Selbstmordes ...«[2]

Helmut Kohl konnte im Jahre 1982 bereits auf einer langen Tradition sittlicher Verdammung des »Zeitgeistes« aufbauen, als er den geistigen Neubeginn, die »geistig-moralische Erneuerung« für die Bundesrepublik auf seine Fahnen schrieb. Die moralische Verurteilung bezog sich zwar überwiegend auf die Tugenden allgemein, die die sozialliberale Regierung – in der Bewertung der Opposition – hatte verkommen lassen, jedoch maß man der Sexualmoral hierbei eine nicht unerhebliche Bedeutung zu. Beispiele hierfür sind

- die Auseinandersetzung um die Pornographie im Rahmen der Novellierung des § 184 StGB
- die Diskussion um den Schwangerschaftsabbruch (§ 218)
- die Sexualerziehung.

Stigma: Pornographie oder: Die Sozialdemokraten erfinden die unzüchtigen Schriften

Als die sozialliberale Regierung 1969 an die Macht kam, war bereits seit Jahren eine Entwicklung im Gange, die – je nach Standort des Beurteilters – als »sexuelle Revolution« oder als Liberalisierung der überlieferten strengen Sexualnormen bezeichnet wurde.

Seit Mitte der sechziger Jahre wurden zunehmend Themen der Sexualität offen zur Sprache gebracht, sexuelle Verhaltensweisen, die zuvor scharf tabuiert waren, wurden mehr und mehr geduldet und akzeptiert. Sexualität innerhalb oder außerhalb der Ehe, Homosexualität oder Heterosexualität, Masturbation oder Oralverkehr – die Tabus schienen nicht mehr zu existieren. Dieser Eindruck entstand auch durch die Behandlung und Darstellung sexueller Fragen in der Öffentlichkeit, in den Illustrierten, in der Werbung, im Filmschaffen oder in der Buchproduktion.

Der Wandel in der öffentlichen Einstellung brachte religiös motivierte Wertvorstellungen ins Wanken und stellte die Ziele der überlieferten Erziehung in Frage. Vorstellungen nicht nur von Ordnung,

2 Brezinka, Wolfgang: Die Pädagogik der Neuen Linken. Analyse und Kritik. 6. Aufl., München und Basel 1981, Seite 19ff.

sondern auch von Recht wurden gründlich erschüttert. Ein Großteil der Massenmedien produzierte – gemäß den überlieferten Maßstäben – »unzüchtige Werke« und bewegte sich außerhalb des gesetzlich vorgeschriebenen Rahmens. Wären die Gerichte der überlieferten Verfolgungs- und Verurteilungspraxis gefolgt, so hätte es ab Mitte der sechziger Jahre in den Gefängnissen der Bundesrepublik Deutschland ein lebensgefährliches Gedränge von Verlegern, Journalisten, Filmemachern und Buchautoren gegeben. Der geltende § 184 des Strafgesetzbuches drohte immerhin Freiheitsstrafen bis zu einem Jahr für denjenigen an, der »unzüchtige Schriften herstellt, vervielfältigt, bezieht, vorrätig hält, ankündigt, anpreist, an einen anderen gelangen läßt . . .«[3]

Als die sozialliberale Regierung im Jahre 1970 den § 184 in das Programm zur Novellierung des allgemeinen Sexualstrafrechts aufnahm, galten die Reformüberlegungen einem Gesetz, das landauf, landab nicht mehr ernstgenommen wurde, das hundertausendfach im Lande unterlaufen wurde und vom Ausland (insbesondere von Dänemark her) ausgehöhlt worden war.

Die SPD/FDP-Koalition teilte zwar mit den Konservativen die moralische Verurteilung der Pornographie, betonte jedoch, »daß es nicht die Aufgabe des Staates sein dürfe, mit seinen Strafgesetzen Hüter der Moral erwachsener Bürger sein zu wollen, solange Rechtsfriede und -sicherheit nicht gebrochen würden.«[4]

Der neue § 184 spricht nicht mehr von »unzüchtigen Schriften«, sondern von »pornographischen Schriften«. Dieser Austausch der Begriffe macht die Deliktbeschreibung zwar nicht klarer, signalisiert jedoch die Berücksichtigung einer größeren Tolerierung dessen, was als anstößig bezeichnet werden soll. Nach einer verbreiteten Definition ist Pornographie die »Darstellung, die geschlechtliche Vorgänge aufdringlich, vergröbernd, anreißerisch, insbesondere auch ohne Zusammenhang mit jeder allgemeinen menschlichen Lebensbeziehung nur um ihrer selbst willen oder nur zum Zweck der Erregung von Begierde schildert«.[5]

Nach dem neuen Rechtsverständnis wird zwischen »einfacher« und »harter« Pornographie unterschieden. Die Herstellung und Verbrei-

---

3 Zit. nach Becker, Walter: Einführung in das neue Sexualstrafrecht. Hamm 1974, Seite 41.

4 Guha, Anton-Andreas: Sexualität und Pornographie. Die organisierte Entmündigung. Frankfurt 1971, Seite 194.

5 Vgl. Becker, a. a. O., Seite 13.

tung »einfacher« Pornographie bleibt nur dann strafbar, wenn jemand ohne Aufforderung mit ihr konfrontiert und belästigt wird. Strafbar bleibt auch das Zugänglichmachen jeglicher Pornographie an Personen unter 18 Jahren.

»Harte« Pornographie bezeichnet z. B. Darstellungen, die den sexuellen Mißbrauch von Kindern oder sexuelle Handlungen an Tieren zum Gegenstand haben. Diese Form der Pornographie ist nach wie vor mit einem Totalverbot belegt und wird – wie die Verbreitung einfacher Pornographie an Jugendliche und an Personen, die nicht dazu aufgefordert haben – nach wie vor mit Geldstrafen oder Gefängnisstrafen bis zu einem Jahr geahndet.

Soviel zu der gesetzlichen Neuerung, die durch die sozialliberale Koalition bewirkt wurde.

Die Diskussion um die Novellierung des § 184 gehörte zu den heftigsten innenpolitischen Auseinandersetzungen der Nachkriegszeit.

Die CDU/CSU-Opposition beharrte auf der uneingeschränkten Beibehaltung des alten Paragraphen. Die Argumente hierfür zentrierten sich durchgängig um die Behauptungen, daß Pornographie die Jugend schwer gefährde, die Ehen zerrütte, die Familien zerstöre und schließlich Staat und Gesellschaft ruiniere.[6]

Jede dieser Behauptungen wurde von führenden Sexuologen und Psychologen in einem öffentlichen Hearing in Frage gestellt.[7]

Rechtspresse und CDU/CSU begnügten sich freilich nicht damit, den Verfall von Sitte, Anstand und Abendland zu beschwören. Wo die wissenschaftlichen Argumente für die Stützung der moralischen Position nicht ausreichten, wurden Mechanismen in Gang gesetzt, die auf emotionale Entrüstung abzielten. Nicht rationale Überlegungen waren gefragt, sondern der Appell an das gesunde Volksempfinden.

Zur Hauptzielscheibe in der politischen Auseinandersetzung um die Novellierung des § 184 wurde die SPD. Grundprinzip der Denunziation war die Identifizierung dieser Partei mit dem Aufkommen der Pornographie. Es ging nicht mehr um Kritik an einer Gesetzesänderung zu einem sozialen Problem, das die Regierung bei ihrem Antritt

---

6 Vgl. Guha, a. a. O., Seite 194; Kreyenborg, Margareta: Pädagogische Überlegungen zur Rezeption der Sexualpolitik im Bayernkurier. Unveröffentlichte Examensarbeit für die erste Staatsprüfung für das Lehramt an Volks- und Realschulen. Hamburg 1973, Seite 26 ff.

7 Vgl. die Auszüge aus dem Bonner Hearing. In: Der Spiegel, Nr. 49/1970, Seite 47 ff. Siehe auch: Der Pornographie-Report. Untersuchungen der »Kommision für Obszönität und Pornographie« des amerikanischen Kongresses. Reinbek 1971; Guha, a. a. O., Seite 193 ff.

vorgefunden hatte und das im übrigen in allen Ländern der westlichen Welt vorhanden war, sondern darum, die Sozialdemokraten ursächlich dafür verantwortlich zu machen, daß das Problem der Pornographie in der Gesellschaft existierte. Die Sozialdemokraten waren kaum an der Macht, als der »Osservatore Romano« orakelte: »Das Vordringen des Erotismus in Deutschland steht in direktem Verhältnis zum Fortschritt der Sozialdemokratie.«[8]

9

Nach diesem Leitprinzip lief die Denunziationskampagne. Das »Deutschland-Magazin« der unionsnahen »Deutschlandstiftung« schrieb: »Entscheidende Kräfte in der SPD tragen die Hauptverantwortung für die zunehmende sittliche Anarchie, welche die Grundlagen unseres Staatswesens bedroht.«

In der katholischen »Neuen Bildpost« wurde der amtierende sozial-

8 Zit. nach Der Spiegel Nr. 33/1970, Seite 27.
9 Der Spiegel Nr. 33/1970, Seite 27.

demokratische Justizminister Gerhard Jahn als »Der Mann für Porno« apostrophiert. Sozialdemokraten seien – so der Regensburger »Tagesanzeiger« – »Kriegsdienstverweigerer im Kampf gegen die Unmoral.« Es galt, den Eindruck zu erwecken, daß Unmoral ausbreche, sobald die Sozis an der Macht seien. »Überall im Land versuchen Christenparteiler der SPD die Sex-Welle anzulasten und so Wählerstimmen für die Union zu gewinnen.«[10]

Wo reformpolitische Überlegungen so kraß entstellt werden, ist es nur noch ein Schritt zur neonazistischen Position, die Heinrich Härtle vertritt. Titel seiner Schrift: »Die sexuelle Revolution«. Untertitel: »Genosse Porno regiert«.[11] Günter Grass wird als übler Pornograph vorgestellt: »Der geile Drang zum Absurden, Skurrilen, Minderwertigen, Krankhaften kommt aus seinen politischen Antrieben und zielt darauf, das Bild des Deutschen bis zur Unkenntlichkeit zu entstellen.«[12] ». . . Das ist der SPD prominentester Pornograph!«[13] Grass – so Härtle – »verbindet sexuelle und politische Pornographie, und die SPD belastet sich mit beiden.«[14] »Unter dem Schutz seiner SPD-Verbindungen und hinter dem Schirm der Massenmedien fühlt sich dieser literarische Minuskavalier unangreifbar.«[15] – »Ein Grass kann als Obszönitäten- und Fäkalien-Skribent öffentlich verurteilt werden; er bleibt dennoch Brandt-Intimus und SPD-Chefagitator.«[16]

Die Ähnlichkeit mit den Schmähungen der Nazis kommt nicht von ungefähr: Heinrich Härtle war einst Sekretär des Rasse-Ideologen Alfred Rosenberg.[17]

Stigma: Schwangerschaftsabbruch oder: Die sozialliberale Koalition und der Kindermord

Als SPD und FDP 1969 die Regierung übernahmen, stand auch die Reformierung des § 218 auf dem Plan, der fast einhundert Jahre lang

10 Der Spiegel Nr. 33/1970, Seite 27.
11 Härtle, Heinrich: Die sexuelle Revolution. Genosse Porno regiert. Hannover 1971.
12 Ebd., Seite 41.
13 Ebd., Seite 45.
14 Ebd., Seite 41.
15 Ebd., Seite 47.
16 Ebd., Seite 44.
17 Vgl. Der Spiegel, Nr. 44/1973, Seite 210.

[18]

„Hau ruck!"

ungewollt-schwangeren Frauen psychisches Elend, Krankheit und Tod beschert hatte.[19]

Die sozialliberale Koalition begann ihre reformerische Arbeit zögernd. Die knappe Mehrheit im Bundestag ließ es vielen nicht opportun erscheinen, ein so heißes Eisen anzufassen.

Es dauerte fast fünf Jahre, ehe der deutsche Bundestag eine Änderung beschloß. Im April 1974 wurde das »Dreimonatsfristenregelungsmodell« verabschiedet. Es gestattete der Frau bis zum dritten Monat den straffreien Schwangerschaftsabbruch. Das Gesetz trat freilich nie in Kraft. Die CDU/CSU-Opposition legte Verfassungsbeschwerde ein. Das Bundesverfassungsgericht erklärte die vom Bundestag beschlossene generelle Straffreiheit für verfassungswidrig. Das Gesetz sei unvereinbar mit dem Grundgesetz, da es das »Recht auf Leben und körperliche Unversehrtheit« mißachte.

Die Regierungsparteien antworteten mit einem neuen Gesetzesentwurf, dem erweiterten Indikationenmodell, das die parlamentarische Hürde und schließlich den Bundesrat passierte. Am 21. Juni 1976 wurde das »erweiterte Indikationenmodell« rechtskräftig.

18 Der Spiegel Nr. 49/1970, Seite 54.
19 Vgl. Zwerenz, Ingrid: Frauen – Die Geschichte des § 218. Frankfurt 1980, Seite 206/207.

Auch nach diesem neuen Gesetz bleibt der Schwangerschaftsabbruch unter Strafe: bis zu drei Jahren Freiheitsentzug, in besonders schweren Fällen bis zu fünf Jahren. Der neue Paragraph nennt jedoch vier Gründe für einen straffreien Abbruch, die ärztlich festgestellt werden müssen:

1. »um eine Gefahr für das Leben oder die Gefahr einer schwerwiegenden Beeinträchtigung des körperlichen oder seelischen Gesundheitszustandes der Schwangeren abzuwenden.« (Die sogenannte ›medizinische Indikation‹.)
2. Wenn der dringende Verdacht besteht, daß das zu erwartende Kind infolge von Erbanlagen oder schädlichen Einflüssen während der Schwangerschaft mit unbehebbaren gesundheitlichen Schäden zur Welt kommen würde. (Die sogenannte ›eugenische Indikation‹.)
3. Wenn die Schwangerschaft auf einer rechtswidrigen Tat an der Schwangeren beruht (Vergewaltigung nach § 176–179; – die sogenannte ›ethische oder kriminologische Indikation‹).
4. Der Abbruch der Schwangerschaft, um von der Schwangeren eine Notlage abzuwenden, die
   a) »so schwer wiegt, daß von der Schwangeren die Fortsetzung der Schwangerschaft nicht verlangt werden kannt und
   b) nicht auf eine andere für die Schwangere zumutbare Weise abgewendet werden kann.«[20] (Die sogenannte ›soziale bzw. Notlagen-Indikation‹).

Die medizinische Indikation ist unbefristet; bei der eugenischen Indikation muß der Eingriff innerhalb von 22 Wochen erfolgen, der Abbruch nach der kriminologischen und nach der Notlagenindikation spätestens zwölf Wochen nach der Empfängnis.

Das Gesetz verpflichtet abbruchwillige Frauen zur Wahrnehmung einer Beratung, bei der sie über Hilfsmöglichkeiten informiert werden sollen, die die Fortführung der Schwangerschaft erleichtern könnten. Zwischen der Beratung und dem Abbruch müssen mindestens drei Tage liegen. Sind diese Voraussetzungen – zusammen mit der ärztlichen Indikationsfeststellung gegeben, so sind die Kosten des Abbruchs von der gesetzlichen Krankenversicherung zu tragen.

Vor und nach dem Inkrafttreten des neuen § 218 haben sich in der Bundesrepublik eine Vielzahl von Aktivitäten entwickelt, die sich um eine Zurücknahme dieser gesetzlichen Zugeständnisse bemühten. Zu den Gruppen, die in diesem Sinne nach wie vor agieren, gehört die

20 Zit. nach Zwerenz, a. a. O., Seite 9 ff.

»Europäische Ärzteaktion«; die Aktion »Lebensrecht für alle«, die »Aktion Leben e.V.« und als Dachverband die »Bewegung für das Leben«. Die Mitglieder gehören häufig der CDU/CSU an oder stehen ihr nahe oder sympathisieren mit neofaschistischen Kräften in der Bundesrepublik. Sie werden insbesondere von katholischen Kirchenvertretern unterstützt, die sie mit moralischen Argumentationshilfen versorgen. Die pauschalen Vorwürfe und Diffamierungen richten sich 1. gegen die individuell betroffenen Frauen und 2. gegen die politischen Parteien, die den Schwangerschaftsabbruch mit der gegenwärtigen Rechtsgrundlage ermöglicht haben.

Schwangerschaftsunterbrechung ist in der Sichtweise vieler Gegner der neuen Regelung in jedem Falle eine Tötungshandlung, gleichzusetzen mit Mord. Die Frau, die sich zum Schwangerschaftsabbruch gezwungen sieht, wird von Politikern und Kirchenvertretern denunziert als leichtfertiges, oberflächliches Flittchen, das sich genußsüchtig und egoistisch in sexuelle Abenteuer einläßt; das sich bedenkenlos zum Abbruch der Schwangerschaft entschließt, wenn es »schief-«gegangen ist. Diese Frauen seien nicht gewillt, Verantwortung zu übernehmen und aus reinem Egoismus nicht bereit, durch Austragen und Freigabe zur Adoption anderen zum Elternglück zu verhelfen. Der Wohlstand habe sie so extrem ichbezogen gemacht, daß sie nicht mehr bereit seien, Opfer zu bringen. Soweit der individuelle Aspekt der sexuellen Denunziation.

In der politischen Auseinandersetzung konzentrierten sich die Angriffe natürlich auf jene Regierung, die das Indikationenmodell zu verantworten hat. Namentlich die Sozialdemokraten wurden als Mörder stigmatisiert. Bereits in der ersten Phase der Beratungen gingen Parolen um wie: »Minister Jahn will Mord legalisieren.« oder »Mordet! Willy ist dafür!«[21]

Die Diffamierungen der Politiker und der Parteien waren inhaltlich nicht viel anders als die Stigmatisierung der betroffenen Frauen. Eine Variante der Denunziation setzte auf breiterer Basis Ende der siebziger Jahre ein, als führende Verbandsvertreter die Praxis der Schwangerschaftsunterbrechung mit den Massenmorden der Nationalsozialisten assoziierten.

Dr. Karsten Vilmar, Präsident der Bundesärztekammer, gab im Sommer 1979 dem Bremer Rundfunk ein Interview, in dem er die Praxis der ambulanten Schwangerschaftskonfliktberatung und die

---

21 Zit. nach Zwerenz, a. a. O., Seite 207.

Schwangerschaftsunterbrechung in die Nähe der Euthanasie rückte. Die Verleumdung richtete sich gegen das Modell-Projekt der Pro-Familia in Bremen, das – mit Unterstützung der sozialliberalen Regierung in Bonn – ein integriertes Beratungskonzept erprobte.[22] Ohne sich die Mühe einer Auseinandersetzung mit dem Projekt und mit den Mitarbeitern zu machen, urteilte der Präsident der Bundesärztekammer: »Solche Berater und Indikationssteller, die nach selbstgefundenen Maßstäben über ›erwünscht‹ oder ›unerwünscht‹ entscheiden, geraten in bedenkliche Nähe zu jenen, die über Wert und Unwert menschlichen Lebens hierzulande einmal entschieden haben.«[23]

Drastischer noch formulierte zur gleichen Zeit der Münchner Internist und Vorsitzende des gesundheitspolitischen Arbeitskreises der CSU, Dr. Hartwig Holzgartner: »Die Nationalsozialisten haben die Juden getötet, und die internationalen Sozialisten töten ungeborenes Leben. Das, was in unserem Volk geschieht, ist der exakte Weg zurück nach Auschwitz.«[24]

Holzgartner stellte 1979 in Aussicht, was betroffene Frauen, Ärztinnen und Ärzte erwarten dürfen, wenn sich wieder die politischen Verhältnisse zugunsten seiner Partei wandeln: »Mit absoluter Sicherheit wird die Zeit kommen, so wie es heute mit der Verfolgung der Verbrechen an den Juden geschieht, daß der Staatsanwalt diese Leute, die hier mitgewirkt haben, fragt: ›Wie konnten Sie töten!‹«[25]

Zustimmung fand Holzgartner bei seiner Kirche. Der Vorsitzende der Deutschen Bischofskonferenz, der Kölner Kardinal Joseph Höffner, sekundierte und bekundete Verständnis dafür, »daß der Münchner Arzt Dr. Holzgartner das Abtreibungsgeschehen ... einen brutalen Massenmord genannt hat, denn wenn Abtreibung Mord ist, dann sind 73 000 Abtreibungen (im Jahr 1978) eben doch ein Mord in Massen.«[26]

Damit wurden Gedankengänge neu belebt, die bereits in der Hochphase der Auseinandersetzung um den § 218 in der Bundesrepublik im Schwange waren. Bereits 1971 hatte der Paderborner Kardinal Lorenz Jaeger den Schwangerschaftsabbruch als »die Beseitigung des ›unwer-

---

22 Siehe hierzu Holtzmeyer, Gerd: Schwangerschaft und Beratung. In: Sexualpädagogik 2/1979, Seite 25; Pro Familia Bremen (Hg.): Wir wollen nicht mehr nach Holland fahren. Reinbek 1978.

23 Sexualpädagogik 3/1979, Seite 4 ff.

24 Zit. nach Der Stern, Nr. 31/1979, Seite 104.

25 Zit. nach Der Stern Nr. 31/1979, Seite 104.

26 Zit. nach Der Spiegel, Nr. 33/1979, Seite 32.

ten‹ Lebens im Schoß der Mutter« bezeichnet. Vatikannahe Organe wie die italienische Tageszeitung L'Avvenire hatten knapp und prägnant formuliert: »Die Entscheidung der Regierung Brandt hat nur einen Präzedenzfall: Hitler. Die Spitäler, in denen Abtreibung und Sterilisation vorgenommen wurden, hießen Auschwitz, Dachau, Mauthausen. Wie es scheint, eine einzigartige Schule für Sozialisten und Sozialdemokraten.«[27]

Wenn führende Vertreter von Berufsverbänden und hohe kirchliche Würdenträger die Greueltaten der Nazis so unverantwortlich verharmlosen, dann kann es nicht wundern, wenn Vertreter der praktischen Seelsorge Schwangerschaftsunterbrechung und Auschwitz nicht nur gleichsetzen, sondern die Moral der Nazis sogar noch höher einschätzen als das Ethos derjenigen, die das Gesetz novelliert haben. Pfarrer Werner Wehrmeyer durfte sich in der Münsteraner Bistumszeitung »Kirche und Leben« vom 23. 1. 1983 wie folgt äußern:

»Die Nazis haben ihren Massenmord immerhin noch mit einer Ideologie versehen. Es war nicht kaltherzige Ich-Sucht wie etwa heute vielfach bei der Abtreibung. Diese Tötung aus rücksichtsloser Selbstsucht ist darum moralisch noch niedriger anzusetzen.«[28]

Wurden in der Auseinandersetzung um den § 184 den Regierungsparteien, und insbesondere den Sozialdemokraten, die Verantwortung für das Aufkommen und die Entwicklung des Pornographie-Marktes angelastet, so werden sie in der Diskussion um den § 218 für die Abtreibungen im ursächlichen Sinne verantwortlich gemacht. Verschwiegen wird, daß auch unter CDU/CSU-Regierungen millionenfach abgetrieben wurde, daß die Auswirkungen der rigiden Gesetzgebung freilich schichtspezifische Unterschiede zeitigten: Die begüterten Frauen ließen für hohe Summe bei »Abbruchsspezialisten« abtreiben oder fuhren ins Ausland (Holland, England, Schweden etc.), während den Minderbemittelten der Gang zu Kurpfuschern und Engelmacherinnen blieb.

Aber die Technik der sexuellen Denunziation muß diesen Tatbestand unterschlagen. Sozialdemokraten – das sind hier die ursächlich Schuldigen, ohne die das Abtreibungsproblem nicht existieren würde.

An der »Basis« schließlich geriet die sexuelle Denunziation zur handfesten Formel: »SPD = NSDAP = Neue Sozial-Demokratische Abtreiber-Partei.«[29]

27 Ebd., Seite 32.
28 Zit. nach v. Pasczensky und Sadrozinski, a. a. O., Seite 73.
29 Vgl. Der Spiegel, Nr. 49/1979, Seite 18.

Die Assoziierung sozialliberaler Reformpolitik mit nationalsozialistischen Ausrottungsprogrammen machte Schule und führte – über den sexualpolitischen Bereich hinaus – zu Geschichtsverfälschungen, die in diesem Ausmaß in der Bundesrepublik noch nicht dagewesen waren.

1979 hatte die CDU/CSU Franz Josef Strauß zu ihrem Spitzenkandidaten für die Bundestagswahl im Oktober 1980 gewählt. Im Herbst 1979 gab Strauß die Anregung zu einer ›Grundsatzdiskussion‹, die ›Klarheit‹ bringen sollte über das Verhältnis von Nationalsozialisten, Sozialdemokraten und Kommunisten. Strauß hatte auf einer Veranstaltung Sozialdemokraten und ihre Anhänger in die Nähe nationalsozialistischer Fanatiker gerückt. Später räsonnierte er in einem Rundfunkinterview: »Sowohl Hitler wie Goebbels waren im Grunde ihres Herzens Marxisten.« Entsprechend hieß es im Bayernkurier über die Jugendorganisationen von SPD und FDP: »Jusos, Judos und sonstige Kommunistenspezies« imitieren »Methoden der SS und SA sowie der übrigen Nationalsozialisten vor und nach der Machtergreifung im Jahre 1933 – Nationalsozialisten waren eben auch und vor allem Sozialisten.«[30]

Stigma: Sexualerziehung
oder: Eine sozialdemokratische Ministerin erzieht die deutsche Jugend zu sexueller Libertinage

Schulische Sexualerziehung – 1933 von den Nazis als »verfehlte Pädagogik« bezeichnet – hatte bis Ende der sechziger Jahre keine nennenswerte Bedeutung in den Schulen der Bundesrepublik. In kaum einem anderen Bereich wirkten sich die Tabus christlicher Traditionen, verschärft durch die faschistische Verdrängung, so nachhaltig aus wie in dem Bereich der Sexualität und ihrer Erziehung.

Was sich im Bereich der Sexualität bis zum Ende der sechziger Jahre Kindern, Jugendlichen (und Erwachsenen) als Aufklärung anbot, spottete jeglicher Beschreibung.[31]

Erst als die »Sexualkampagnen« der Schüler und Studenten Unruhe auch in die Schulen brachten, reagierten die Kultusminister. In ihrer »Ständigen Konferenz« verabschiedeten sie im Oktober 1968 die

30 Zit. nach Der Spiegel, Nr. 44/1979, Seite 25.

31 Siehe Koch, Friedrich: Negative und positive Sexualerziehung. Eine Analyse katholischer, evangelischer und überkonfessioneller Aufklärungsschriften. Heidelberg 1971.

»Empfehlungen für Sexualerziehung in den Schulen«, die die Grundlage für die Richtlinien der Bundesländer bildeten.[32]

Mochten diese Verfügungen auch hinter manchen Erwartungen zurückbleiben, so wurde mit ihnen doch der Erziehungsauftrag der Schule für den Bereich der Sexualität festgeschrieben, was das Bundesverfassungsgericht in Karlsruhe in seinem Urteil über die schulische Sexualerziehung ausdrücklich bestätigt hat.[33]

Ich will an dieser Stelle keinen Abriß über die Problemgeschichte der Sexualpädagogik nach 1968 geben.[34] Festzuhalten ist, daß die Sexualerziehung der letzten eineinhalb Jahrzehnte ein sehr heterogenes Bild bietet, in dem die unterschiedlichsten Positionen zum Tragen kommen.

Die Spannweite reicht von konservativen Einstellungen, die das Sexualverhalten an die überlieferten Normen binden wollen, bis hin zu Positionen, die die Sexualität weitgehend in die Verfügung des Individuums zu stellen versuchen. Drei Grundpositionen lassen sich gegenwärtig unterscheiden:

1. Die *negative Sexualerziehung* hält – ungeachtet der tiefgreifenden gesellschaftlichen Wandlungen – weitgehend an dem überlieferten Sexualtabu fest. Ausgangsbasis dieser Erziehung ist ein Sexualitätsbegriff, der überwiegend auf die Erzeugung von Nachkommenschaft fixiert ist. Sexualität gilt als eine Urgewalt, die ihrem Wesen nach asozial ist und daher durch die Erziehung in engen Schranken gehalten werden muß.

2. Von der Position der negativen Sexualerziehung unterscheidet sich äußerlich sehr deutlich die sogenannte *affirmative Geschlechtserziehung*. Sie läßt sich am besten mit den Serien des »Dr. Korff« und des »Dr. Sommer« veranschaulichen, die seit vielen Jahren in der Jugendzeitschrift BRAVO erscheinen. Diese Serien informieren weitaus freizügiger und offener über sexuelle Probleme und versuchen Jugendlichen Hilfestellung zu geben, ihre Schwierigkeiten in einer gleichberechtigten Partnerschaft zu lösen.

Die Aufklärung von BRAVO bleibt jedoch vordergründig, weil sie

32 Abgedruckt in Gamm, Hans-Jochen und Friedrich Koch (Hg.): Bilanz der Sexualpädagogik. Frankfurt und New York 1977, Seite 193 ff.

33 Siehe hierzu Hufen, Friedhelm: Fakten, Werte und staatlicher Erziehungsauftrag. Zum Sexualkundeurteil des Bundesverfassungsgerichts. In: Pacharzina, Klaus und Karin Albrecht-Désirat (Hg.): Konfliktfeld Kindersexualität. Frankfurt 1978, Seite 183 ff.

34 Siehe hierzu Koch, Friedrich: Von der »sexuellen Revolution« zur »Sexualerziehung als Unterrichtsprinzip«. In: Zeitschrift für Pädagogik, 29. Jg. 1983, Seite 973 ff.

die gesellschaftlichen und politischen Bedingungen von sexuellen Schwierigkeiten nicht analysiert und hinterfragt. Erst die Aufhebung von sozialen Tabus, die bei dieser Form der Aufklärung weiterhin bestehen, ermöglicht die Emanzipation des Individuums aus überflüssig gewordenen Zwängen und Konventionen.

3. Als dritte Grundposition der Sexualpädagogik ist die *emanzipatorische Sexualerziehung* zu nennen. Sie versucht, das Verständnis für die sozialen Bedingungen des Sexualverhaltens zu wecken. Emanzipatorische Sexualerziehung erkennt die Sexualität des Kindes an und versteht sich als positives Geleit in allen Phasen der Entwicklung bis zum Erwachsensein. Die Gleichberechtigung der Geschlechter ist ihr ein wichtiges Anliegen. Mit der Aufhebung der Unterdrückung des weiblichen Geschlechts fordert sie auch eine Neureflexion über die Rolle von Minderheiten. Homosexualität soll gleichrangig neben der Heterosexualität stehen. Diese Ziele setzen die Einsicht in die historischen Bedingungen der Sexualnormen voraus. Emanzipatorische Sexualerziehung versucht einsichtig zu machen, daß Rollenzwänge, Stigmatisierung, Doppelmoral, sexuelle Tabus und die sexuelle Denunziation gesellschaftliche und politische Funktionen ausüben. Sie versucht, festgeschriebene, scheinbar naturgegebene Verhältnisse als sozialbedingt zu verstehen, zu lockern oder aufzulösen.

Emanzipatorische Sexualerziehung ist politische Erziehung. Das ist ihr oft zum Vorwurf gemacht worden. Dabei übersehen ihre Kritiker geflissentlich, daß sowohl die negative als auch die affirmative Sexualerziehung massive politische Funktionen haben. Ziel der emanzipatorischen Erziehung ist die Verantwortung in der Partnerschaft, die Befähigung des Jugendlichen und späteren Erwachsenen, die Probleme offen miteinander zu besprechen und die sozialen und emotionalen Bedürfnisse aufeinander abzustimmen. Kritiker, deren denunziatorisches Interesse überwog, gingen an diesen fundamentalen Zielen der emanzipatorischen Sexualerziehung vorbei. Namentlich in Konfliktfällen unterstellte man eine Erziehung zur Libertinage, zu sexueller Habgier und eine Kopplung von Sexualerziehung und der Sexwelle in den Massenmedien. Man identifizierte sie mit Erscheinungen, von denen sich diese nachdrücklich abgegrenzt hatte und die sie im Rahmen der gesellschaftspolitischen Aufklärung zum Gegenstand der kritischen Analyse forderte. Emanzipatorische Erziehung hat nichts mit der Sexualität zu tun, die im Dienst der Absatzwerbung steht.

Nach 1968 – als die Kultusminister ihre Empfehlungen zur Sexualerziehung in den Schulen verabschiedet hatten – erschien eine Fülle von

Materialien auf dem Markt, die für die neue Aufgabe methodische und didaktische Hilfen anboten.[35]

Die sozialliberale Regierung in Bonn beteiligte sich, indem sie – über das Ministerium für Jugend, Familie und Gesundheit – ein umfangreiches Projekt unterstützte, das von einer Hamburger Pädagogen-Gruppe entwickelt worden war. In Zusammenarbeit mit dem Norddeutschen Rundfunk gab die Bundeszentrale für gesundheitliche Aufklärung in Köln, die dem Bonner Familienministerium untersteht, das Medienpaket »Betrifft: Sexualität« heraus. Die Materialien bestanden aus

- sieben Filmen, die über die Dritten Programme der meisten Fernsehanstalten ausgestrahlt wurden und in das Verleihprogramm der Landesbildstellen und anderer Organisationen aufgenommen wurden,
- einem Begleitheft für Lehrer und Erzieher und aus
- den »Materialien zur Sexualerziehung«, einer Mappe mit achtzehn Arbeitsbögen.

Zielgruppe der Materialien waren Schülerinnen und Schüler der Sekundarstufe I. Die Themen, die einen engen Bezug zu der Fernsehserie hatten, lauteten Freundschaft und Liebe, Empfängnisregelung, Jugendsexualität und Familie, Geschlechtsrollen, Sexualität und Öffentlichkeit, Sexualität in der Schule, Sexualität und Sprache sowie Sexualerziehung in der Zusammenarbeit von Schule und Elternhaus.

Als die Fernsehserie 1977 startete und das Medienpaket auf dem Markt erschien, reagierte die Fachpresse überwiegend positiv. Auf Fachtagungen, in der Lehreraus- und -fortbildung und in sozialpädagogischen Bereichen wurden die Materialien mit kritischer Zustimmung auf ihre Verwendungsmöglichkeiten und Verbesserungsmöglichkeiten geprüft. In der schulischen und außerschulischen Erziehungsarbeit war das Echo günstig und die Nachfrage erheblich:

- Die Fernsehfilme wurden in mehrfachen Wiederholungen ausgestrahlt;
- die Landesbildstellen, die die Filme zum Verleih anboten, mußten Vormerklisten für interessierte Pädagoginnen und Pädagogen anlegen;
- die Begleitmaterialien, die mit einer Startauflage von 30 000 Exemplaren gedruckt worden waren, waren schnell vergriffen.

Die Bundeszentrale für gesundheitliche Aufklärung sah sich schnell

35 Siehe z. B. Knoop, Anneliese: Sexualerziehung in Schule und außerschulische Jugendarbeit. Bücher für Pädagogen und Jugendliche. 2. Aufl., Stuttgart 1983.

genötigt, über zweihundert neue Filmkopien in Auftrag zu geben und eine Neuauflage von 80 000 Exemplaren der Begleitmaterialien nachdrucken zu lassen, um die Nachfrage decken zu können.

Als die neuen Materialien zur Auslieferung bereit standen, hatte sich jedoch die politische Wetterlage verändert. Im Oktober 1982 hatte die FDP das Koalitionsbündnis verlassen und der CDU/CSU mit Bundeskanzler Kohl an der Spitze zur Regierung verholfen. Kohl aber hatte der Bundesrepublik eine »geistig-moralische Erneuerung« in Aussicht gestellt.

Im Bereich der Sexualerziehung wirkte sich die »Wende« durch ein Auslieferungsverbot von »Betrifft: Sexualität« aus. Der verantwortliche Minister Heiner Geißler (CDU) verfügte das Einstampfen der Materialien und die Rückgabe der Filme aus den Landesbildstellen zur Vernichtung. Die Proteste von führenden Erziehungswissenschaftlern, Sexualwissenschaftlern, Psychologen, Soziologen und Vertretern aus der praktischen Erziehungsarbeit blieben ungehört. Minister Geißler begründete seine Maßnahme damit, daß »Betrifft: Sexualität«

- nicht den Erfordernissen einer wertorientierten Sexualpädagogik entspräche;
- daß in den Materialien Sexualität ohne Liebe und tiefere Bindung propagiert würde;
- daß sittliche Normen abgewertet
  und
- daß die grundgesetzlich geschützten Institutionen Ehe und Familie in Frage gestellt würden.[36]

Keiner dieser Vorwürfe traf zu. Der Minister diffamierte ein Konzept, dessen pädagogisches Ziel es war, Jugendlichen im Zeitalter der Massenmedien und der Vermarktung von Sexualität Orientierungen zu ermöglichen. Verantwortungsvolle Partnerschaft, die Bejahung eigener Gefühle und sexueller Wünsche, Achtung des Partners bzw. der Partnerin und die Distanzierung von Leistungs- und Erfolgszwängen im sexuellen Bereich waren die Programmschwerpunkte. Die Jugendlichen sollten zu einer konsequenten Empfängnisverhütung bereit und fähig sein und erkennen, daß in unserer Gesellschaft die Gleichberechtigung der Geschlechter noch viele Fragen und Wünsche offen läßt.

Das Konzept versuchte auch, persönliche Probleme nicht ausschließlich individuell abzuhandeln. Die Erkenntnis, daß viele Schwierigkeiten der sexuellen Entwicklung nicht ausschließlich durch subjektives

36 Vgl. Frankfurter Rundschau vom 25. 11. 1983, Seite 1.

Verschulden, sondern auch durch unsere gesellschaftlichen Lebensbedingungen verursacht werden, war ein weiteres Lernziel von »Betrifft: Sexualität«.[37]

Mit der pauschalen Abqualifizierung als sittenlos, unmoralisch, libertinistisch und illegal wurden nicht nur die Verfasser getroffen oder die Gutachter aus den verschiedenen Wissenschaftsdisziplinen, sondern auch die zahllosen Pädagoginnen und Pädagogen, die das Medium innerhalb und außerhalb der Schule eingesetzt hatten.

Vor allen Dingen aber ging der Beschluß gegen die sozialliberale Koalition. Sie hatte in ihrer Regierungszeit ein Konzept gefördert, das sich – in der Einschätzung des Ministers – hart an dem Rande der Jugendgefährdung bewegte. Sexuelle Libertinage, Erziehung zur wer-

[38]

37 Siehe hierzu auch Müller, Rudolf: Betrifft: Sexualität. Begleitheft für Lehrer und Erzieher. Braunschweig 1977.

38 ÖtV-magazin 1/1984, Seite 40.

teverneinenden Sexualität ohne Liebe und Treue, die Abwertung der sittlichen Normen, die Leugnung tieferer Bindungen zugunsten einer Ex- und Hopp-Sexualität wurde als das Produkt einer sozialdemokratischen Ministerin (Antje Huber) dargestellt.

Der Vorwurf, ein Projekt gefördert zu haben, das Sitte und Anstand verletzte und sich in der Nähe von pornographischem Schrifttum einordnen ließ, ging an diese Adresse.

Stigma: Homosexualität oder: Der Verteidigungsminister und die geistig-moralische Erneuerung
Der Fall des Generals Dr. Kießling

Schneller als übelwollende Kritiker vermuten konnten, geriet die Regierung Kohl/Genscher mit ihren hohen moralischen Ansprüchen ins Stolpern. Die Parole von der geistig moralischen Erneuerung war noch in aller Ohr, die Forderung nach einer Neuorientierung an den wahren Werten noch nicht verstummt, als sich ein Denunziationsskandal anbahnte, der in der Geschichte der Bundesrepublik ohne Beispiel ist.

Während Minister Geißler zum Zwecke der moralischen »Wiederaufrüstung« das Medienpaket »Betrifft: Sexualität« vernichten ließ, traf sein Kollege im Verteidigungsministerium, Dr. Manfred Wörner, die Vorbereitungen, den ranghöchsten General, Dr. Günter Kießling, unehrenhaft in den Ruhestand zu versetzen. Der offizielle Grund für die Maßnahme: Der General war in den Verdacht geraten, homosexuell zu sein.

General Dr. Kießling war dem Minister seit vielen Jahren gut bekannt. Kießling wurde 1976 Kommandant der 10. Panzerdivision in Sigmaringen. Wörner, der sich als Verteidigungsexperte der CDU zu qualifizieren suchte, hatte seinen Wahlkreis in Göppingen. Zu seinen Beratern gehörte der räumlich nicht fern amtierende General.

1982 wurde Kießling durch den Verteidigungsminister Hans Apel zum Viersternegeneral befördert und als stellvertretender Nato-Oberbefehlshaber nach Mons in Belgien entsandt. Im Herbst desselben Jahres übernahm Wörner nach dem Regierungswechsel das Bundesverteidigungsministerium.

Kießling hatte auf seiner neuen Stelle einen schlechten Anfang. Die Zusammenarbeit mit dem Nato-Oberbefehlshaber Rogers kam nicht in Gang. Es gab Widerstände, die nicht nur auf die mangelnden Kompetenzen der Stellvertreter des Oberbefehlshabers in Brüssel zurückzuführen waren.

Kießling nutzte die guten Kontakte zu Wörner, um ihn anläßlich eines privaten Treffens die unerfreuliche Arbeitssituation im NATO-Hauptquartier zu schildern. Sein Verhältnis zu Rogers sei durch Spannungen gekennzeichnet, es bestünde kein Vertrauen, und es bestünden auch kaum Chancen für eine produktive Zusammenarbeit. Kießling bat um Ablösung von seinem Posten. Minister Wörner lehnte die Bitte des Generals ab.

Bei einem weiteren Gespräch, im Juni 1983, in dem der General erneut sein Unbehagen artikulierte, ließ der Minister die Möglichkeit erkennen, Kießling bereits zum 31. März 1984 vorzeitig in den Ruhestand zu schicken.

Im Sommer 1983 kamen Gerüchte in Umlauf, nach denen General Kießling »händchenhaltend« mit einem Oberst in der Öffentlichkeit gesehen worden sei. Ferner ging das Gerede, der Nato-Oberbefehlshaber Rogers halte den General für homosexuell und weigere sich, ihn zu empfangen.[1]

Die Gerüchte um den General erreichten das Amt für die Sicherheit der Bundeswehr (ASBw).

Die Herren im Amt wurden mißtrauisch. Nicht dem Gerücht gegenüber, sondern gegenüber dem General. »Homosexualität ist tatbestandsmäßig ein Sicherheitsrisiko.«[2] Das Mißtrauen war also Amtspflicht. Sie forderten eine Sicherheitsüberprüfung und richteten an die zuständige Gruppe des MAD (»Militärischer Abschirmdienst«) ein Schreiben mit der Bitte um Aufnahme der Ermittlungen. Der MAD ist speziell für den Schutz der Bundeswehr und für ihre Angehörigen zuständig, die er vor Spionage, Sabotage oder sonstiger Zersetzung abschirmen soll.

Da General Kießling sich in den letzten Jahren häufig in Köln aufgehalten hatte, erhielt ein Mitarbeiter von der MAD-Gruppe III in Düsseldorf den Auftrag, seine Kontakte zur Kölner Kriminalpolizei für die Ermittlungstätigkeit zu nutzen. Der Kölner Fahndungsbeamte wurde mit ein paar Photos des Generals ausgerüstet, auf denen die Uniform wegretuschiert worden war. Der Auftrag des Beamten: festzustellen, ob der General in der Kölner Homosexuellen-Szene verkehre.

Der »Erfolg« des Beamten ließ nicht lange auf sich warten. In den

1 Vgl. Drucksache 10/1604 des Deutschen Bundestages (10. Wahlperiode). Beschlußempfehlung und Bericht des Verteidigungsausschusses (12. Ausschuß) als 1. Untersuchungsausschuß nach Artikel 45 a Abs. 2 des Grundgesetzes. Bonn 13. 6. 1984, S. 16.

2 Vgl. ebd., Seite 23 ff.

Homosexuellen-Lokalen »Café Wüsten« und »Tom-Tom« wurde er fündig. Im »Café Wüsten« glaubte der Wirt, auf dem Photo einen früheren Besucher wiederzuerkennen; im »Tom-Tom« erklärte der Büffetier, die auf dem Photo abgebildete Person sei sein ständiger Gast. Soviel er wisse, heiße er Günter und sei »von der Bundeswehr«. Er komme etwa einmal im Monat, verkehre mit Strichjungen, die er für ihren Dienst bezahle.

Der »Fahndungserfolg« wurde an den Militärischen Abschirmdienst gemeldet. Der Leiter des MAD, Brigadegeneral Behrendt, unterrichtete hierauf den Bundesverteidigungsminister. Er teilte in einem Gespräch mit, daß Kießling »eindeutig als regelmäßiger Besucher identifiziert sei«. Die Frage des Ministers, ob eine Personenverwechslung oder eine Intrige ausgeschlossen seien, beantwortete Behrendt mit dem Hinweis, »daß an dem Ermittlungsergebnis keine Zweifel bestünden und die Identifizierung durch erfahrene Kriminalbeamte erfolgt sei.«[3]

Tags darauf wurde General Kießling durch den Generalinspekteur Altenburg über die Vorwürfe unterrichtet. Kießling wies die Verdächtigungen zurück; gab sein Ehrenwort, nicht homosexuell zu sein und keine Kontakte in Lokalen dieser Art zu pflegen. In zwei weiteren Gesprächen mit Minister Wörner widerholte er die ehrenwörtliche Versicherung.

Dieser machte nunmehr den Vorschlag, Dr. Kießling bereits zum 31. 12. 1983 in den Ruhestand zu versetzen. Kießling lehnte ab. Eine Verabschiedung zu diesem Termin sei unüblich. Er beharrte auf dem früher vereinbarten Termin, nämlich dem 31. 3. 1984. Im übrigen erwarte er (Kießling) eine schnelle Aufklärung der Vorwürfe. Der Minister gab hierfür sein Versprechen.

Soweit schien man sich bei dieser Unterredung am 19. September noch einig zu sein: Die Verdächtigungen sollten geklärt werden; die Verabschiedung des Generals sollte mit allen Ehren, d. h. mit großem Zapfenstreich und Abschiedsempfang vonstatten gehen. Kießling rechnete mit einer schnellen Aufklärung der Vorwürfe. Beide, der Minister und der General, hofften, die Angelegenheit ohne Schaden für sich, für die Bundeswehr und für die Bundesrepublik abwickeln zu können.

In der Folgezeit blieben die von dem Minister zugesagten Aufklärungen aus. Im Krankenhaus in München, wo Kießling sich auf Anraten seiner Ärzte zur Untersuchung befand, wartete der General vergebens auf die erlösende ministerielle Nachricht.

---

3 Drucksache 10/1604, a. a. O., Seite 19.

Anfang Dezember traf bei Minister Wörner ein abschließender Bericht des Amtes für die Sicherheit der Bundeswehr ein, der im wesentlichen zusammenfaßte, was dem Minister bereits durch den Brigadegeneral Behrendt mündlich vorgetragen worden war.

Der Bericht des Amtschefs[4] wurde am 6. 12. 1983 erstellt und am gleichen Tage im Verteidigungsministerium vorgelegt.

Am 8. Dezember entschied Minister Wörner:

1. General Dr. Kießling wird – entgegen der Vereinbarung – bereits zum 31. Dezember 1983 in den einstweiligen Ruhestand versetzt.
2. Es sind Maßnahmen zu treffen, daß der General nicht mehr an seinen Dienstort zurückkehrt und daß er keinen Zugang zu Verschlußsachen erhält.
3. NATO-Oberbefehlshaber General Rogers wird über diese Maßnahmen unterrichtet.
4. Eine Anhörung des Generals findet nicht mehr statt.
5. Eine Verabschiedung mit dem großen Zapfenstreich und anschließendem offiziellen Abschiedsempfang wird abgelehnt.

Wörner setzte den Bundespräsidenten in Kenntnis, der die Urkunde über die Versetzung des Generals in den einstweiligen Ruhestand unterzeichnete.

Am 23. Dezember wurde Dr. Kießling die Urkunde von dem Staatssekretär Dr. Hiehle ausgehändigt.

Der Minister hatte sich entschuldigen lassen.

Die Art der Verabschiedung eines der drei ranghöchsten Generale der Bundeswehr ist mit einem Fußtritt milde umschrieben. Kießling, tief gekränkt und empört, beantragte – noch vor der Aushändigung der Urkunde – ein Disziplinarverfahren gegen sich selbst, zwecks Klärung der gegen ihn erhobenen Vorwürfe. Der ungewöhnliche Termin des Ausscheidens ließ die Presse aufmerksam werden, zumal die Spatzen inzwischen die Gerüchte über den General nicht nur von den Bonner Dächern pfiffen. Kießling wandte sich nunmehr selbst an die Öffentlichkeit und beteuerte seine Unschuld.

Die Parteien nahmen sich der Sache an.

Der Bericht des Verteidigungsministers vor den Obleuten der CDU/CSU und der SPD ließ deutlich werden, wie fragwürdig und lückenhaft die Grundlagen waren, auf die sich der Minister für seine Entscheidung berief. Auch bei der Instruierung des Verteidigungsausschusses und

4 Drucksache 10/1604, a. a. O., Seite 23 ff.

des Parlaments kamen keine zusätzlichen Verdachtsmomente zum Tragen, die die Entscheidung plausibel machen konnten. Der Öffentlichkeit wurde deutlich: Der Minister hatte eine falsche Entscheidung getroffen. Die Begründungen ließen sich nicht halten. Die Zeugen, auf die sich die Aussagen des MAD stützten, waren inzwischen ihrer Sache nicht mehr ganz sicher oder sie dementierten.

Der Minister hatte sich offenbar blind auf die Aussagen des MAD verlassen und damit seine Sorgfalts- und Fürsorgepflichten grob verletzt.

Die Oppositionsparteien forderten den sofortigen Rücktritt des Ministers und die Rehabilitierung des Generals. Bundeskanzler Kohl entschied anders: Minister Wörner bleibt im Amt, der General wird rehabilitiert.

Am 1. Februar 1984 wurde Dr. Kießling wiederernannt, zugleich erhielt er seine Entlassungsurkunde in den einstweiligen Ruhestand zum 31. März 1984. Diesmal war es Minister Wörner persönlich, der die Amtshandlung vornahm.

Am 26. März fand im Standort Neustadt/Hessen die feierliche Verabschiedung des Generals statt. Der Minister drückte noch einmal sein Bedauern aus. Der große Zapfenstreich erklang. Der offizielle Teil des Dramas war vorbei. Ein parlamentarischer Untersuchungsausschuß versuchte den Scherbenhaufen, den die Affäre angerichtet hatte, zu sondieren.

Es geht hier nicht darum, eine lückenlose Dokumentation der Vorgänge um die Entlassung und Wiederernennung Dr. Kießlings zu geben, sondern darum, sich die Aspekte sexueller Denunziation in der Affäre Wörner/Kießling genauer anzusehen. Das ist als erstes die »Initialdenunziation«, d. h. die Denunziation, die den »Fall Kießling« ausgelöst hat, dann die Denunziation des Generals durch den Minister, dann das »Überschlagen« der Denunziation, d. h. die Phase der Auseinandersetzung, in der der Minister selbst sexuell denunziert wird, und schließlich die allgemeine Denunziation der Homosexuellen im Rahmen der Auseinandersetzung um die Affäre.

Über die Ursprünge der Denunziation des Generals wurde im Januar 1984 viel gerätselt und spekuliert. Vermutet wurde ein politischer Dissens zwischen dem Oberbefehlshaber Rogers und seinem deutschen Stellvertreter über Fragen der NATO-Strategie und über die Rolle der Bundesrepublik in dem Verteidigungskonzept.

Nach diesen Spekulationen wäre der politisch-militärische Konflikt der eigentliche Hintergrund. Die Denunziation des Generals wäre der Vorwand, um einen Freiraum zu schaffen, in dem der General nicht mehr gestört hätte. Die mangelnde Bereitschaft von Rogers, mit Kießling zusammenzuarbeiten, wäre demzufolge – zusammen mit dem Hinweis auf homosexuelle Veranlagung – in Bonn höchst diensteifrig aufgenommen und entsprechend schnell erledigt worden.

Wenn diese These stimmen würde, ließe sich der Fall Kießling in die Reihe der »klassischen« Vorgänger Röhm und Fritsch einreihen: sexuelle Denunziation im Dienste politischer Entscheidungen, die jedoch in der »sexualmoralischen Phase« der Auseinandersetzung nicht zur Diskussion gestellt werden. Manches, was in dem Falle Kießling – auch nach den Ermittlungen des parlamentarischen Untersuchungsausschusses – unverständlich bleibt, fände eine Erklärung. Insbesondere die plötzliche Entscheidung des Verteidigungsministers am 8. Dezember 1983.

Tatsache ist jedoch, daß diese These nicht ausreichend konkrete Anhaltspunkte bietet. Der Versuch einer Einflußnahme durch Rogers und seine Dienststelle wurde von dem Verteidigungsminister stets energisch bestritten. Der Untersuchungsausschuß konnte nicht klären, inwieweit General Rogers oder seine Mitarbeiter zur Entstehung der Gerüchte beigetragen haben. Den Grünen Mitgliedern des Untersuchungsausschusses, die dieser Frage nachgehen wollten, wurde ein in dieser Frage wichtig erscheinender Aktenteil nicht zugänglich gemacht. Nach dem Minderheitenbericht der Fraktion der GRÜNEN soll diese für geheim erklärte Akte Äußerungen enthalten haben, »die General Rogers in primitiver und grober Sprache über General Dr. Kießling schon vor dessen Amtsantritt getan haben soll.«[5] Dennoch: Es gibt keine konkreten Beweise für die Anfangsdenunziation durch General Rogers.

Die zweite Phase der Denunziation des Generals erfolgte durch den Minister selber. Der Antrag des Generals auf ein Disziplinarverfahren gegen sich selbst, sowie die immer lauter geäußerten Zweifel an der Korrektheit der Entscheidung veranlaßten den Minister, Ermittlungen gegen Dr. Kießling führen zu lassen, die die Menschenwürde und die Persönlichkeitsrechte des Betroffenen aufs übelste mißachteten. Es ging nicht mehr darum, die Beweggründe für die vorzeitige Entlassung darzulegen, sondern die Maßnahmen hatten nur noch das »Ziel, Nachteiliges und Belastendes gegen den General zu ermitteln. Dadurch sollte die rechtswidrig zustande gekommene vorzeitige Pensionierung des Generals nachträglich gerechtfertigt werden.«[6] Die Ermittlungen

---

5 Drucksache 10/1604, a. a. O., Seite 71.

6 Drucksache 10/1604, a. a. O., Seite 60.

Wörners ließen jeglichen Grundsatz der Verhältnismäßigkeit vermissen und wurden ohne jede Rücksicht auf den Betroffenen durchgeführt. Die Nachforschungen, über die sich der Minister ständig unterrichten ließ, umfaßten unter anderen:

- die gesamte Reisetätigkeit des Generals in den letzten acht Jahren;
- peinliche, stundenlange Verhöre der beiden Fahrer des Generals, unter besonderer Berücksichtigung ihres Sexuallebens;
- die Klärung der Frage, warum der General vor 22 Jahren (1962) einen Generalstabslehrgang in Hamburg abgebrochen hat;
- die Überprüfung der Besucherbücher des Bundesministeriums der Verteidigung, wo Dr. Kießling 1977–79 stellvertretender Personalleiter war. Die Besucher des Generals wurden rausgesucht; für 22 von ihnen wurden Strafregisterauszüge angefordert;
- Erkundungen über Kurmittel, die Dr. Kießling während eines Aufenthaltes auf Sylt im Oktober 1983 in Anspruch genommen hatte;
- Verhöre von Soldaten unter besonderer Berücksichtigung der Frage, ob Dr. Kießling als Kommandeur besonderes Interesse an der Beaufsichtigung von Duschräumen gezeigt habe ...

Minister Wörner ließ im Januar 1984, als sich die Beweise für die Richtigkeit seines Handelns in Luft auflösten, nicht nur ermitteln und sich ständig unterrichten, sondern stellte auch selber Nachforschungen an, die Dr. Kießling belasten sollten.

Wörner sah sich in die Enge getrieben. Anstatt seine Fehler einzugestehen, griff er nach jedem Strohhalm, um sich doch noch den Schein der Legalität für seine Entscheidung zu sichern.

Eilfertig ließ er Personen anreisen, ohne sich vorher über deren Persönlichkeit informieren zu lassen. Schillernde Kronzeugen[7] aus der Kölner Homosexuellen-Szene wurden ins Ministerium gerufen und unter Anwesenheit des Kanzleramtschefs, Staatssekretär Prof. Dr. Waldemar Schreckenberger, zur Sache befragt.

Drei »Zeugen« wurden unter Begleitung mehrerer Kriminalbeamter nach Fürstenfeldbruck geflogen, um dem General a. D. gegenübergestellt zu werden. Einer der »Zeugen« hatte ein beträchtliches Strafregister. (Dr. Kießling lehnte die Gegenüberstellung ab, nachdem ihm Auskünfte über die Personen verweigert worden waren.)

Unbefriedigt von der Widersprüchlichkeit der »Zeugenaussagen« aus der Kölner Homosexuellen-Szene, ließ Wörner am 20. Januar den Schweizer Schriftsteller Alexander Ziegler und seinen Sekretär in die

---

7 Siehe Der Spiegel Nr. 4/1984, Seite 24/25.

Bundesrepublik einfliegen. Ziegler hatte sich dem Verteidigungsminister in einem Brief als Zeuge angeboten.

Minister Wörner, der monatelang keine Zeit für ein Gespräch mit dem General gefunden hatte, widmete sich nun den unvermittelt herbeigeschafften »Zeugen«, die um die Beweise für ihre denunziatorischen Behauptungen ebenso verlegen waren wie der Minister selber.

Im Falle der Begegnung mit Ziegler waren die Umstände besonders peinlich. Wörner schätzte die Bedeutung Zieglers besonders hoch ein. Er ließ Ziegler und seinen Sekretär mit einer Maschine der Swissair in der ersten Klasse anreisen und ihn durch seinen Adjutanten, Oberst Reichardt, am Flughafen abholen. Die Anhörung Zieglers fand im Bundesministerium für Verteidigung statt. Außer dem Verteidigungsminister war auf Wunsch Zieglers ein Rechtsanwalt zugegen und Kanzleramtschef Schreckenberger »für den verhinderten Bundeskanzler«, der sich auf einer Staatsvisite in Israel befand.

Die Informationen und Beweise, die der Gast dem Minister in Sachen Kießling anzubieten hatte, waren wertlos, wurden jedoch dankbar aufgenommen. Ziegler hatte ein Skript mitgebracht, das nach einem mitgeschnittenen Telephongespräch mit einem Achim Müller aus Düsseldorf gefertigt worden sein sollte. In diesem Papier wurde Dr. Kießling im Sinne des Ministers als Homosexueller belastet, der mit Strichjungen verkehrt.

Das Tonband selbst war verschwunden. Die Person Achim Müllers unbekannt, ebenso seine Anschrift.

Minister Wörner hielt die Aussage Zieglers für so bedeutungsvoll, daß der anwesende Rechtsanwalt und Notar eine eidesstattliche Versicherung abnahm und Wörner diese samt dem Protokoll unverzüglich dem Wehrdisziplinaranwalt zustellen ließ. Da Ziegler über die Person und den Verbleib von »Achim Müller« keine Angaben machen konnte, wurde eine intensive Suche in Gang gesetzt. Mit Hilfe des Dateninformationssystems der Bundeswehr wurden 304 Wehrpflichtige dieses Namens ermittelt: Von 22 wurden bei den Kreiswehrersatzämtern die Personalunterlagen geprüft.

Nicht überprüft wurde der dubiose »Zeuge« des Ministers. Ziegler war bereits mehrfach durch die Denunziation von Prominenten hervorgetreten. 1979 hatte er den österreichischen Außenminister in mehreren Zeitungen als angeblichen Homosexuellen bloßgestellt, wogegen sich dieser erfolgreich gerichtlich zur Wehr setzen konnte.[8] In Buchver-

---

8 Vgl. Der Spiegel, Nr. 5/1984, Seite 21.

öffentlichungen über »Schwule in Bonn« hatte er »beweisfreie« Tatsachendokumentationen geliefert und ähnliche auch in Romanform gebracht.

Wörner hatte sich nicht über die zweifelhafte Vergangenheit seines »Kronzeugen« informiert und wußte nicht, daß er es mit einem renommiersüchtigen Wichtigtuer zu tun hatte, dem Publicity über alles ging.

Für das Treffen hatten die Beteiligten Diskretion ausgemacht.

Als Ziegler in die Schweiz zurückgekehrt war, begann er, die publizistische Ausschlachtung der Begegnung in Bonn vorzunehmen. Ziegler wandte sich an die Presse und prahlte in allen Einzelheiten über sein Bonner Treffen.[9]

Minister Wörner hatte sich tief blamiert und auch den Bundeskanzler, der sich durch seinen Amtschef vertreten ließ, in die Affäre hineingezogen.

Die negativen Ergebnisse, die die Nachforschungen gezeitigt hatten, hinderten den Verteidigungsminister freilich nicht, seine Entscheidung

9 Ebd., Seite 17f.

vom 8. Dezember in einer aktuellen Fragestunde des Deutschen Bundestages als richtig und untadelig hinzustellen. Trotz besseren Wissens über die zweifelhaften Grundlagen seiner Entscheidung ließ er es zu, daß Dr. Kießling von Abgeordneten seiner Partei in aller Öffentlichkeit mit Vorwürfen denunziert wurde, die er als belanglos oder unrichtig hätte klarstellen können. Die aktuelle Fragestunde war der Höhepunkt der sexuellen Denunziation im Fall Kießling. »Dieses Verhalten des Bundesministers Dr. Wörner« – so die SPD-Fraktion des Untersuchungsausschusses – »begründet den Vorwurf, daß er das Parlament an diesem Tage vorsätzlich in wissentlicher Hinsicht unvollständig und damit wissentlich falsch informiert hat.«[10]

Daß der Minister am Ende selbst verdächtigt wurde, homosexuell zu sein, löste vielerorts Gelächter aus und machte das Schmierentheater komplett.

Als in der zweiten Januarhälfte die Verfahrensweisen und die Motive des Ministers selbst für seine Parteifreunde nicht mehr nachvollziehbar waren und nicht nur die Opposition, sondern auch viele Abgeordnete der CDU/CSU und der FDP den Minister für untragbar hielten, erschien die Amtszeit Wörners nur noch eine Frage von Tagen.

Die Entscheidung des Ministers war nicht plausibel geworden. Unverständlich blieb vor allem, warum Wörner seine Entscheidung mit »Homosexualität« begründet hatte und sich nicht auf eine allgemeine Begründung wie »Vertrauensverlust« beschränkt hatte. Ganz und gar rätselhaft schließlich blieb politischen Gegnern und Freunden, wie es passieren konnte, daß Wörner selbst mit blutigem Dilettantismus die Befragung dubioser Zeugen vornehmen konnte. Da sich keine sachlichen Gründe hierfür angeben ließen, wurden tiefenpsychologische Spekulationen angestellt. In der Fraktion, beim Bundesnachrichtendienst, in den Behörden oder in Journalistenkreisen vermutete man, der Minister habe sich vor Schlagzeilen gefürchtet wie: »Wörner deckt schwulen General.«

Sein Verhalten – so wurde spekuliert – sei eine Überreaktion gewesen, »weil er panische Angst vor leichtfertigen Gerüchten habe, die seit längerem über ihn in Bonn umlaufen: Er selbst sei nicht frei von jenen Neigungen, die er und sein MAD dem General Kießling nachsagten,« meldete der SPIEGEL in seiner Ausgabe vom 30. Januar 1984.[11]

---

10 Drucksache 10/1604, a. a. O., Seite 65.

11 Der Spiegel, Nr. 5/1984, Seite 20.

Anzeige

„Immer mit der Ruhe . . .!"

Streß macht nervös. Nervosität beeinträchtigt den Schlaf. Und wer schlecht einschlafen kann, quält sich am Tage. Eine Kette ohne Ende . . .? Baldrian-Dispert-Dragees stellen die Ruhe wieder her. Damit Sie abends leichter einschlafen können und tagsüber gelassener bleiben. Baldrian-Dispert ist ein Arzneimittel auf natürlicher Basis. Seine hohe Wirksamkeit beruht auf dem besonders schonenden Herstellungsverfahren. Baldrian-Dispert erhalten Sie in jeder Apotheke.

Montag, 30. Januar 1984 - 50 Pf

Nr. 25/5 • HAMBURG-AUSGABE • C 1784 A ★★★★

Bild

HAMBURG

UNABHÄNGIG ÜBERPARTEILICH

Rekord! 43 irre, schöne Tore

HSV 7:2 Wutti, Kaltz wunderbar

Ein toller 7:2-Sieg gegen Dortmund, eine große Leistung von Manni Kaltz – und endlich zwei Tore von Wolfram Wuttke! Meister HSV ist wieder in Hochform. Muß er auch, denn morgen kommt Stuttgart zum Pokalspiel. Und der VfB hat gerade Kaiserslautern 5:1 weggefegt. Alles über den tollen Spieltag und den 43-Tore-Rekord auf den Seiten 20 bis 23.

In seiner Klasse der Erste!

Der 2-Kilo-Bohrhammer von Bosch. Mit Sicherheitsausrastkupplung.

Vor knapp drei Jahren die Sensation – der erste Bohrhammer der 2-Kilo-Klasse! Heute arbeiten damit mehr als 200.000 Handwerker. Mit seinem pneumatischen Schlagwerk hämmert der Bosch UBH 2/20 SE fast wie von selbst in härtesten Beton, bis 20 mm Ø. Schlagstop zum Bohren in Stahl und Holz. SDS-plus-Bohreraufnahme mit Verriegelungsautomatik. Sicherheitsausrastkupplung. Vollisolation. Im Kunststoffkoffer. Jetzt beim Fachhandel.

Bosch. Für Profis.

BOSCH

‚Spiegel': Homo-Gerüchte um Wörner Minister empört

18 63 51 36 7 80 44 78 47 14 26 4 77 15 9

4 Goldregen-Gewinner lachen

Die Woche beginnt mit Goldregen-Glück: Vier BILD-Leser haben diesmal gewonnen – ein Arbeitsloser, zwei Mütter, ein Bräutigam. Jeder bekommt 6250 Mark und erfüllt sich einen ganz besonderen Wunsch.

Das 23. Spiel beginnt

Regeln auf Seite 14

Von A. BROWER-RABINOWITSCH u. R. VÖLKEL

In der Affäre Kießling/Wörner wird immer tiefer unter die Gürtellinie geschlagen. Der neue „Spiegel" verbreitet Gerüchte, Verteidigungsminister Wörner habe selbst homosexuelle Neigungen.

Der „Spiegel" wörtlich: „Er (Wörner), mutmaßen seine Freunde, habe überreagiert, weil er panische Angst vor leichtfertigen Gerüchten habe, die seit längerem über ihn in Bonn umlaufen: Er selbst sei nicht frei von jenen Neigungen, die er und sein MAD dem General Kießling nachsagten."

Als Ursprung der Gerüchte galt dem Magazin eine Anzeige der deutschen »Schwulenaktion Südwest« in der Schweizer Homosexuellenzeitschrift »Kontiki« zur Bundestagswahl im März 1983. Darin wurde der CDU vorgeworfen, daß sie die Forderungen der Homosexuellen ablehne, sich aber »einen schwulen Verteidigungsminister« halte. »Allein das Wissen um solche Latrinenparolen – und seien sie noch so unzutreffend – habe Wörner zu seinem Fehlverhalten verleitet.«[12]

Die knappen Andeutungen des Nachrichtenmagazins gerieten in der BILD-Zeitung zur dicken Schlagzeile: »›Spiegel‹: Homogerüchte um Wörner. Minister empört.«[13]

Hermann L. Gremliza ging in KONKRET sogar soweit zu behaupten, daß der Minister Manfred Wörner, »der bei vielen in ähnlichem ›Verdacht‹ steht wie Kießling ... deshalb gerade wieder geheiratet hat.«[14]

Das war just der Zeitpunkt, als sich die Beklemmung in befreiender

12 Der Spiegel, Nr. 5/1984, Seite 20.

13 BILD vom 30. 1. 84, Seite 1.

14 KONKRET, Nr. 2/1984, Seite 8.

Heiterkeit auflöste. So präsentierte die Frankfurter Rundschau den »Manfred von der Bundeswehr«[15], der Karikaturist der WELT hatte den Minister bereits früher auf der mühseligen Suche »nach dem anderen Ufer«[16] gezeigt, später stößt KONKRET mit einem Titelbild des Ministers nach, das mit Lippenstiftküßchen übersät ist.[17]

Klammheimliche Schadenfreude war die Reaktion auf diese Form der »Gegendenunziation«. Der Scherbenhaufen war auf allen Seiten beträchtlich. Zum einen wurden die Geringschätzung und Verachtung der Gesellschaft Homosexuellen gegenüber wieder einmal bewiesen, zum anderen konnte die Regierung Kohl/Genscher in aller Deutlichkeit vorführen, wie sie sich die geistig-moralische Erneuerung in diesem Lande vorstellt.

»Ich bin der Manfred von der Bundeswehr.«[18]

15 Frankfurter Rundschau vom 28. 1. 1984, Seite 6 (Beilage ›Zeit und Bild‹).
16 Die Welt vom 17. 1. 1984, Seite 2.
17 Konkret Nr. 3/1984.
18 Frankfurter Rundschau vom 28. 1. 1984, Beilage ›Zeit und Bild‹.

Die mühselige Suche nach dem anderen Ufer[19]

Homosexualität und Denunziation

Der Ausgang der Wörner/Kießling-Affäre war noch völlig offen, die Umstände der ministeriellen Fehlentscheidung noch nicht geklärt, als sich bereits abzeichnete, daß – wie immer die Affäre ausgehen würde – eine Denunziation nachhaltig wirksam bleiben würde, nämlich die der männlichen Homosexuellen in der Bundesrepublik. Soviel war bereits nach den ersten Schlagzeilen der Presse deutlich: Mochten die Anschuldigungen gegen General Kießling sich möglicherweise als unberechtigt herausstellen, bleiben würde auf jeden Fall die Verunglimpfung einer gesellschaftlichen Minderheit, die ohnehin unterdrückt und geächtet ist.

Meine Beurteilung der gesellschaftlichen Stellung der Homosexuellen in der Bundesrepublik mag auf Widerspruch stoßen.

19 Die Welt vom 17. 1. 1984, Seite 2.

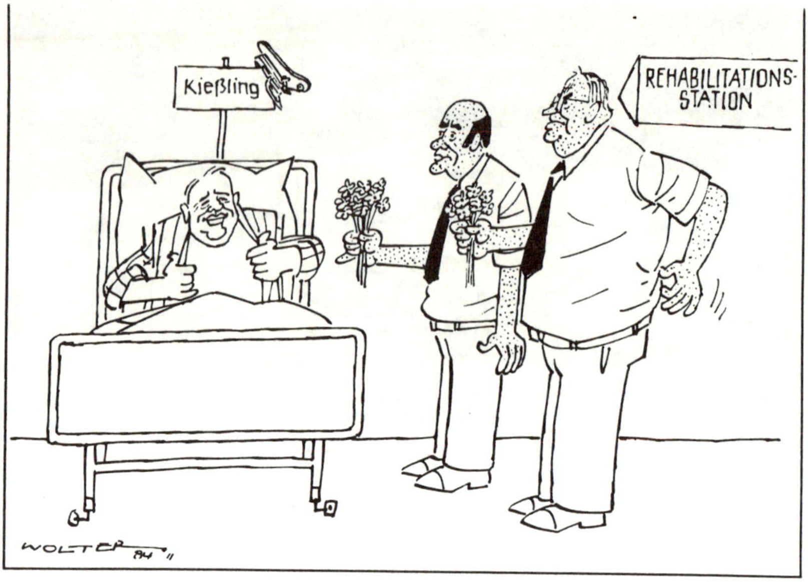

»Wie schön, Herr General, Ihre Infektion, Ihre Pusteln und Pickeln sind ja wie weggeblasen!«[20]

Hat es nicht seit den Strafrechtsreformen von 1969 und von 1973 entscheidende Änderungen gegeben? – Sind nicht die Schwulen-Aktionen, die öffentlichen Demonstrationen, Kongresse und spektakuläre Massenveranstaltungen Ausdruck einer offenen Gesellschaft, die dieser Minderheit die gleichen demokratischen Rechte wie anderen Gruppen zubilligt? – Sprechen nicht über einhundert Schwulen-Gruppen in der Bundesrepublik für weitgehend liberalisierte Verhältnisse? – Gibt es nicht eine Unzahl von homosexuellen Kommunikationszentren, Beratungsstellen oder Szene-Kneipen? – Haben die Homosexuellen nicht die Möglichkeit, sogar eine »eigene« Kultur zu entwickeln, wie sie sich in vielen Ansätzen von Filmemachern, Romanautoren und Stückeschreibern bereits gezeigt hat? – Spricht nicht auch der Umstand, daß die Homosexuellen in der Bundesrepublik eigene Zeitschriften haben, dafür, daß diese Minderheit nicht mehr unterdrückt ist? – Gibt es nicht zahlreiche Homosexuelle, die ihr »Anders-Sein« nicht mehr verbergen, sondern öffentlich bekennen? Sollte es nicht zu

20 Der Spiegel 39. Jg. Nr. 12/1985, Seite 126.

denken geben, daß diese Bekenner nicht nur freischaffende Schriftsteller, Künstler oder verbeamtete Universitätsprofessoren sind, sondern aus allen Bereichen des gesellschaftlichen Lebens kommen? – Daß unter den offenen Bekennern Arbeiter sind, Angestellte, Lehrer, Lehrlinge und Schüler?!

Kann man angesichts dieser Entwicklung noch von einer unterdrückten Minderheit sprechen?

Man kann!

Die Situation der Homosexuellen in unserer Gesellchaft wird oft falsch eingeschätzt, wenn man die Entwicklung nach 1969 vor dem Horizont der faschistischen Ausrottung und der Verfolgungen in der Adenauer-Ära betrachtet. Vor diesem Hintergrund gewinnen die Liberalisierungen eine Qualität, die bei vielen den Eindruck entstehen läßt, Homosexuelle seien frei und gleichberechtigt. Wie anders kann es sonst geschehen, daß zum Beispiel Peter Scholl-Latour in seinem Leitartikel im STERN vom 26. 1. 1984 von der »– seit fünfzehn Jahren straffreien – Homosexualität« schreibt?

»Straffrei« wurde die Homosexualität unter Männern weder in der Novellierung des § 175 von 1969, noch in der Fassung von 1973. Die Neuregelung von 1969, die nach wie vor von der krankhaften und unnatürlichen Homosexualität ausgeht, sichert nur die Straffreiheit für homosexuelle Handlungen zwischen Männern über 21 Jahren. Die Neufassung aus dem Jahre 1973 ist lediglich eine Anpassung an das vorgezogene Volljährigkeitsdatum, die nicht mit einer Straffreiheit gleichzusetzen ist. Die heute gültige Fassung lautet:

»§ 175 Homosexuelle Handlungen
– Ein Mann über achtzehn Jahre, der sexuelle Handlungen an einem Mann unter achtzehn Jahren vornimmt oder von einem Mann unter achtzehn Jahren an sich vornehmen läßt, wird mit Freiheitsstrafen bis zu fünf Jahren oder mit Geldstrafe bestraft.
Das Gericht kann von einer Bestrafung nach dieser Vorschrift absehen, wenn
1. der Täter zur Zeit der Tat noch nicht einundzwanzig Jahre alt war oder
2. bei Berücksichtigung des Verhaltens desjenigen, gegen den sich die Tat richtet, das Unrecht der Tat gering ist.«[1]

Der Interpretationsrahmen dessen, was als das »Unrecht der Tat« gelten kann, ist nach wie vor groß und hängt von dem moralischen, sittlichen, religiösen oder bestenfalls sexuologischen Ermessen des jeweiligen Richters ab. Der § 175 ist ein Sondergesetz, das keine

1 Zit. nach Stümke/Finkler, a. a. O., Seite 354.

Entsprechungen im Sexualstrafrecht für Heterosexuelle hat. Heterosexuelle Handlungen Erwachsener sind nur mit Jugendlichen unter sechzehn Jahren – auf Antrag – strafbar. Generell verboten – wie der sexuelle Umgang des über 18jährigen mit dem noch nicht 18jährigen – ist im heterosexuellen Bereich lediglich der sexuelle Umgang mit Kindern unter vierzehn Jahren.

Ich will an dieser Stelle nicht alle Formen der Diskriminierung aufführen, die zu nennen wären, um die Behauptung von einer nach wie vor unterdrückten Minderheit zu stützen.

Erwähnt werden muß jedoch, daß die gegenwärtig praktizierte Erziehung einseitig die heterosexuelle Sozialisation favorisiert und den Homosexuellen nach wie vor als krankhaft und abartig stigmatisiert. In den Richtlinien zur Sexualerziehung wird Homosexualität nicht selten in einem Atemzug mit Prostitution, Exhibitionismus und strafrechtlichen Fragen abgehandelt.[2] Die Bücher zur Sexualerziehung zeigen noch weitgehend Orientierungen, die vorurteilsbeladen und mit wissenschaftlichen Erkenntnissen nicht zu vereinbaren sind.[3]

Für Heranwachsende, die homosexuelle Neigungen bei sich erkennen, können solche Stigmatisierungen nur neurotisierend wirken, gesetzt einmal den Fall, sie glauben an das, was ihnen in der Schule mündlich und schriftlich dargeboten wird.

Die amtlichen Verlautbarungen der beiden großen Kirchen zur Sexualerziehung stehen den schulischen Richtlinien der Kultusminister in nichts nach. Ob die Homosexualität als schwere Verfehlung, Sünde oder psychische Fehldisposition den Jugendlichen dargebracht wird, es macht keinen Unterschied. Der Homosexuelle bleibt stigmatisiert, auch dort, wo ein verständnisvoll therapeutischer Umgang mit ihm angeraten wird.[4]

Wenn Recht und institutionelle Erziehung schon so wenig grundsätzliche Neuorientierung erkennen lassen, können die weiteren gesellschaftlichen Bereiche kaum anders sein. Nach wie vor ist die berufliche

---

2 Vgl. die Richtlinien zur Sexualerziehung in den Schulen der Freien und Hansestadt Hamburg. Hamburg 1980, S. 22; Blandow, Jürgen: Sexualpädagogik und Homosexualität. In: Lautmann, Rüdiger Seminar: Gesellschaft und Homosexualität. Frankfurt 1977, Seite 172 ff.

3 Vgl. Kleszcz, Anette und Holger Neuhaus: Wie antihomosexuell sind unsere Sexualkundebücher? Münster 1980.

4 Vgl. Evangelische Kirche Deutschlands: Denkschrift zu Fragen der Sexualethik. 2. Aufl., Gütersloh 1971; – Sekretariat der Deutschen Bischofskonferenz (Hg.): Orientierung zur Erziehung in der menschlichen Liebe. Hinweise zur geschlechtlichen Erziehung. Verlautbarungen des Apostolischen Stuhls. Bonn 1983.

Situation des homosexuellen Arbeitnehmers zusätzlich gefährdet. Diffamierungen am Arbeitsplatz und ungerechtfertigte Kündigungen gehören zum Alltag der Homosexuellen.

Das ist auch dort der Fall, wo man naiverweise einen mitmenschlichen, christlichen Umgang mit dem Nächsten erwarten könnte: Auch die evangelische Kirche glaubt, sich einen homosexuellen Mitarbeiter nur dann leisten zu können, wenn er seine Neigungen leugnet und seinen »Umgang« aufgibt.[5]

Die oft spektakulären Inszenierungen der Schwulengruppen in der Öffentlichkeit erwecken ein falsches Bild. Die schweigende homosexuelle Mehrheit bleibt im Untergrund. Das regionale Gefälle der Unbefangenheit dürfte beträchtlich sein. Schwulsein in Hamburg, Berlin, München oder Düsseldorf ist etwas anderes als in Bad Wiessee oder Paderborn.

Die Beiträge der Massenmedien zum Abbau von Vorurteilen gegenüber sexuellen Außenseitern sind gering,[6] und das Aufkommen der Krankheit AIDS in jüngster Zeit hat ein übriges zur Verschärfung der Diskriminierung von Homosexuellen und Homosexualität beigetragen.

Die Wörner/Kießling-Affäre zentrierte sich um eine einzige Kernfrage: Ist der General homosexuell oder nicht? Ist er es nicht, dann sollte er »seine Ehre wiederhaben«. Wäre er es gewesen, dann durfte er getrost ehrlos bleiben. Denn – so der Tenor der Medien – Homosexuelle sind unzuverlässig; sie verkehren in schummrigen Bars, in halb- oder ganz kriminellen Kreisen; sie dürfen keine Träger von Staatsgeheimnissen sein; sie sind erpreßbar. Das Ehrenwort eines Generals zählt; das eines schwulen Generals nicht. Homosexuelle sind ein Sicherheitsrisiko.

Die Rehabilitierung des Generals bedeutet nichts anderes als die Feststellung, daß er nun doch nicht diesem Sumpf angehört, daß er ein Ehrenmann ist, der auf eine noble Art weiter verwendet werden kann.

---

5 Siehe hierzu Kentler, Helmut (Hg.): Die Menschlichkeit der Sexualität. Berichte, Analysen, Kommentare ausgelöst durch die Frage: Wie homosexuell dürfen Pfarrer sein? München 1983; vgl. Lautmann, a. a. O., Seite 249 ff.; Stümke/Finkler, a. a. O., Seite 394. – Positiv hervorzuheben ist das Buch von Hans-Georg Wiedemann: Homosexuelle Liebe. Für eine Neuorientierung in der christlichen Ethik. Stuttgart und Berlin 1982.

6 Siehe hierzu Beth, Hanno: Massenmedien und Homosexualität. In: Lautmann, a. a. O., Seite 228 ff.; Stümke/Finkler, a. a. O., Seite 388. Zu der gesamten Situation des männlich Homosexuellen in der BRD siehe die umfangreichste empirische Studie im deutschsprachigen Raum von Dannecker, Martin und Reimut Reiche: Der gewöhnliche Homosexuelle. 2. Aufl., Frankfurt 1974.

Die Selbstverständlichkeit, mit der die Argumente für und gegen die Ehrenhaftigkeit des Generals in der Presse gehandelt wurden und von den Lippen der Kommentatoren kamen, die Gleichstellung von miesem Milieu, Kriminalität, Erpressertum und Sicherheitsrisiko mit Homosexualität, war für die Homosexuellen ebenso eine Beleidigung wie die »Wiederherstellung der Ehre«, weil dem General die Homosexualität nicht nachgewiesen werden konnte.

Vorurteilsgeladen war auch manche Berichterstattung über Wörners Kontakt mit seinen Kronzeugen. Eine Schlagzeile wie »Wörner empfängt Homo« suggeriert zunächst erst einmal die Abwegigkeit des Ministers, einen Homosexuellen zu empfangen.

Die Kritik an Wörner war ja wohl auch deswegen schließlich so heftig, weil seine Nachforschungen negativ blieben.

Man stelle sich einmal vor: Das Stochern in der Vergangenheit des Generals hätte eindeutige Beweise erbracht; die Befragung seiner Fahrer hätte Aussagen ergeben, die jeden Zweifel ausschließen, oder der Besuch von Herrn Ziegler hätte konkrete Vorlagen erbracht, etwa Photos, die den General in der Homo-Szene zeigen ... Hätte Minister Wörner bei einer positiven Bilanz seiner denunziatorischen Recherchen gleichermaßen im Feuer der Kritik gestanden, oder hätte ein »Erfolg« die Mittel geheiligt? Die überwiegend homosexuellenfeindliche oder doch zumindest unreflektierte, unsensible Berichterstattung legt eine Bejahung des letzten Teils der Frage nahe. Ein positiver Befund der Recherchen hätte ihm zweifellos das Image eines Verteidigungsministers eingebracht, der sich in einer schwierigen Situation nicht scheut, in den »Sumpf« hinabzusteigen; der den trüben Elementen mutig gegenübertritt und der schließlich Licht in die Finsternis bringt. Unerschrockenheit und Tapferkeit wären ihm bescheinigt worden. Solch einem Minister traut man auch die Meisterung größerer Krisen zu!

Die moralische Fundierung der Kritik an den hilflosen Recherchen des Ministers erwies sich in den meisten Organen der Berichterstattung als höchst zweifelhaft. Schon die Spur eines Erfolges hätte die trüben Machenschaften des Ministers in ein leuchtendes Farbenspektrum getaucht.

Nachbemerkung

Wer seine Aufmerksamkeit über einen längeren Zeitraum auf die Praktiken sexueller Denunziation lenkt, dem erscheint das Problem als eine Kette, an der unermüdlich weitergeschmiedet wird.

Die Dokumentation ließe sich beliebig erweitern .... Die wichtigsten Mechanismen dieser Technik scheinen mit freilich ausreichend dargelegt, so daß auf die Beschreibung weiterer Fälle verzichtet werden kann. Unverzichtbar erscheint mir eine Überlegung darüber, wie die Funktion der sexuellen Diffamierung außer Kraft gesetzt werden könnte.

Pädagogen haben die Neigung, die Probleme dieser Welt mit einem Katalog von Lernzielen zu beantworten. Ist der Lehrplan ausreichend differenziert und sind die einzelnen Lernschritte systematisch aufeinander abgestimmt, dann – so hat man manchmal den Eindruck – gerät die Gesellschaft zwangsläufig wieder in Ordnung.

Die politische Kultur einer Gesellschaft durch Erziehung allein verändern zu wollen, erscheint mir freilich als naiver Optimismus.

Als Lehrer und Erziehungswissenschaftler habe ich jedoch Interesse daran, die sexuelle Diskriminierung einzuschränken. Auch wenn ich nicht an die Omnipotenz der Erziehung glaube, so meine ich doch, daß sie einen Beitrag zur Entschärfung der politischen Waffe Denunziation leisten kann.

Wenn diese Einschätzung angesichts der gesellschaftlichen Übermächte als Utopie empfunden wird, so bekenne ich mich zu dieser Utopie, ohne die die Erziehung – und auch die Politik – gar nicht existieren kann.

Das Ziel jeder Denunziation, auch der sexuellen, ist die Täuschung der Öffentlichkeit über die konkreten politischen Absichten der Denunzianten. Wo sexuell denunziert wird, werden die wahren Interessen verschleiert. Sexuelle Diffamierung tritt oft an die Stelle politischer Argumentation; sie ersetzt oder erleichtert die Mühe um die Rechtfertigung politischer Absichten und Entscheidungen.

Sexuelle Denunziation ist daher nicht nur Ausdruck einer verkommenen Sexualkultur, sondern ein empfindlicher Gradmesser für die politische Kultur überhaupt. Wo sexuelle Denunziation gedeiht, hat Demokratie nicht mehr viel zu suchen.

Die Chancen für die beabsichtigten Wirkungen der Denunziation liegen in der Unmündigkeit derer, für die sie bestimmt ist. Je unaufgeklärter eine Gesellschaft gehalten wird, desto williger wird sie den Täuschungsmanövern der Denunzianten folgen.

Die Ächtung des politischen Gegners durch sexuelle Denunziation ist zugleich eine Verachtung derjenigen, die mit der emotionalen Entrüstung mobilisiert werden sollen. Hier liegt eine wichtige Aufgabe der *Sexualerziehung*, die sie bisher noch nicht ausreichend wahrgenommen hat.

Sexualerziehung – das ist im Verständnis vieler Menschen die Aufklärung der Kinder und Jugendlichen über Fragen der Schwangerschaft, Geburt und Zeugung. Wenn sie liberal kommt, werden Jugendliche allenfalls noch über die Möglichkeiten der Empfängnisverhütung aufgeklärt und darüber, wie die Mittel besorgt und gehandhabt werden.

Das sind zweifellos unverzichtbare Inhalte. Dennoch greift eine Sexualerziehung, die sich die Mündigkeit und Emanzipation des Menschen als Ziel gesetzt hat, zu kurz, wenn sie es bei der Aufklärung über biologische Vorgänge beläßt und die Probleme der Sexualität ausschließlich im Rahmen der individuellen Entwicklung einer Partnerschaft sieht.

Die sexuelle Liberalisierung der sechziger Jahre hat die Enttabuierung der Sexualität gebracht.

Diese Entwicklung war ganz zweifellos eine Voraussetzung dafür, daß überhaupt erst einmal über Sexualität gesprochen werden konnte.

Weiterhin bestehen blieb jedoch ein *soziales Tabu*, das die Manipulationen, die über den Bereich der Sexualität möglich sind, weiterhin verschleiert.

Die Richtlinien der Kultusminister zur Sexualerziehung in den Schulen leisten der sozialen Tabuierung eher Vorschub. Ihr Schwerpunkt liegt eindeutig im biologischen Bereich, gesellschaftliche und politische Dimensionen der Sexualität werden so gut wie gar nicht thematisiert.

Aufklärung, die ihren Namen verdient, hat mehr zu leisten. Sie muß die Sexualnormen als historisch gewachsene gesellschaftliche Vereinbarungen kenntlich machen. Sie muß verdeutlichen, daß diese Vereinbarungen wandelbar sind. Sie muß zugleich lehren, daß die Vermittlung einer rigiden Sexualmoral der Unmündigkeit des Individuums Tür und Tor öffnet. Je unerbittlicher Kinder und Jugendliche auf eine einzig gültige Sexualnorm eingeschworen werden, desto unnachsichtiger werden sie über Verhaltensweisen denken und urteilen, die von der vorgegebenen Norm abweichen. Eine solche Disposition ist die Voraussetzung, die sich Machtpolitiker wünschen, wenn sie die sexuelle Denunziation in Gang setzen.

Menschen dagegen, die gelernt haben, die Bedeutung der sexuellen Stigmatisierung in überindividuelle und politische Zusammenhänge einzuordnen, werden skeptisch, wenn sexuelle Denunziation betrieben wird. Sie werden aufhorchen und sich unbequeme Fragen erlauben.

Wenn Sexualerziehung Aufklärung sein soll, dann muß sie in diesem umfassenden Sinne geleistet werden.

Eine solche Erziehung läuft freilich nicht nur über den Kopf.

Sie setzt voraus, daß den Menschen die Gelegenheit gegeben wird, ihre Sexualität zu kultivieren, statt sie zu unterdrücken. Wo Kinder und Jugendliche systematisch in ihren sexuellen Lernmöglichkeiten beschnitten werden, wo Erwachsene den Sexualbereich mit Leistungs- und Konsumzwängen strapazieren und wo Sexualität in der zweiten Lebenshälfte keine Bedeutung mehr haben darf – überall dort sind die Chancen rationaler Analyse gering gegenüber den unkontrollierten Aggressionen, die die Unterdrückung bewirkt.

Die Toleranz gegenüber dem Sexualverhalten des Nächsten hat die Toleranz gegenüber der eigenen Sexualität zur Voraussetzung. Oder, negativ gewendet: Die unbarmherzige Bekämpfung der eigenen Wünsche und Neigungen ist die beste Gewähr für die unnachgiebige Verfolgung derer, die wir für »abweichend« halten.

Wenn die Erziehung es gestattet bzw. wenn sie es gestatten darf, daß sich die Menschen mit ihrer eigenen Sexualität auseinandersetzen, dann verlieren manche libidinösen Wünsche ihren dämonischen Charakter, weil wir erkennen, daß viele gemeinhin als abweichend stigmatisierte Bedürfnisse, sich auch mit einem »normalen« Sexualverhalten vereinen lassen.

Eine solche Erfahrung ist wichtig, wenn unter Toleranz mehr verstanden werden soll als das bloße Hinnehmen dessen, was nicht zu vermeiden ist.

Das soll nun nicht heißen, sexuelle Verhaltensweisen tolerierbar zu machen, die sozialschädlich, gewalttätig oder die ein Ausdruck von Krankheit sind.

Es wäre jedoch schon viel gewonnen, wenn sie nicht mehr als Mittel der Denunziation benutzt werden könnten.

Literaturverzeichnis

Adorno, Theodor W.: Sexualtabus und Recht heute. In: Bauer, Fritz (Hg.): Sexualität und Verbrechen. Frankfurt/M. und Hamburg 1963.

Amendt, Günter (Hg.): Kinderkreuzzug oder Beginnt die Revolution in den Schulen? 49.–55. Tsd., Reinbek 1971.

ders.: Zur sexualpolitischen Entwicklung nach der antiautoritären Schüler- und Studentenbewegung. In: Gamm, Hans-Jochen und Friedrich Koch (Hg.): Bilanz der Sexualpädagogik. Frankfurt und New York 1977, Seite 20 ff.

Augstein, Rudolf (Hg.): Überlebensgroß: Herr Strauß. Hamburg 1980

Baeumler, Alfred: Männerbund und Wissenschaft. 7.–12. Tsd., Berlin 1943.

Baring, Arnulf: Machtwechsel: Die Ära Brandt-Scheel. Stuttgart 1982.

Baumann, Jürgen (Hg.): Das Abtreibungsverbot des § 218. Neuwied und Berlin 1971.

ders.: Paragraph 175. Berlin und Neuwied 1968.

ders.: Kleine Streitschrift zur Strafrechtsreform. Bielefeld 1975.

Baurmann, Michael C.: Sexualität, Gewalt und psychische Folgen. Eine Längsschnittuntersuchung bei Opfern sexueller Gewalt und sexuellen Normverletzungen anhand von angezeigten Sexualkontakten. Wiesbaden 1983.

Bebel, August: Die Frau in Vergangenheit, Gegenwart und Zukunft. Zürich 1883.

Becker, Walter: Einführung in das neue Sexualstrafrecht. Hamm 1974.

Beckmann, Elly und Elisabeth Kardel: Quellen zur Geschichte der Frauenbewegung. Frankfurt 1955.

Belotti, Elena: Was geschieht mit den kleinen Mädchen? München 1975.

Benard, Cheryl und Edit Schlaffer: Der Mann auf der Straße. Reinbek 1980.

dies.: Die ganz gewöhnliche Gewalt in der Ehe. 31.–33. Tsd., Reinbek 1982.

Bennecke, Heinrich: Hitler und die SA. München und Wien 1962.

ders.: Die Reichswehr und der Röhmputsch. München und Wien 1964.

Beth, Hanno: Massenmedien und Homosexualität. In: Lautmann, Rüdiger, a. a. O., Seite 228 ff.

Binion, Rudolph: ». . . . . daß ihr mich gefunden habt.« Hitler und die Deutschen: Eine Psychohistorie. Stuttgart 1978.

Blandow, Jürgen: Sexualpädagogik und Homosexualität. In: Lautmann, Rüdiger, a. a. O., Seite 172 ff.

Bleuel, Hans Peter: Das saubere Reich. Bern, München, Wien 1972.
Bloch, Charles: Die SA und die Krise des NS-Regimes 1934. Frankfurt 1970.
Borneman, Ernest: Lexikon der Liebe und Sexualität. Bd. 1 und 2, 2. Aufl., München 1969.
ders.: Sex im Volksmund. Der obszöne Wortschatz der Deutschen. Bd. 1 und 2, 2. Aufl., Reinbek 1974.
Boßmann, Dieter: Was ich über Adolf Hitler gehört habe. Frankfurt 1977.
Brehmer, Ilse (Hg.): Sexismus in der Schule. Weinheim 1982.
Bremme, Gabriele: Die politische Rolle der Frau in Deutschland. Göttingen 1956.
Brohmer, Paul: Biologieunterricht. Osterwieck/Harz und Berlin 1936.
Brezinka, Wolfgang: Die Pädagogik der Neuen Linken. Analyse und Kritik. 6. Aufl., München und Basel 1981.
Bukowskij, Wladimir: Opposition. Eine neue Geisteskrankheit in der Sowjetunion. München 1973.
Bullock, Alan: Hitler. Eine Studie über Tyrannei. 71.–75. Tsd., Düsseldorf 1964.
Burgdörfer, Friedrich: Bevölkerungspolitik. In: Woltereck, Heinz (Hg.): Erbkunde, Rassenpflege, Bevölkerungspolitik. Leipzig 1935, Seite 199 ff.
ders.: Völker am Abgrund. 2. Aufl., München und Berlin 1937.

Carr, William: Hitler. A Study in Personality and Politics. London 1978.
Charlier, Jean-Michel und Jacques de Launay: Eva Hitler geb. Braun. Die führenden Frauen des Dritten Reiches. Stuttgart 1979.

Daim, Wilfried: Der Mann, der Hitler die Ideen gab. München 1958.
Danimann, Franz: Flüsterwitze und Spottgedichte unterm Hakenkreuz. Wien 1983.
Dannecker, Martin und Reimut Reiche: Der gewöhnliche Homosexuelle. Eine soziologische Untersuchung über männliche Homosexuelle in der Bundesrepublik. 2. Aufl., Frankfurt 1974.
Danzer, Paul: Der Wille zum Kind. München 1938.
ders.: Geburtenkrieg. 4. Aufl., München und Berlin 1943.
Deutsch, Harold C.: Das Komplott oder Die Entmachtung der Generale. Blomberg- und Fritsch-Krise. Hitlers Weg zum Krieg. Eichstätt 1974.
Dierichs, Helga und Margarethe Mitscherlich: Männer. Zehn exemplarische Geschichten. Frankfurt 1980.
Dietrich, Otto: 12 Jahre mit Hitler. München 1955.
Dörner, Klaus: Bürger und Irre. Zur Sozialgeschichte und Wissenschaftssoziologie der Psychiatrie. Frankfurt 1969.
ders.: Über den Gebrauch klinischer Begriffe in der politischen Diskussion. In: Die Linke antwortet Jürgen Habermas. 4.–8. Tsd., Frankfurt 1969, Seite 59 ff.
Domarus, Max: Hitler. Reden und Proklamationen. 1932–1945. Band 1, Würzburg 1962.

Dor, Milo und Reinhard Federmann: Der politische Witz. Wien 1964.
Drucksache 10/1604 des Deutschen Bundestages. 10. Wahlperiode. Beschlußempfehlung und Bericht des Verteidigungsausschusses (12. Ausschuß) als 1. Untersuchungsausschuß nach Artikel 45 a Abs. 2 des Grundgesetzes. Bonn 1984.
Dürerbund (Hg.): Am Lebensquell. Ein Handbuch zur geschlechtlichen Erziehung. 18.–20. Tsd., Dresden 1917.

Eissler, W.: Arbeiterparteien und Homosexuellenfrage. Zur Sexualpolitik von SPD und KPD in der Weimarer Republik. Berlin 1980.
Evangelische Kirche Deutschlands (Hg.): Denkschrift zu Fragen der Sexualethik. 9. Aufl., Gütersloh 1971.

Feder, Gottfried (Hg.): Das Programm der NSDAP und seine weltanschaulichen Grundgedanken. 25.–40. Aufl., München 1933.
Flitner, Wilhelm und Gerd Kudritzki (Hg.): Die deutsche Reformpädagogik. Bd. 1 und 2, Düsseldorf und München 1961/1962.

Gamm, Hans-Jochen: Der Flüsterwitz im Dritten Reich. 2. Aufl., München 1966.
ders.: Judentumskunde. 2. erw. Aufl., München und Recklinghausen 1960.
Gamm, Hans-Jochen und Friedrich Koch (Hg.): Bilanz der Sexualpädagogik. Frankfurt und New York 1977.
Giese, Hans (Hg.) Homosexualität oder Politik mit dem Paragraphen 175. Reinbek 1967.
Gisevius, Hans Bernd: Adolf Hitler. Versuch einer Deutung. München 1963.
Grebing, Helga: Linksradikalismus gleich Rechtsradikalismus. Eine falsche Gleichung. 2. Aufl., Stuttgart 1971.
Günther, Hans F. K.: Rassenkunde des deutschen Volkes. 13. Aufl., München 1929.
ders.: Rassenkunde des jüdischen Volkes. München 1930.
ders.: Ritter, Tod und Teufel. Der heldische Gedanke. 2. Aufl., München 1924.
Guha, Anton-Andreas: Sexualität und Pornographie. Die organisierte Entmündigung. Frankfurt 1971.

Härtle, Heinrich: Die sexuelle Revolution. Genosse Porno regiert. Hannover 1971.
Hahn, Fred: Lieber Stürmer! Leserbriefe an das NS-Kampfblatt 1924–1945. Stuttgart 1978.
Hanfstaengl, Ernst: Tat gegen Tinte. Hitler in der Karikatur der Welt. Neue Folge. Berlin 1934.
ders.: Zwischen Weißem und Braunem Haus. Memoiren eines politischen Außenseiters. München 1970.
Harmsen, Hans und F. Lohse (Hg.): Bevölkerungsfragen. München 1936.

Hartmann, Rudi (Hg.): Flüsterwitze aus dem Tausendjährigen Reich. München 1983.

Heinsohn, Gunnar und Rolf Knieper: Theorie des Familienrechts. Frankfurt 1976.

Heinsohn, Gunnar u. a.: Menschenproduktion. Allgemeine Bevölkerungslehre der Neuzeit. Frankfurt 1979.

Held, Monika: Beruf: Sekretärin. Reportagen, Protokolle, Analysen. München 1982.

Hermannsen, Walter und Karl Blome: Warum hat man uns das nicht früher gesagt? Ein Bekenntnis deutscher Jugend zu geschlechtlicher Sauberkeit. 4. Aufl., München und Berlin 1943.

Hermes, Richard: Witz contra Nazi. Hamburg 1946.

Heydrich, Reinhard: Aufgaben und Aufbau der Sicherheitspolizei. In: Pfundtner, Hans (Hg.), a. a. O., Seite 149 ff.

Hitler, Adolf: Mein Kampf. 36. Aufl., München 1933.

Hitler in der Karikatur der Welt 1924–1934 mit Kommentaren aus dem Dritten Reich. Stuttgart o. J.

Hockerts, H. G.: Die Sittlichkeitsprozesse gegen katholische Ordensangehörige und Priester 1936–1937. Mainz 1971.

Hodann, Max: Bub und Mädel. 5. Aufl., Rudolfstadt 1926.

ders.: Onanie – weder Laster noch Krankheit. Rudolfstadt 1929.

Höh, Ruth: Was ist los in den Büros? Ergebnisse einer Fragebogenaktion für Sekretärinnen, Schreibkräfte, Typistinnen, Chefassistentinnen, Schreibdienstleiterinnen. Hamburg 1981.

Höhne, Heinz: »Entehrend für die ganze Armee.« Der Fall Fritsch-Blomberg. In: Der Spiegel, 38. Jg. Nr. 5/1984, Seite 96 ff.; Nr. 6, Seite 148 ff.; Nr. 7, Seite 132 ff.

ders.: Mordsache Röhm. Hitlers Durchbruch zur Alleinherrschaft 1933–1934. Reinbek 1984.

Hofer, Walther: Der Nationalsozialismus. Dokumente 1933–1945. 51.–75. Tsd., Frankfurt 1957.

Hoffmann, Ferdinand: Sittliche Entartung und Geburtenschwund. 2. Aufl., München 1938.

Holtzmeyer, Gerd: Schwangerschaft und Beratung. In: Sexualpädagogik 2/1979, Seite 25.

Hoßbach, Friedrich: Zwischen Wehrmacht und Hitler 1934–1938. 2. Aufl., Göttingen 1965.

Hufen, Friedhelm: Fakten, Werte und staatlicher Erziehungsauftrag. Zum Sexualkundeurteil des Bundesverfassungsgerichts. In: Pacharzina, Klaus und Karin Albrecht-Désirat (Hg.): Konfliktfeld Kindersexualität. Frankfurt 1978, Seite 183 ff.

Hunger, Heinz: Jüdische Psychoanalyse und deutsche Seelsorge. In: Walter Grundmann (Hg.): Germanentum, Judentum und Christentum. Bd. 2, Leipzig 1942, Seite 307 ff.

Jetzinger, Franz: Hitlers Jugend. Wien 1956.
Jürgens, Curd: .... und kein bißchen weise. Locarno 1976.

Karsten, Gabriele: Mariechens Weg ins Glück. Die Disqualifizierung von Mädchen in Grundschulbüchern. Berlin o. J.
Kelley, Douglas M.: 22 Männer um Hitler. Erinnerungen des amerikanischen Armeearztes und Psychiaters am Nürnberger Gefängnis. Olten-Bern 1947.
Kentler, Helmut (Hg.): Die Menschlichkeit der Sexualität. Berichte, Analysen, Kommentare ausgelöst durch die Frage: Wie homosexuell dürfen Pfarrer sein? München 1983.
Kerscher, Ignatz: Kinderfreunde. In: Koch, Friedrich und Karlheinz Lutzmann (Hg.): Stichwörter zur Sexualerziehung. Weinheim und Basel 1984, Seite 90 ff.
ders.: Der »böse Onkel« in der Sexualpädagogik. In: Fischer, Wolfgang u. a. (Hg.): Inhaltsprobleme in der Sexualpädagogik. Heidelberg 1973, Seite 148 ff.
ders.: Emanzipatorische Sexualpädagogik und Strafrecht. Neuwied und Berlin 1973.
Kersten, Otto: Praxis der Erziehungsberatung. Stuttgart 1941.
Key, Ellen: Das Jahrhundert des Kindes. Volksausgabe 1.–3. Tsd., Berlin 1907.
Kleszcz, Anette und Holger Neuhaus: Wie antihomosexuell sind unsere Sexualkundebücher? Münster 1980.
Knoop, Anneliese: Sexualerziehung in Schule und außerschulischer Jugendarbeit. Bücher für Pädagogen und Jugendliche. 2. Aufl., Stuttgart 1983.
Knorr, Peter und Hans Traxler: BIRNE. Das Buch zum Kanzler. 2. Aufl., Frankfurt 1983.
Koch, Friedrich: Gegenaufklärung. Zur Kritik restaurativer Tendenzen in der Gegenwartspädagogik. Bensheim 1979.
ders.: Zur politischen Auseinandersetzung um die emanzipatorische Pädagogin. In: Walter Twellmann (Hg.): Handbuch Schule und Unterricht. Bd. 7.1. Düsseldorf 1985, Seite 133 ff.
ders.: Emanzipatorische Pädagogik und »Krankheit«. Zur politischen Auseinandersetzung um die Bildungsreform. In: Vorgänge, Nr. 45/1980, Seite 19 ff.
ders.: Emanzipatorische Pädagogik und die Gleichsetzung von Sozialismus und Nationalsozialismus. In Vorgänge, Nr. 42/1979, Seite 4 ff.
ders.: Negative und positive Sexualerziehung. Eine Analyse katholischer, evangelischer und überkonfessioneller Aufklärungsschriften. Heidelberg 1971.
ders.: Sexualität und Systemveränderung? Zur Bedeutung Wilhelm Reichs für die Sexualpädagogik. In: Gamm, Hans-Jochen und Friedrich Koch (Hg)., a. a. O., Seite 39 ff.
ders.: Sexualpädagogik und politische Erziehung. München 1975.
ders.: Von der »sexuellen Revolution« zur »Sexualerziehung als Unterrichtsprinzip«. In: Zeitschrift für Pädagogik. 29. Jg. 1983, Seite 973 ff.

Koch, Friedrich und Karlheinz Lutzmann (Hg.): Stichwörter zur Sexualerziehung. Weinheim und Basel 1985.

Komitee für Grundrechte und Demokratie (Hg.): Ohne Zweifel für den Staat. Die Praxis zehn Jahre nach dem Radikalenerlaß. Reinbek 1982.

Krausnick, H.: Der 30. Juni 1934. Bedeutung-Hintergründe-Verlauf. In: Aus Politik und Zeitgeschichte. Beilage zur Wochenzeitschrift ›Das Parlament‹ vom 30. 6. 1954, Seite 317 ff.

Kreyenborg, Margareta: Pädagogische Überlegungen zur Rezeption der Sexualpolitik im Bayernkurier. Unveröffentlichte Hausarbeit für die erste Staatsprüfung in Erziehungswissenschaft. Hamburg 1973 (Im Archiv des Fachbereichs Erziehungswissenschaft der Universität).

Kubitzek, August: Adolf Hitler– Mein Jugendfreund. Graz und Göttingen 1953.

Kuby, Erich: Im Fibag-Wahn oder Sein Freund, der Herr Minister. Reinbek 1962.

Kunert, Hubertus: Deutsche Reformpädagogik und Faschismus. Hannover 1973

Langer, Walter C.: Das Adolf-Hitler-Psychogramm. Eine Analyse seiner Person und seines Verhaltens, verfaßt 1943 für die psychologische Kriegsführung der USA. Wien, München, Zürich 1973.

Lautmann, Rüdiger: Seminar: Gesellschaft und Homosexualität. Frankfurt 1977.

Leinemann, Jürgen: Überlebensgroß: Herr Strauß. In Augstein, Rudolf, a. a. O., Seite 43 ff.

de Lorent, Hans Peter: Die Hexenjagd. Berufsverboteroman. Dortmund 1980.

Ludz, Peter Christian: Studien und Materialien zur DDR. 8. Sonderheft der Kölner Zeitschrift für Soziologie und Sozialpsychologie. Köln und Opladen 1964.

Maser, Werner: Adolf Hitler. Legende, Mythos, Wirklichkeit. 6. Aufl., München und Eßlingen 1974.

Mau, Hermann: Die ›zweite Revolution‹ – der 30. Juni 1934. In: Vierteljahreshefte für Zeitgeschichte. 1953, Seite 119 ff.

Mayer, August: Deutsche Mutter und deutscher Aufstieg. Reihe Politische Biologie, Heft 7, München und Berlin 1938.

Meyer, Elisabeth: Die Frauen haben das Wort. In: Susanne von Paczensky und Renate Sadrozinski (Hg.): Die neuen Moralisten. Reinbek 1984, Seite 79 ff.

Miller, Alice: Am Anfang war Erziehung. Frankfurt 1980.

Mortensen, Claire: ..... da war auch ein Mädchen. München 1961

Müller, Klaus-Jürgen: Das Heer und Hitler. Stuttgart 1969.

Müller, Rudolf: Betrifft: Sexualität. Begleitheft für Lehrer und Erzieher. Braunschweig 1977.

NDR (Hg.): Betrifft: Sexualität. Materialien zur Sexualerziehung im Medienverbund für Jugendliche, Eltern und Pädagogen. Braunschweig 1977.

Nohl, Herman: Die pädagogische Bewegung in Deutschland und ihre Theorie 6. Aufl., Frankfurt 1963.

von Paczensky, Susanne: Verschwiegene Liebe. Zur Situation der lesbischen Frau in der Gesellschaft. München 1981.
dies. und Renate Sadrozinski (Hg.): Die neuen Moralisten. § 218. Vom leichtfertigen Umgang mit einem Jahrhundertthema. Reinbek 1984.
dies. und Renate Sadrozinski: Sexuelle Gewalt. Eine subjektive Literaturliste. In: Sexualpädagogik und Familienplanung. Nr. 5/1983, Seite 34.
Parell, Ernst (Wilhelm Reich): Wie wirkt Streichers sadistische Pornographie? In: Zeitschrift für politische Psychologie und Sozialökonomie. Bd. 2, Heft 2(6), 1935.
Pfundtner, Hans (Hg.): Dr. Wilhelm Frick und sein Ministerium. München 1937.
Picker, Henry: Hitlers Tischgespräche im Führerhauptquartier. 3. Aufl., Stuttgart 1976.
Plogstedt, Sibylle und Kathleen Bode: Übergriffe. Sexuelle Belästigung in Büros und Betrieben. Reinbek 1984.
Pornographie-Report, Der. Untersuchungen der »Kommision für Obszönität und Pornographie« des amerikanischen Kongresses. Reinbek 1971.
Pro Familia Bremen (Hg.): Wir wollen nicht mehr nach Holland fahren. Reinbek 1978.
Pross, Helge: Die Männer. Eine repräsentative Untersuchung über die Selbstbilder von Männern und ihre Bilder von der Frau. Reinbek 1978.

Rauschning, Hermann: Gespräche mit Hitler. Zürich, Wien, New York 1940.
Recktenwald, Johann: Woran hat Adolf Hitler gelitten? Eine neuropsychiatrische Deutung. München und Basel 1963.
Reich, Wilhelm: Der sexuelle Kampf der Jugend. Raubdruck o. J. u. o. O.
Richtlinien für die Sexualerziehung in den Schulen der Freien und Hansestadt Hamburg. Hamburg 1970.
Ritter, Gerhard Reinhard: Die geschlechtliche Frage in der deutschen Volkserziehung. Berlin und Köln 1936
Robinsohn, Hans: Justiz als politische Verfolgung. Die Rechtsprechung in »Rasseschandefällen« beim Landgericht Hamburg 1936–1943. Stuttgart 1977.
Röhm, Stabschef: Memoiren. Saarbrücken o. J.
Röhrich, Lutz: Der Witz. Figuren, Formen, Funktionen. Stuttgart 1977.
Röhrs, Hans-Dietrich: Hitlers Krankheit. Tatsachen und Legenden. Neckargmünd 1966.
Rohleder, Hermann: Grundzüge der Sexualpädagogik. Berlin 1925.
Rohrwasser, Michael: Saubere Mädel-Starke Genossen. 2. Aufl., Frankfurt 1975.
Rosenberg, Alfred: Blut und Ehre. Ein Kampf für die deutsche Wiedergeburt. München 1936.

ders.: Der Mythus des 20. Jahrhunderts. Eine Wertung der seelisch-geistigen Gestaltenkämpfe unserer Zeit. 195.–200. Aufl., 966.–995. Tsd., München 1943.
ders.: Novemberköpfe. 3. Aufl., München 1939.
ders. (Hg.): Die Protokolle der Weisen von Zion und die jüdische Weltpolitik. 20. Tsd., München 1933.
ders.: Die Spur des Juden im Wandel der Zeiten. 5. Aufl., München 1943.
ders.: Der Sumpf. Querschnitte durch das »Geistes«-Leben der November-Demokratie. 2. Aufl., München 1939.
ders.: Tradition und Gegenwart. Reden und Aufsätze 1936–1940. München 1941.
ders.: Unmoral im Talmud. 15. Tsd., München 1933.
Roth, Wolfgang u. a. (Hg.): Schwarzbuch Franz-Josef Strauß. Köln 1972.
Runkel, Gunter: Sexualität und Ideologien. Weinheim 1979.
Rutschky, Katharina (Hg.): Schwarze Pädagogik. Berlin 1977.

Schaefer, Sigrid: Sexuelle Probleme und soziale Probleme von Lesbierinnen in der BRD. In: Eberhard Schorsch und Gunter Schmidt (Hg.): Ergebnisse zur Sexualforschung. Köln 1975, Seite 299 ff.
Scheu, Ursula: Wir werden nicht als Mädchen geboren – wir werden dazu gemacht. Frankfurt 1977.
Schultz, Dagmar: Ein Mädchen ist fast so gut wie ein Junge. Bd. 1 und 2, Berlin 1978/1979.
Schwarz-Arendt, Sonja: Beruf: Hausmann. Darmstadt und Neuwied 1980.
Sekretariat der Deutschen Bischofskonferenz (Hg.): Orientierung zur Erziehung in der menschlichen Liebe. Hinweise zur geschlechtlichen Erziehung. Verlautbarungen des apostolischen Stuhls. Bonn 1983.
Sellmann, Alolf: 50 Jahre Kampf für die Volkssittlichkeit und Volkskraft. Die Geschichte des westdeutschen Sittlichkeitsvereins von seinen Anfängen bis heute (1885–1935). Schwelm 1935.
Simoën, Jean-Claude und Claude Maillard: Hitler à travers la caricature international. Paris 1974.
Spiegel, Der (Hg.): »Wer mir Lüge vorwirft ....« Dr. h. c. Strauß in eigener Sache vor dem Deutschen Bundestag. Hamburg o. J.
Staeck, Klaus (Hg.): Einschlägige Worte des Kandidaten Strauß. 16. Aufl., Göttingen 1983.
Stierlin, Helm: Adolf Hitler – Familienperspektiven. Frankfurt 1975.
Strasser, Otto: Aufbau des deutschen Sozialismus. 2. Aufl., Prag o. J.
ders.: Die deutsche Bartholomäusnacht. 7. Aufl., Prag, Zürich, Brüssel 1938.
ders.: Hitler and I. Boston 1940.
ders. Hitler und ich. Konstanz 1948.
Stümke, Hans-Georg und Rudi Finkler: Rosa Winkel-Rosa Listen. Homosexuelle und »gesundes Volksempfinden« von Auschwitz bis heute. Reinbek 1981.

Thesenstreit um Stamokap, Der. Die Dokumente zur Grundsatzdiskussion der Jungsozialisten. Reinbek 1973.

Theweleit, Klaus: Männerphantasien. Band 1 und 2, 2. Aufl., Reinbek 1980.

Tienken, Ernst: Die Persönlichkeit im Geschichtsbuch. In: Hoffacker, Helmut und Klaus Hildebrandt (Hg.): Bestandsaufnahme Geschichtsunterricht. Stuttgart 1973.

Waite, Robert G. L.: The psychopathic God Adolf Hitler. New York 1977.

Webler, Heinrich (Hg.): Zentralblatt für Jugendrecht und Jugendwohlfahrt. 25. Jg., Berlin 1934.

Weißbuch über die Erschießungen des 30. Juni. Paris 1934.

Wiedemann, Fritz: Der Mann, der Feldherr werden wollte. Velbert und Kettwig 1964.

Wiedemann, Hans Georg: Homosexuelle Liebe. Für eine Neuorientierung in der christlichen Ethik. Stuttgart 1982.

Wörtz, Ulrich: Programmatik und Führerprinzip. Das Problem des Strasser-Kreises in der NSDAP. Diss. phil., Erlangen/Nürnberg 1966.

Zwerenz, Ingrid: Frauen- Die Geschichte des § 218. Frankfurt 1980.

Zeitungen, Zeitschriften Periodika

Bayernkurier vom 27. 8. 1983.

Bild-Zeitung (Hamburger Ausgabe) vom 28. 5.1965; 31. 5. 1965; 17. 3. 1971; 4. 5. 1974; 9. 5. 1974; 10. 5. 1974; 11. 5. 1974; 1. 11. 1974; 2. 11. 1974; 25. 2. 1981; 26. 2. 1981; 25. 5. 1981; 20. 1. 1984; 30. 1. 1984; 5. 4. 1984;

Bild am Sonntag vom 7. 8. 1983.

Christ und Welt. Rheinischer Merkur Nr. 32/1983.

Deutsche Nationalzeitung vom 20. 1. 1984.

Deutschland-Berichte der Sozialdemokratischen Partei Deutschlands (Sopade). 1. Jg. 1934. 2. Aufl., Frankfurt 1980.

Frankfurter Rundschau vom 25. 9. 1978; 28. 9. 1978; 5. 8. 1983; 25. 11. 1983; 24. 1. 1984;

Hamburger Abendblatt vom 26. 2. 1981.

Hamburger Abendecho vom 29. 5. 1965; 31. 5. 1965; 2. 6. 1965.

Hamburger Morgenpost vom 31. 5. 1965; 3. 6. 1965; 17. 3. 1971; 27. 2. 1981; 8. 3. 1984;

Konkret Nr. 12/1978; 1/1983.

Neuer Vorwärts Nr. 16 vom 1. 10. 1933; 8. 7. 1934.

Quick Nr. 20/1974; 46/1980; 47/1980; 48/1980; 10/1981.

Spiegel, Der Nr. 39/1961; 23–24/1965; 31/1968; 33/1970; 49/1970; 13/1971; 44/1973; 20–21/1974; 37/1974; 46/1974; 39/1976; 41,49,52/1978; 33,44,49/1979; 4–9/1981; 23/1981; 39/1982; 40,47/1982; 28,35,45/1983; 3,4,5,9/1984.

Stern, Der Nr. 14/1971; 21/1974; 31/1979.

Stürmer, Der 13. Jg 1935; 14. Jg. 1936.

Süddeutsche Zeitung vom 17. 3. 1971; 11./12.5.1974.

tageszeitung, die vom 14. 2. 1983.

Welt, Die vom 24. 6. 1965; 8. 5. 1974; 11. 5. 1974; 1. 11. 1974; 26. 9. 1977; 14. 11. 1984.

Welt am Sonntag vom 14. 8. 1983.

Zeit, Die vom 4. 6. 1965; 1. 1. 1971.